Lehr- und Handbücher zu Geld, Börse, Bank und Versicherung

Herausgegeben von
Universitätsprofessor Dr. Guido Eilenberger

Bisher erschienene Werke:

Arlinghaus · Balz, Going Public – Der erfolgreiche Börsengang
Averdiek-Bolwin, Die Effizienz von Aktienbörsen
Beike · Barckow, Risk-Management mit Finanzderivaten, 2. Auflage
Beyer, Risikomanagement beim PKW-Leasing
Biermann, Die Mathematik von Zinsinstrumenten
Blattner, Internationale Finanzierung
Börner, Strategisches Bankmanagement
Bosch, Finanzmathematik für Banker
Breit · Reinhart, Finanzierung der Unternehmung: Zinsmanagement
Döhring, Gesamtrisiko-Management von Banken
Dross, Genußrechte
Dürr, Investor Relations, 2. Auflage
Eilenberger, Bankbetriebswirtschaftslehre, 7. Auflage

Eilenberger, Betriebliche Finanzwirtschaft, 7. Auflage
Herzberger, Einführung in die Finanzmathematik
Jenkis, Wohnungsbaufinanzierung
Knoppe, Strategische Allianzen
Koch · Umann · Weigert, Lexikon der Lebensversicherung
Meise, Realoptionen als Investitionskalkül
Müller, Wirtschaft und Finanzmärkte
Nadler, Internationale Wohnungsfinanzierung
Putnoki, Grundlagen der Außenhandelsfinanzierung
Thoma, Chaostheorie, Wirtschaft und Börse, 2. Auflage
Thoma, Dynamische Prozesse in der Ökonomie und an den Finanzmärkten
Waschbusch, Bankenaufsicht
Widdel, Theorie und Praxis der Aktienspekulation

Going Public

Der erfolgreiche Börsengang

Von

Olaf Arlinghaus
Ulrich Balz
(Herausgeber)

Jochen Berninghaus
Lutz Deyerling
Jochen Fischer
Christoph Haarbeck
Steven Murray
Sven Riedel
Lutz Weiler
Christian Weyand

R. Oldenbourg Verlag München Wien

Die Deutsche Bibliothek - CIP-Einheitsaufnahme

Going public – der erfolgreiche Börsengang / von Olaf Arlinghaus ;
Ulrich Balz (Hrsg.). Jochen Berninghaus .... – München ; Wien :
Oldenbourg, 2001
  (Lehr- und Handbücher zu Geld, Börse, Bank und Versicherung)
  ISBN 3-486-25695-5

© 2001 Oldenbourg Wissenschaftsverlag GmbH
Rosenheimer Straße 145, D-81671 München
Telefon: (089) 45051-0
www.oldenbourg-verlag.de

Das Werk einschließlich aller Abbildungen ist urheberrechtlich geschützt. Jede Verwertung außerhalb der Grenzen des Urheberrechtsgesetzes ist ohne Zustimmung des Verlages unzulässig und strafbar. Das gilt insbesondere für Vervielfältigungen, Übersetzungen, Mikroverfilmungen und die Einspeicherung und Bearbeitung in elektronischen Systemen.

Gedruckt auf säure- und chlorfreiem Papier
Druck: MB Verlagsdruck, Schrobenhausen
Bindung: R. Oldenbourg Graphische Betriebe Binderei GmbH

ISBN 3-486-25695-5

Inhaltsverzeichnis

1 **DER IDEALE KANDIDAT FÜR DIE REALISIERUNG EINES BÖRSENGANGES - DIE SICHT EINER BETEILIGUNGSGESELLSCHAFT** (Steven Murray)..................1

   1.1 EINLEITUNG..................1
   1.2 GRUNDFRAGEN..................1
      1.2.1 *Arten von Beteiligungsgesellschaften*..................*1*
      1.2.2 *Beteiligungsanlässe*..................*3*
      1.2.3 *Arten von Beteiligungen*..................*6*
      1.2.4 *Desinvestition von Beteiligungen*..................*8*
   1.3 DER INVESTITIONSPROZESS..................9
      1.3.1 *Beteiligungskriterien*..................*9*
      1.3.2 *Due Diligence*..................*10*
      1.3.3 *Unternehmensbewertung*..................*14*
      1.3.4 *Vertragsgestaltung*..................*15*
   1.4 BETEILIGUNGSPROZESS..................17
      1.4.1 *Gremien*..................*17*
      1.4.2 *Controlling von Beteiligungen*..................*18*
      1.4.3 *Sporadische Managemententscheidungen*..................*19*
      1.4.4 *Weitere Finanzierungsrunden*..................*20*
   1.5 FAZIT..................21

2 **AUSWAHL DES BANKENKONSORTIUMS** (Olaf Arlinghaus)..................23

   2.1 AUFGABEN DER BANKEN IM RAHMEN DES GOING PUBLIC..................23
   2.2 KONTAKTAUFNAHME MIT EMISSIONSBANKEN..................24
   2.3 EMISSIONSKOSTEN..................26
   2.4 PLATZIERUNGSKRAFT..................28
   2.5 PLATZIERUNGSIMAGE EINER EMISSIONSBANK..................29
   2.6 BÖRSENWERT..................30
   2.7 KONSORTIALVERTRAG..................30

3 FORMALE GRUNDLAGEN (Jochen Berninghaus) 33

3.1 REGELWERK NEUER MARKT 33

3.1.1 Funktion des Neuen Marktes 33

3.1.2 Abgrenzung 34

3.1.2.1 Abgrenzung zu der Finanzierung durch Kapitalbeteiligungsgesellschaften und Finanzinvestoren 34

3.1.2.2 Abgrenzung des Neuen Marktes zu anderen Börsenmärkten 35

3.1.2.2.1 Öffentlich-rechtlich geregelter Markt 35

3.1.2.2.2 Privatrechtlich organisierter Markt 36

3.1.3 Zulassungsvoraussetzungen 37

3.1.3.1 Rechtmäßigkeit der Errichtung der Gesellschaft 38

3.1.3.2 Alter des Unternehmens 38

3.1.3.3 Art der Aktien 38

3.1.3.4 Verwendung des Emissionserlöses 38

3.1.3.5 Mindestumfang 39

3.1.3.6 Designated Sponsor (Betreuer) 39

3.1.3.7 Rechnungslegung 40

3.1.3.8 Anerkennung des Übernahmecodex 41

3.1.4 Zulassungsverfahren 42

3.1.4.1 Zulassungsantrag 42

3.1.4.2 Prospekt 42

3.1.4.3 Präsentation 43

3.1.4.4 Zulassungskontrolle und Zulassungsbeschluss 44

3.1.5 Verpflichtungen aufgrund der Zulassung 45

3.1.5.1 Vorlage von Quartalsberichten 45

3.1.5.2 Jahresabschluss und Rechnungslegung 45

3.1.5.3 Weitere Verpflichtungen 46

3.2 UMWANDLUNG 46

3.2.1 Möglichkeiten der Umwandlung 47

3.2.1.1 Neugründung einer Aktiengesellschaft 47

3.2.1.1.1 Bargründung 47

3.2.1.1.2 Sachgründung 47

3.2.1.2 Formwechselnde Umwandlung 48

3.2.1.3 Spaltung 49
3.2.2 Steuerliche Aspekte der Umwandlung 50
    3.2.2.1 Ansatz von Buchwerten, Verkehrswerten (Teilwerten) oder Zwischenwerten 51
        3.2.2.1.1 Möglichkeit der Auswahl 51
        3.2.2.1.2 Konsequenzen 52
    3.2.2.2 Künftige Nutzung eines Verlustvortrages 53
    3.2.2.3 Anfall von Grunderwerbssteuer 55
    3.2.2.4 Erbschaftssteuer 55
3.2.3 Durchführung der Umwandlung 56
    3.2.3.1 Formwechselnde Umwandlung gemäß § 190 f. UmwG 56
    3.2.3.2 Sachgründung mit einer Sacheinlage von Gesellschaftsanteilen gegen Gewährung von Aktien 57
    3.2.3.3 Spaltung 58
    3.2.3.4 Verschmelzung 58

3.3 BESONDERHEITEN DES AKTIENGESETZES 58
  3.3.1 Unterschiede zwischen einer mittelständisch geprägten Gesellschaftsform und einer Aktiengesellschaft 58
  3.3.2 Gestaltungsmöglichkeiten zur Aufrechterhaltung des Einflusses der Altgesellschafter 60
    3.3.2.1 Möglichkeit der Steuerung über die Höhe des Emissionsvolumens 60
    3.3.2.2 Eingeschränkte Möglichkeiten der Ausgestaltung der Aktien ... 61
    3.3.2.3 Stimmenpoolverträge 62

4 UNTERNEHMENSBEWERTUNG BEIM BÖRSENGANG
(Ulrich Balz) 63

4.1 ABLAUF DER EMISSIONSPREISFINDUNG 63
4.2 VERFAHREN DER UNTERNEHMENSBEWERTUNG 65
4.3 MULTIPLIKATORVERFAHREN 66
  4.3.1 Vorgehen 66
  4.3.2 Wichtige Multiplikatorverfahren 67
  4.3.3 Beurteilung 71
4.4 BARWERTVERFAHREN 72

4.4.1 Discounted Cashflow 72
4.4.1.1 Überblick 72
4.4.1.2 Die Ermittlung der freien Cashflows 75
4.4.1.3 Die Bestimmung des Diskontierungsfaktors und die Berechnung des Eigenkapitalwertes 77
4.4.1.4 Beurteilung 81
4.4.2 Ertragswertverfahren 82
4.5 BEWERTUNGSVERFAHREN IN DER PRAXIS 83

5 DIE EXTERNE DUE DILIGENCE DURCH DEN WIRTSCHAFTSPRÜFER - EIN PRÜFSTEIN DER BÖRSENFÄHIGKEIT (Christoph Haarbeck) 87

5.1 BEGRIFFSKLÄRUNG UND BEDEUTUNG DER DUE DILIGENCE 87
5.1.1 Begriff der Due Diligence 87
5.1.2 Untersuchungsumfang der Due Diligence 88
5.1.3 Die Due Diligence des Wirtschaftsprüfers im Vorfeld des Börsengangs 89
5.1.4 Ziele der Due Diligence 90
5.2 ABLAUF DER DUE DILIGENCE PRÜFUNG 92
5.2.1 Vorbereitung 92
5.2.2 Durchführung der Due Diligence 92
5.2.3 Berichterstattung 94
5.3 INHALTE UND UNTERSUCHUNGSSCHWERPUNKTE DER DUE DILIGENCE . 94
5.3.1 Markt und Wettbewerbssituation 94
5.3.2 Rechnungswesen und Systeme 95
5.3.3 Management und Mitarbeiter 96
5.3.4 Analyse der historischen Vermögens-, Finanz- und Ertragssituation 97
5.3.4.1 Aussagekraft 97
5.3.4.2 Typische Problemfälle der internationalen Bilanzierungsstandards 98
5.3.4.3 Die sogenannten Als-Ob Abschlüsse 100
5.3.5 Analyse der Planungsrechnungen 101
5.3.6 Grenzen der Due Diligence Prüfung 105

6 TECHNISCHE DUE DILIGENCE – VORBEREITUNG DES BÖRSENGANGS BEI TECHNOLOGIEUNTERNEHMEN

(Sven Riedel) 109

6.1 RAHMENBEDINGUNGEN FÜR TECHNOLOGIEUNTERNEHMEN IN DEUTSCHLAND 109

    6.1.1 *Technologieunternehmen und Neuer Markt* *109*

    6.1.2 *Kapitalbedarf und Kapitalangebot* *110*

6.2 DUE DILIGENCE VON TECHNOLOGIEUNTERNEHMEN 112

    6.2.1 *Technische Due Diligence und Neuer Markt* *112*

    6.2.2 *Bedeutung der technischen Due Diligence* *112*

    6.2.3 *Besonderheiten der technischen Due Diligence* *113*

6.3 INHALTE DER TECHNISCHEN DUE DILIGENCE 115

    6.3.1 *Allgemein* *115*

    6.3.2 *Dimension Technologie* *116*

    6.3.3 *Markt* *118*

    6.3.4 *Management* *120*

6.4 ANFORDERUNG AN DIE DURCHFÜHRUNG EINER TECHNISCHEN DUE DILIGENCE 122

7 PROZESSMANAGEMENT EINES IPO (Olaf Arlinghaus) 124

7.1 ROLLE DES VORSTANDS 124

7.2 DAUER DER VORBEREITUNG DES BÖRSENGANGS 126

7.3 ZEITLICHER ABLAUF DER PLATZIERUNG 127

7.4 KRITISCHE ERFOLGSFAKTOREN 129

8 MITARBEITERBETEILIGUNG DURCH AKTIENOPTIONEN

(Ulrich Balz) 135

8.1 ZIELE EINER MITARBEITERKAPITALBETEILIGUNG 135

8.2 ÜBERSICHT ÜBER DIE FORMEN DER MITARBEITERBETEILIGUNG AM KAPITAL 137

8.3 AKTIENOPTIONSPLÄNE 139

    8.3.1 *Grundlagen* *139*

    8.3.2 *Modellgestaltung und rechtliche Aspekte* *141*

        8.3.2.1 Kreis der Beteiligten 141

	8.3.2.2	Beschaffung der Aktien 142
	8.3.2.3	Ausstattungsmerkmale der Optionen 143
	8.3.2.4	Steuerliche und bilanzielle Behandlung 146
8.3	*Eignung von Aktienoptionsplänen*	*... 148*
8.4	AUSBLICK	 151

9 ERFOLGREICHE VERMARKTUNG EINES IPO (Lutz Weiler) 156

9.1 SELBST- ODER FREMDEMISSION 156
9.2 PLATZIERUNGSVERFAHREN 157
    9.2.1 Das Festpreisverfahren 157
    9.2.2 Das Bookbuilding-Verfahren 158
    9.2.3 Das Auktionsverfahren 160
    9.2.4 Das Windhundverfahren 161
9.3 DIE PHASEN DER VERSCHIEDENEN PLATZIERUNGSVERFAHREN 161
    9.3.1 Phase I: Research-Phase 161
    9.3.2 Phase II: Pre-Marketing 162
    9.3.3 Phase III: Festlegung der Bookbuildingspanne bzw. der Preisuntergrenze (Auktionsverfahren) 163
    9.3.4 Phase IV: Preisfestsetzung und Repartierung 164
        9.3.4.1 Bookbuilding-Verfahren 164
        9.3.4.2 Auktionsverfahren 165
    9.3.5 Greenshoe als Instrument für die Sekundärmarktperformance 165
9.4 AUSWIRKUNGEN DER VERFAHREN AUF DIE AM IPO BETEILIGTEN PARTNER 166
9.5 BEURTEILUNG DES BOOKBUILDING- UND DES AUKTIONSVERFAHRENS 168
9.6 FALLBEISPIELE 170
    9.6.1 t-online - Ein Fallbeispiel zum Bookbuilding- Verfahren 170
    9.6.2 TRIUS AG - Ein Fallbeispiel zum Auktionsverfahren 171
9.7 ALTERNATIVE KONZEPTE: IPO-PLATZIERUNGEN ÜBER DAS INTERNET 171
9.8 STELLUNGNAHME ZU VERSCHIEDENEN ZUTEILUNGSVERFAHREN 175
9.9 NEUER MARKT ODER NASDAQ 176
9.10 AMERICAN DEPOSITORY RECEIPTS (ADR) ODER ORDINARY SHARES 178
9.11 AUSWAHL DES RICHTIGEN BÖRSENPLATZES 179

10 PROAKTIVES INVESTOR RELATIONS MANAGEMENT

(Jochen Fischer) 181

10.1 VON DER PFLICHT ZUR KÜR – EIN BEST PRACTICE-ANSATZ 181

    10.1.1 Zielgruppen *181*

    10.1.2 Gesetzliche Veröffentlichungspflichten *184*

    10.1.3 IR ist mehr - Ziele der IR-Arbeit *186*

10.2 INVESTOR RELATIONS IM UNTERNEHMEN – STRUKTURELLE
ÜBERLEGUNGEN 186

    10.2.1 Eigene Abteilung oder externe Agentur *186*

    10.2.2 Aufhängung im Unternehmen *187*

    10.2.3 Größe und Aufbau der IR-Abteilung *188*

10.3 INVESTOR RELATIONS UND PUBLIC RELATIONS 189

    10.3.1 Enge Koordination mit der PR-Arbeit *190*

    10.3.2 Möglichkeiten der Zusammenarbeit *191*

    10.3.3 Ein Überblick über das Instrumentarium *191*

10.4 KURZE BESCHREIBUNG DER IR-MAßNAHMEN 192

    10.4.1 Persönliche Maßnahmen *192*

    10.4.2 Unpersönliche Maßnahmen *195*

11 STRATEGISCHES INVESTOR RELATIONS-MANAGEMENT

(Christian Weyand) 201

11.1 STRATEGISCHE IR - ELEMENTE EINES JÄHRLICHEN IR-PROGRAMMS ... 201

11.2 TARGETING - DIE KÖNIGSDISZIPLIN 202

    11.2.1 Identifizierungsprogramm *203*

    11.2.2 Meeting-Programm *204*

11.3 ERFOLGSKONTROLLE 205

11.4 DAS INTERNET - EINE NEUE DIMENSION 206

11.5 INVESTOR RELATIONS MANAGEMENT UND EXTERNE DIENSTLEISTER .. 209

11.6 BERUFSBILD INVESTOR RELATIONS 211

12 AKTIEN ALS AKQUISITIONSWÄHRUNG (Lutz Deyerling) 214

12.1 ENTWICKLUNGEN UND TRENDS BEI UNTERNEHMENSÜBERNAHMEN 214

12.2 MÖGLICHE FORMEN DER AKQUISITIONSWÄHRUNG 216

12.3 HERKUNFT DER AKQUISITIONSWÄHRUNG 218

	12.3.1 Barzahlung aus vorhandener Liquidität	219
	12.3.2 Barzahlung durch Aufnahme von Fremdmitteln	220
	12.3.3 Aktien aus Kapitalerhöhung	220
	12.3.4 Aktien aus Aktienrückkäufen	221
12.4	VORTEILE DER AKTIE ALS AKQUISITIONSWÄHRUNG	222
12.5	MOTIVE FÜR EIN AKTIENSPLITTING BZW. EINE KAPITALERHÖHUNG	224
12.6	FORMEN DER KAPITALERHÖHUNG BEI AKTIENGESELLSCHAFTEN	226
	12.6.1 Ordentliche Kapitalerhöhung	227
	12.6.2 Bedingte Kapitalerhöhung	229
	12.6.3 Genehmigte Kapitalerhöhung	230
	12.6.4 Kapitalerhöhung aus Gesellschaftsmitteln	230

AUTORENVERZEICHNIS 233

STICHWORTVERZEICHNIS 235

Vorwort

Going Public, das war das Börsenthema des Jahres 2000. Nach den erfolgreichen Börsengängen vieler Start-Up-Unternehmen, die den Börsenstar amazon.com zeitweilig zu einer Börsenkapitalisierung getrieben haben, die größer als die Börsenkapitalisierung von Siemens, Lufthansa und VW zusammen war, hat sich mittlerweile eine gewisse Ernüchterung breit gemacht. Die Aktienkurse an den Neuen Märkten haben dramatisch nachgegeben und den Raum für erfolgreiche Börsengänge erheblich eingeengt. Viele Unternehmen waren gezwungen, geplante Börsengänge zu verschieben oder ganz aufzugeben, weil sie selbst vor Börsengang ins Trudeln geraten sind oder weil die Bedingungslage an den Neuen Märkten so schlecht war, dass der geplante Börsengang nicht die notwendigen Finanzmittel in die Kasse spülen würde. Mit einem Wort: Für viele ist das Thema "Going Public" eher zu einem Damoklesschwert geworden als zu der bevorzugten Finanzierungsmethode. Für andere dagegen ist es die Hoffnung schlechthin.

In einer solchen Situation macht ein Buch, das sich mit den Voraussetzungen und Bedingungslagen erfolgreicher Börsengänge befasst, besonderen Sinn. Das vorliegende Buch kommt also zum richtigen Zeitpunkt. Es gehört in die Hände all derjenigen, die Initial Public Offerings (IPO´s) planen und sich mit den dafür gegebenen Erfolgsfaktoren und Restriktionen vertraut machen wollen.

Dabei ist das vorliegende Buch "Going Public - Der erfolgreiche Börsengang" ein Buch, das viel mehr enthält als sein Titel verspricht. Grundanliegen des Werkes ist es, den Lebenszyklus vom Start-Up zum Börsenaspiranten über die Vorbereitung von Börsengängen, die erfolgreiche Vermarktung eines IPO´s und das Business nach dem Börsengang darzustellen. Das Buch setzt also zum einen viel früher an als der Titel suggeriert - nämlich erheblich vor dem Börsengang - und endet viel später - nämlich mit der erfolgreichen Gestaltung des Business nach dem Börsengang. Mit anderen Worten: Das Buch behandelt Entscheidungsprobleme, die ein Start-Up-Unternehmen vom Beginn seines Entstehens über den ganzen Lebenszyklus bis zur erfolgreichen Etablierung am Markt begleitet.

Grundidee ist es, die unterschiedlichen Probleme im Lebenszyklus eines Start-Up bis zum etablierten Unternehmen in seiner vollen Breite zu behandeln und deutlich zu machen, dass es sich dabei nicht nur um Finanzierungsprobleme, sondern auch um Rechts- und Steuerprobleme, Mitarbeiterfragen, Kommunikationsherausforderungen und Marketingfragen handelt. Insofern ist das vorliegende Werk durch einen "interdisziplinären Ansatz" gekennzeichnet. Verschiedene Autoren, die über eine z. T. langjährige Praxis im Going Public-Geschäft verfügen, berichten im Detail, dabei aber immer in gebotener Kürze über die anstehenden Herausforderungen, denen sich ein junges Unternehmen, das einen Börsengang plant, stellen muss. Es wird deutlich, wie die verschiedenen Perspektiven und Facetten des Problems ineinandergreifen müssen, um einen Börsengang erfolgreich zu gestalten.

Das Werk ist ein Buch von Praktikern für Praktiker. Das wird immer und überall deutlich in einem Buch, das von der hohen Kompetenz und praktischen Erfahrung der Autoren lebt. Es besticht aber auch durch die Begrenzung auf das Wesentliche, wobei das Detail aber nicht vernachlässigt wird. Es ist ein Buch ohne lästiges Beiwerk, das erstmals den gesamten Prozess eines erfolgreichen Börsengangs und mehr praxisnah vorstellt.

Dabei hat das Buch gleichzeitig eine Lexikonfunktion. Es werden viele Fachbegriffe, die mittlerweile zum Repertoire der IPO-Szene gehören (z. B. Bookbuilding, Greenshoe, Due Diligence) jeweils knapp erläutert und in den entsprechenden Gesamtzusammenhang gestellt. Dabei werden z. T. an verschiedenen Stellen und damit in unterschiedlichen Situationen Zusammenhänge aus unterschiedlichen Perspektiven ausgeleuchtet. Insofern ist es gut, dass das Buch über ein umfangreiches Stichwortregister verfügt, das die Lexikonfunktion des Buches wirklich nutzbar macht.

Obwohl das Buch als klare Zielgruppe den Praktiker fokussiert, eignet es sich auch in hervorragender Weise für die Lehre an Fachhochschulen und Universitäten, sofern diese Institutionen über ein Schwerpunktfach verfügen, das sich mit der Gründung von Start-Ups befasst. Für die Lehre liefert das Buch eine anwendungsorientierte Darstellung vieler praktischer Fragestellungen. Sie liefert keine Theorie, aber die gibt es bisher auch gar nicht.

Und so tun die Verfasser gut daran, sich konsequent auf die praktischen Fragestellungen zu beschränken. Hier liegt eindeutig ihre Kompetenz und diese setzen sie in praktisch verwertbare Ergebnisse um.

Das Buch ist spannend und anregend geschrieben und wird sich für die angesprochene Problemstellung sicher als ein Grundlagenwerk etablieren.

Münster im Januar 2001

Prof. Dr. K. Backhaus

Vorwort der Herausgeber

Das "Going Public", der Gang an die Börse, ist in Deutschland nicht länger nur großen Unternehmen vorbehalten. Seit einigen Jahren suchen auch eine Vielzahl von kleineren und mittleren Unternehmen aus unterschiedlichen Motiven den Weg an die Börse. Die Zahl der erstmaligen Notierungen stieg von acht im Jahr 1992 auf 168 in 1999 und wird dieses hohe Niveau wohl auch in den nächsten Jahren halten. Der Strom der Börsenkandidaten wird wesentlich von den Unternehmen der sogenannten "New Economy" gespeist, die an das 1997 eingerichtete Börsensegment "Neuer Markt" streben. Hinzu kommt eine beträchtliche Zahl von Unternehmen, deren Aktien in anderen Segmenten, insbesondere im "SMAX" notiert werden. Mit der Zahl der Börsengänge stiegen nicht nur die Anforderungen an die Unternehmen und damit die Nachfrage nach entsprechend qualifiziertem Personal. Ein großer Teil der Arbeiten auf dem Weg zur Börsennotierung wird von externen Dienstleistern wie Venture Capital Gesellschaften, Banken, Wirtschaftsprüfern, Rechtsanwaltskanzleien, Emissions- und Finanzkommunikationsberatern übernommen, die für den deutschen Markt neue Geschäftsfelder erschließen konnten.

Dieses Buch wendet sich sowohl an Studierende, die sich im Rahmen des Studiums oder im Hinblick auf ihre spätere Berufswahl für das Thema interessieren, als auch an Unternehmer, die sich über die notwendigen Schritte für einen erfolgreichen Börsengang informieren wollen.

Ziel dieses Buches ist es, einen umfassenden und verständlichen Einblick in die notwendigen Schritte bis zum erfolgreichen Börsengang sowohl aus Sicht eines Unternehmens als auch der wichtigsten Dienstleister zu geben. Die Gliederung folgt dem Ablauf eines Börsenganges von der Finanzierung der noch nicht notierten Gesellschaft mit Venture Capital bis zur Kommunikation mit den Investoren nach Aufnahme der Notierung. Das gesamte Buch wie auch jedes Kapitel wurden als geschlossene Einheiten konzipiert und (überwiegend) von Praktikern geschrieben, die in führenden Positionen die jeweiligen Aufgabenbereiche verantworten.

Unser besonderer Dank gilt Frau Ass. jur. Gisa Neuser und Herrn Dipl. Betriebswirt Christian Brummer für inhaltliche Anmerkungen und die technische Umsetzung des Manuskriptes.

Münster, im Januar 2001

Olaf Arlinghaus   Ulrich Balz

1 Der ideale Kandidat für die Realisierung eines Börsenganges - die Sicht einer Beteiligungsgesellschaft

1.1 Einleitung

Die im Folgenden dargestellten Sachverhalte stellen den idealtypischen Lebenszyklus von Unternehmensbeteiligungen dar. Er beginnt mit den Verhandlungen zwischen Unternehmen und Beteiligungsgesellschaft bis zum Abschluss des Investments, geht über die tägliche Arbeit mit einer Beteiligungsgesellschaft als nicht tätigem Gesellschafter und endet mit dem Desinvestment, dem Verkauf der Beteiligung durch die Beteiligungsgesellschaft. Der Zeitraum, über den sich eine Beteiligung erstreckt, ist oft mittel- bis langfristig.

Die abzuhandelnden Themen sind derartig facettenreich und interdisziplinär, dass jeder Gliederungspunkt leicht in der Lage ist, Bibliotheken zu füllen. Jeder Punkt kann daher lediglich in seinen wesentlichen Aspekten betrachtet werden, um die Ausmaße dieses Kapitels nicht zu sprengen. Der Schwerpunkt bei der Betrachtung wurde auf die Praxisorientierung gelegt. Die Praxis zeigt, dass es den idealen Kandidaten für die Realisierung eines Börsenganges nicht gibt. Im Laufe eines Lebenszyklusses der Beteiligung muss darauf hingearbeitet werden, dass eine Unternehmung ein idealer Kandidat für einen Börsengang wird.

Dieses Kapitel soll auch eine Hilfe für Unternehmer sein zu entscheiden, welche Beteiligungsgesellschaft geeignet ist, einen Börsengang zu begleiten.

1.2 Grundfragen

1.2.1 Arten von Beteiligungsgesellschaften

Ziel jeder Beteiligungsgesellschaft ist es, das ihnen von Investoren bzw. Gesellschaftern zur Verfügung gestellte Kapital angemessen zu verzinsen. Da Investitionen in Eigenkapital von nicht börsennotierten Unternehmen mit höheren und anderen Risiken verbunden sind als Beteiligungen an börsennotierten Unternehmen, verlangt der Investor i. d. R. eine höhere Verzinsung. Diese Verzinsung des eingesetzten Kapitals kann auf unterschiedliche Weise erwirtschaftet werden.

Grundsätzlich lassen sich nach der Verzinsung des eingesetzten Kapitals zwei Arten von Beteiligungsgesellschaften unterscheiden (ertragsorientierter Ansatz). Die Beteiligungsgesellschaft klassischer Prägung erwirtschaftet ihre Verzinsung im wesentlichen aus ausgeschütteten Gewinnen ihrer Unternehmensbeteiligungen. Ziel ist es also, in Unternehmen zu investieren, die schnellstmöglich profitabel wirtschaften und langfristig eine Dividendenfähigkeit haben, die über der von am Kapitalmarkt notierten Unternehmen liegt. Das Anlageziel ist eher langfristig orientiert und die Beteiligungsgesellschaften streben tendenziell Mehrheiten auf der Gesellschafterebene an, um ihre Interessen nachhaltiger ausüben zu können.

Idealtypisch steht nach dem ertragsorientierten Ansatz der Beteiligungsgesellschaft klassischer Prägung die Beteiligungsgesellschaft neuen Typs diametral gegenüber, die erst durch die Ratifizierung des 3. Finanzmarktförderungsgesetzes und der damit verbundenen Einführung des Neuen Markts als Segment für Technologieunternehmen in Deutschland ihre wirtschaftliche Basis erhielt. Diese Beteiligungsgesellschaft legt weniger Wert auf laufende Beteiligungserträge aus Dividendenausschüttungen. Ziel ist es vielmehr, eine Verzinsung des eingesetzten Kapitals aus der gewinnbringenden Veräußerung der Anteile eines Unternehmens zu erzielen. Die in der Zwischenzeit möglicherweise auflaufenden Dividenden sind bei einem Investitionsentscheid eher zweitrangig. Im Mittelpunkt der Investitionskriterien stehen eher Equity Story, Exit-Phantasie und Kapitalmarktfähigkeit des Managements.

Der Vollständigkeit halber soll an dieser Stelle noch eine weitere Art von Beteiligungsgesellschaften erwähnt werden. Die Bundesländer haben ebenfalls in den vergangenen Jahren Beteiligungsgesellschaften etabliert, die in der Regel das Ziel haben, die mittelständische Wirtschaft einer bestimmten Region oder einer Technologieausrichtung zu stärken. Aufgrund dieser Ausrichtung tritt die Verzinsung des eingesetzten Kapitals hinter andere Ziele wie z. B. die Sicherung bzw. Schaffung von Arbeitsplätzen in einer bestimmten lokalen Industrie zurück. Wegen der fehlenden Ertragsorientierung wird dieser Typ von Beteiligungsgesellschaften im Folgenden nicht betrachtet.

An dieser Stelle kann zusammenfassend gesagt werden, dass die Kriterien für die Entscheidung über ein Investment in eine Unternehmung je nach Typ von Beteiligungsgesellschaft sehr unterschiedlich sind. Dies bedeutet aber auch, dass ein Unternehmen, welches für die eine Art von Beteiligungsgesellschaft als Investitionsziel uninteressant ist, für die andere Beteiligungsgesellschaft genau im Fokus ihrer Investitionsstrategie liegen kann.

1.2.2 Beteiligungsanlässe

Für die Aufnahme einer Beteiligungsgesellschaft in den Gesellschafter- bzw. Aktionärskreis gibt es, abhängig von der spezifischen Unternehmenssituation, unterschiedliche Anlässe. Im Folgenden werden fünf häufige Anlässe erörtert, die auch in Kombination auftreten können.

1. Venture Capital dient in der Regel der Expansion von wachstumsstarken Unternehmen. Hierbei handelt es sich im Allgemeinen um junge, dynamische Unternehmen, die über eine geringe Kapitaldecke und gleichzeitig über keine oder nur geringe Banksicherheiten verfügen, und so nicht für die Aufnahme von Fremdkapital bei Geschäftsbanken geeignet sind. Neben dem Fehlen bankmäßiger Sicherheiten mangelt es diesen jungen Unternehmen oft auch an gewachsenen Kundenbeziehungen, was ein Entgegenkommen von Geschäftsbanken verhindert. Üblicherweise bedienen sich Geschäftsbanken bei der Analyse ihrer vorhandenen und potentiellen Firmenkunden retrograder Analyseinstrumente, die die Informationen aus Geschäftsabschlüssen nutzen. Eine Analyse aufeinander folgender Jahresabschlüsse ist bei jungen, wachstumsstarken Unternehmen meist wegen der Aktualität der Gründung der Unternehmung nicht möglich. Vorgelegte Unternehmensplanungen lassen sich wegen fehlender Vergleichswerte schwer evaluieren.

2. Zunehmend werden Beteiligungen auch zur Steigerung der Erfolgswahrscheinlichkeit des Unternehmenskonzeptes eingegangen. Das soziologische Phänomen der "Selffulfilling Profecy" scheint z. Zt. ebenfalls Unternehmer zu motivieren, renommierte Beteiligungsgesellschaften als neue Investoren in den Gesellschafterkreis aufzunehmen. Eine renommierte Venture Capital Gesellschaft, welche bereits einige Unternehmen zu Markterfolg geführt hat, soll durch ihr Engagement Dritten den Eindruck vermitteln, dass es sich bei diesem Investment um ein ähnlich erfolgversprechendes handelt.

3. Eine weitere Motivation zur Aufnahme von Beteiligungskapital ist der Wunsch nach der Vermittlung von kontinuierlichem Know-how bei selten zu treffenden Managemententscheidungen. Bei Entscheidungen über eine zukunftsträchtige Rechtsform, der Umsetzung des Rechtsformwechsels in der Praxis und der Unterstützung bei weitreichenden Personalentscheidungen usw. sind industrieerfahrene Mitarbeiter von Venture Capital Gesellschaften in der Regel hilfreiche Ratgeber. Im Gegensatz zu anderen, außenstehenden Beratern haben Altgesellschafter und Investor Interessenkonformität, da beide Parteien an der Steigerung des Unternehmenswertes interessiert sind.

4. Beteiligungsgesellschaften werden auch in kritischen Unternehmensphasen, z. B. im Sanierungsfall, als Gesellschafter aufgenommen. Spezialisierte Sanierungsbeteiligungsgesellschaften werden in der Regel erst dann in Betracht gezogen, wenn die Kreditinstitute nicht mehr bereit sind, den laufenden Liquiditätsbedarf zu decken und Konkurstatbestände wie Überschuldung oder Illiquidität durch weitere Gesellschaftereinschüsse nicht beseitigt werden können. Grundsätzlich ist an dieser Stelle anzumerken, dass zu einem solchen Zeitpunkt eine Sanierungsfähigkeit nur noch in Ausnahmefällen bescheinigt werden kann. Sanierungen sind um so erfolgreicher, je früher den Ursachen entgegengewirkt werden kann.

Kommen diese Sanierungsbeteiligungsgesellschaften bei der Einschätzung der Sanierungsfähigkeit zu einem positiven Urteil, werden in der Regel vor einer Beteiligung erste Sanierungsmaßnahmen eingeleitet. Hierbei handelt es sich um grundlegende Fragen, deren Entscheidung in die eine oder andere Richtung für den Sanierungserfolg maßgeblich sind. Beispielsweise sind üblicherweise vor einem Einstieg einer Sanierungsgesellschaft Verhandlungen über einen Forderungsverzicht der Geschäftsbanken bzw. eine Zwischenfinanzierung notwendig.

Da diese Beteiligungsgesellschaften daran interessiert sind, mit der Mehrheit auf der Gesellschafterebene aktiv das Management zu bestimmen, muss in der Regel das alte Management - welches auch oft Auslöser der Unternehmenskrise ist - ausgewechselt werden.

In einer erfolgreichen Sanierung sind in der Regel für alle Beteiligten große Chancen zu realisieren. Die Altinvestoren haben die Möglichkeit, ihr Investment vor einer Totalabschreibung zu bewahren. Der Großteil der Mitarbeiter wird seine Arbeitsplätze nicht verlieren, da diese durch geeignete Maßnahmen zukunftssicher gemacht werden. Ziel der Sanierungsbeteiligungsgesellschaft ist es ebenfalls, ihre Anteile an der Unternehmung nach der Sanierung zu verkaufen. Da Anteile von zu sanierenden Unternehmen in der Regel - wenn überhaupt - einen geringen Kaufpreis haben, bzw. die Sanierungsbeteiligungsgesellschaft in Form von "Sweat-Equity" (Geschäftsanteile für Arbeitsleistung) entlohnt wird, sind die Möglichkeiten zur Wertsteigerung - ebenso wie die Risiken - überdurchschnittlich.

5. Ein zunehmend an Bedeutung gewinnender Anlass für Unternehmensbeteiligungen ist die Regelung der Unternehmensnachfolge. Die Gründergeneration des Wirtschaftswunders muss gezielt die Übergabe ihrer Geschäfte vorbereiten. Oft fehlt ein Nachfolger aus dem eigenen Familienkreis, der gewillt und geeignet ist, den zukünftigen Geschäftserfolg zu gewährleisten und gleichzeitig dem Gründer eine gesicherte Altersversorgung zu garantieren. Eine Lösung dieser herausfordernden Aufgabe ist das Management Buy-out (MBO) oder Management Buy-in (MBI). Das MBO ist ein Vorgang, bei dem das bestehende Management in die Lage versetzt wird, in Zusammenarbeit mit einer Beteiligungsgesellschaft die Unternehmung, Teilbereiche einer Unternehmung oder Produkte einer Unternehmung zu kaufen. Beim MBI kauft ein außenstehender Manager oder eine Gruppe von Managern, oft mit der Hilfe einer hierauf spezialisierten Beteiligungsgesellschaft, eine Unternehmung oder Teilbereiche einer Unternehmung.

Bei der Strukturierung der MBO/MBI-Investitionen liegt ein Schwerpunkt auf der steuerlich optimalen Gestaltung. Da bei der Expansionsfinanzierung und der Sanierung üblicherweise keine Geschäftsanteile an den Investor verkauft werden, sondern durch Kapitalerhöhung neue Anteile durch Zuführung von frischem Kapital geschaffen werden, sind in diesen Fällen steuerliche Probleme eher untergeordnet. Beim MBO/MBI werden jedoch Anteile bzw. Vermögenswerte verkauft. In diesen Fällen werden Verkehrssteuern (Umsatzsteuer, Grunderwerbssteuer) und Ertragssteuern auf den Veräußerungsgewinn erhoben. Die steuerlichen Gestaltungsmöglichkeiten zu diesem Thema sind sehr komplex und unterliegen aus fiskalpolitischen Gründen einem stetigen Wandel, so dass in diesem Rahmen keine weitere Würdigung erfolgt.

Dem Verkäufer wird beim MBO bzw. MBI oftmals der Kaufpreis nicht in einer Summe bezahlt. Sogenannte "Earn-out-Regelungen" (Vertragliche Vereinbarungen, die Regelungen enthalten, wann, in welcher Höhe und unter welchen Bedingungen Zahlungen des Kaufpreises erfolgen) in Verbindung mit "Verkäuferdarlehen" führen zu einer Verzögerung der Zahlungsströme und damit zu einer finanziellen Entlastung der Käufer.

Da diese Art des Beteiligungsgeschäftes ebenfalls sehr lukrativ sein kann, betreiben spezialisierte Beteiligungsgesellschaften das Geschäft proaktiv. Über Datenbanken wird ein Pool an geeigneten Managementressourcen organisiert, die bei geeigneten Investments die Führung und den Ausbau der Unternehmung übernehmen können. Des weiteren werden systematisch Branchen nach Investitionszielen analysiert und Eigentümer direkt angesprochen. Die Beteiligungsgesellschaft sieht in der Regel ihre Ertragschancen in dem gewinnbringenden Verkauf ihrer Anteile an Dritte bzw. an die neuen Unternehmer.

1.2.3 Arten von Beteiligungen

Grundsätzlich lassen sich zwei Arten von Beteiligungen unterscheiden. Die direkte oder offene Beteiligung bezieht sich auf Anteile am Eigenkapital einer Gesellschaft. In diesem Falle werden Unternehmensanteile von Altgesellschaftern übertragen oder neue Anteile gegen Bareinlage geschaffen. Da neue Gesellschafter üblicherweise aufgenommen werden wenn ein Finanzierungsbedarf besteht, ist die Schaffung neuer Anteile oft verbunden mit zusätzlichen Zahlungsströmen an das Unternehmen. Ein verhandelter Kaufpreis besteht daher in der Regel aus der Zahlung einer Bareinlage zum Nennwert und eines Aufgeldes (Agio). Dieses Agio wird in die Kapitalrücklage der Unternehmung eingezahlt.

Eine "stille" Beteiligung kann als typische oder atypische stille Beteiligung/Gesellschaft erfolgen. Bei einer stillen Beteiligung erhält der Gesellschafter keine Gesellschaftsanteile, aber ähnliche Rechte wie ein Anteilseigner. Die (typische) stille Gesellschaft sieht immer zwei Arten der Verzinsung des eingesetzten Kapitals vor:

- Ein fester Zinsbestandteil garantiert eine Mindestverzinsung.
- Ein variabler Bestandteil führt zu einer zusätzlichen gewinnabhängigen Verzinsung in Jahren, in denen die Unternehmung prosperiert.

(Typische) stille Gesellschaften sind grundsätzlich nicht am Vermögen der Unternehmung beteiligt. Die Haftung ist immer auf die Höhe der Einlage beschränkt. Der stille Gesellschafter hat Informations- und Kontrollrechte, die es ihm ermöglichen, einen Einblick in die Unternehmung zu bekommen. Diese Rechte können flexibel zwischen den Parteien ausgehandelt werden. Ein Stimmrecht auf der Gesellschafterversammlung ist jedoch nicht gegeben. Die Beteiligungsdauer ist in der Regel auf einen festen Zeitraum fixiert und verlängert sich, wenn die Unternehmung nicht in der Lage ist, die Beteiligung abzulösen. Typische Verträge enthalten oft Regelungen über ein einseitiges vorzeitiges Kündigungs- bzw. Rückkaufrecht der stillen Beteiligung durch die Unternehmung.

Die atypische stille Beteiligung unterscheidet sich von der typischen stillen Beteiligung durch die zusätzliche Möglichkeit, während der Beteiligungsdauer am Vermögenszuwachs einschließlich der stillen Reserven zu partizipieren[1].

Stille und offene Beteiligungen können kombiniert werden. Das geschieht oft, wenn der Kapitalbedarf eines Unternehmens größer ist als der darstellbare Unternehmenswert und deshalb über eine offene Beteiligung allein nicht gedeckt werden kann. Durch eine zusätzliche stille Beteiligung kann dann das noch fehlende Kapital beschafft werden.

---

[1] Vgl. GABLER (1983), Bd. 2, S. 1482.

1.2.4 Desinvestition von Beteiligungen

Die stille Beteiligung wird in der Regel durch Ablauf der vereinbarten Beteiligungsdauer beendet. Offene Beteiligungen sind unbefristet und sollten aus Sicht einer Beteiligungsgesellschaft mittelfristig ebenfalls aus dem Portfolio ausgesteuert werden. Für die sogenannte Desinvestition gibt es in der Praxis vier Möglichkeiten.

1. **Liquidation:** Die Unternehmung entwickelt sich so, dass weder eine gewinnbringende Veräußerung möglich ist, noch dauerhaft ein selbständiges Wirtschaften erreicht werden kann. Ist die Unternehmung dauerhaft lebensfähig, jedoch ein gewinnbringender Verkauf an Dritte nicht erzielbar, kommt es nicht selten vor, dass Beteiligungsgesellschaften ihre Beteiligung verlustminimierend an die Altgesellschafter rückübertragen.

2. **Trade-sale:** Die Beteiligung wird an ein drittes Industrieunternehmen verkauft. Bis zur Einführung des Neuen Marktes war dies die gängigste Form der gewinnbringenden Veräußerung eine Beteiligung.

3. **Secondary Purchasing:** Die Beteiligung wird an eine dritte Beteiligungsgesellschaft veräußert.

4. **Initial Public Offering:** Die Beteiligung wird über den Kapitalmarkt verkauft. Dies war bis zur Einführung des Neuen Marktes in Deutschland für kleine und mittelständische Unternehmen nur beim Gang an eine ausländische Börse interessant.

Eine Kombination der Exit-Wege ist möglich. Es können beispielsweise Teilbereiche von Unternehmen separat verkauft werden, während von einem anderen Teil der Unternehmung nur Vermögenswerte verkauft werden, da es nicht vorgesehen ist, dieses Geschäftsfeld weiterzuverfolgen.

1.3 Der Investitionsprozess

1.3.1 Beteiligungskriterien

Jede Beteiligungsgesellschaft hat ihre eigenen Beteiligungskriterien entwickelt, von denen sie annimmt, dass diese - konsequent angewandt - zu einem renditeträchtigen Portfolio führen. In ihren Feinheiten unterscheiden sich diese Kriterien erheblich, von der Grundausrichtung her sind sie jedoch sehr ähnlich und meist von der Einschätzung der Beteiligungsmanager abhängig und daher subjektiv.

Alle Beteiligungsgesellschaften legen bei ihren Investitionskriterien großen Wert auf die Qualität des vorhandenen Managements bzw. auf die Möglichkeit, ein eigenes hochwertiges Management zu installieren. Oft wird versucht, über das Einholen von Referenzen ein fundiertes Urteil über dieses zu erlangen. Darüber hinaus gibt es zwischen den einzelnen Beteiligungsgesellschaften sehr unterschiedliche Auffassungen über die Art und Weise, wie mit dem vorhandenen Management nach der Investition verfahren werden soll.

Insbesondere im angelsächsischen Raum vertritt man die Auffassung, dass der Unternehmensgründer nicht die richtige Person ist, das Unternehmen im Wachstum zu leiten und dass das Management, welches das Wachstum organisiert, nicht geeignet ist, eine Unternehmung an die Börse zu führen.

Im deutschsprachigen Raum vertritt man eher den Standpunkt, dass der Unternehmensgründer eine wichtige Integrationsfigur einer Organisation ist, der durch die Unterstützung der Beteiligungsgesellschaft das Handwerkszeug für das Wachstum zur Verfügung gestellt bekommt. In der Praxis wird diesbezüglich in der Regel ein Mittelweg aus beiden Faktoren gegangen.

Das zweite Kriterium für die Beurteilung eines möglichen Investments ist die Prüfung der Exit-Möglichkeit. Bereits bevor eine Beteiligung eingegangen wird ist man sich im klaren, welche Möglichkeiten eines Desinvestments bestehen. Hier unterscheiden sich die Beteiligungsgesellschaften darin, welche Exit-Varianten für eine Beteiligung als ausreichend erachtet werden. In manchen Fällen ist es ausreichend, "nur" mit einem Trade-sale zu kalkulieren. In anderen Fällen wird erwartet, dass ein Börsengang die realistische Art des Exits ist.

In jüngster Zeit kann man ein neues Phänomen im Beteiligungsgeschäft in Deutschland feststellen. Durch die Welle an Neuemissionen an den nationalen und internationalen Kapitalmärkten trifft man häufig auf Unternehmen mit einer soliden Kapitalausstattung und der Notwendigkeit, dieses Kapital sinnvoll zu investieren und somit positive Unternehmensnachrichten zu generieren. Das zur Verfügung gestellte Kapital kann investiert werden in inneres Wachstum bzw. für Unternehmensakquisitionen (externes Wachstum). Es ist so z. B. in Deutschland zu einer verstärkten Nachfrage nach Unternehmen der Informationstechnik gekommen. Die Reaktion auf diese Nachfrage ist, dass Unternehmen gezielt gegründet, aufgebaut und durch Beteiligungsgesellschaften finanziert werden, um sie kurzfristig an kapitalkräftige börsennotierte Unternehmen zu verkaufen.

In der Regel werden bei Investitionsentscheidungen weitere Faktoren in individueller Abstufung berücksichtigt wie z. B. (in willkürlicher Reihenfolge):

- Produkte/Vertrieb
- Internationalisierung
- Alleinstellungsmerkmale
- Markt- und Wettbewerbsposition
- Substitute/Markteintrittsbarrieren
- Qualität des Business Planes.

Diese Aufstellung erhebt keinen Anspruch auf Vollständigkeit. Üblicherweise unterliegen die verwendeten Investitionskriterien einem stetigen Wandel und wechselnden Moden. Die im Folgenden vorgestellten Gliederungspunkte Due Diligence, Unternehmensbewertung und Vertragsgestaltung genießen während des Investitionsprozesses eine besondere Bedeutung unter den Investitionskriterien, da jeder für sich genommen zur Entscheidung für oder gegen ein Investment durch die Venture Capital Gesellschaft und zum sofortigen Abbruch der Prüfung führen kann.

1.3.2 Due Diligence

Der Begriff Due Diligence entstand bereits Mitte der dreißiger Jahre in den USA. Er bedeutet übersetzt "gebotene Sorgfalt" und leitet sich aus den Gesetzen zum Anlegerschutz der USA her.

Investor und Unternehmer haben unterschiedliche Informationen über das Investitionsobjekt. Ziel der Due Diligence ist es, die Informationsasymmetrie soweit zu beheben, dass der Investor in die Lage versetzt wird, eine seinem individuellen Risikoprofil angepasste Entscheidung zu fällen.

Heute wird eine Due Diligence bei jeder Transaktion durchgeführt, bei der die Entscheider Informationen analysieren und aufbereiten, um Chancen und Risiken auf den Ebenen:

- Technik / Betriebswirtschaft,
- Recht / Umwelt und
- Steuern / Finanzen

abwägen zu können.

Der Bereich Technik / Betriebswirtschaft ist der umfangreichste und meist auch der aufwendigste, da hier viele Prüfer interdisziplinär zusammenarbeiten. Die Due Diligence an dieser Stelle befasst sich in aller Regel mit den Bereichen Produktion und Produkte, Branchenspezifika, Organisation und Informationstechnik sowie den verschiedenen Bereichen der strategischen Planung.

Einen zentralen Bereich der Due Diligence nimmt oft die Prüfung von Rechts- und Umweltrisiken ein. Im Fokus der Prüfung stehen zivilrechtliche Verpflichtungen und öffentlichrechtliche Regelungen. Nicht selten übernehmen die Mitarbeiter des Prüfungsteams, die den rechtlichen Teil der Prüfung betreuen, auch die Ausarbeitung der rechtlichen Dokumente für die Durchführung der Investition. Da die Auswirkungen von Umweltrisiken (Schadenshöhe und Eintrittswahrscheinlichkeit) oft schwer zu quantifizieren sind und der Wert des Schadens den Vermögenswert der Unternehmung leicht überschreiten kann, sind an dieser Stelle oft besondere Hindernisse zu erwarten[2].

Im Bereich Steuern / Finanzen muss zum einen zunächst geprüft werden, ob das Rechnungswesen die tatsächlichen Verhältnisse der Unternehmung in der Vergan-

---

[2] Vgl. HOLZAPFEL/PÖLLATH (1994), S. 299.

genheit und in der Gegenwart erfasst hat. Regelmäßig sind die Werthaltigkeit von Forderungen und Umlaufvermögen, die ausreichende Bildung von Rückstellungen und die Unterschiede von Marktwert und Buchwert des Anlagevermögens Gegenstand von Diskussionen. Im Bereich Steuern ist zu bewerten, ob seit der letzten Steuerprüfung noch mit Steuernachzahlungen zu rechnen ist.

Beteiligungsgesellschaften verzichten in der Regel nur auf eine Due Diligence, wenn die Unternehmung sehr jung ist, so dass keine risikobehafteten Geschäftsvorfälle die Investition gefährden können (z. B. bei Start-up), oder die zur Verfügung gestellten Mittel derartig gering sind, dass die Kosten für externe dritte Prüfer im Verhältnis zum Gesamtinvestment zu hoch erscheinen. Beide Fälle sind in der Beteiligungspraxis eher selten.

Der Prozess der Due Diligence erfolgt in der Regel in folgenden Schritten:

- Sichten der vorhandenen Unterlagen
- Datenerhebung
- Aufbereitung und Darstellung der Daten
- Auswertung anhand von Beurteilungskriterien und durch Ergebnisdiskussion.[3]

Welches die konkreten Erkenntnisobjekte einer Due Diligence sind, hängt von den zwischen Investor und Prüfer vereinbarten Interessenschwerpunkten ab. Nicht selten werden z. B. rechtliche Probleme nicht betrachtet, wenn der Investor, aus welchen Gründen auch immer, keine versteckten Risiken erwartet. Zur Zeit wird auch versucht, Risiken durch Haftungs- und Garantieklauseln im Kaufvertrag auf die Altgesellschafter auszulagern, wobei in der Praxis oft die Schwierigkeit entsteht, einen Anspruch aus Garantien gegen Altgesellschafter durchzusetzen.

Treten bei einer Due Diligence überraschende Erkenntnisse auf, können sie zu sog. "Deal-Breakern" werden. Beispiele hierfür sind Umweltrisiken, die im Vorfeld verschwiegen wurden, oder Pensionszusagen an einzelne Personen aus unterschiedlichen Hierarchieebenen, die eine betriebliche Übung begründen könnten

---

[3] Vgl. HARTMANN (1985), S. 17.

und in der Folge so zu Pensionsansprüchen aller Mitarbeiter führen. Ist die Tragweite einer solchen überraschenden Erkenntnis für den Investor nicht so groß, dass die Investition grundsätzlich in Frage gestellt wird, kann die aufgedeckte Schwachstelle für die Verhandlung über eine Minderung des Kaufpreises verwendet werden.

Welche zeitlichen Aufwände für eine Due Diligence bei vorbörslichen Beteiligungen anzusetzen sind, lässt sich pauschal nicht beantworten. Unternehmensinterne und -externe Faktoren haben maßgeblichen Einfluss auf Dauer und Verlauf der Prüfung.

Zunächst muss der Investor sich im klaren werden, welche Erkenntnisobjekte für ihn eine Relevanz haben. Dies erfolgt nicht selten durch eine Kurzprüfung, die mit eigenen bzw. wenigen externen Humanressourcen durchgeführt wird. Der Einsatz von standardisierten Checklisten oder Fragebögen ist hier ein verbreitetes Instrument, um mit geringem Aufwand zu Ergebnissen zu kommen.

Zeitbeeinflussende externe Faktoren liegen häufig in der Zusammenstellung des Prüfungsteams. Bei komplexen Transaktionen ist es oft notwendig, Spezialistenwissen aus unterschiedlichen Unternehmen in einem Projektteam zu vereinen. In einem solchen Team finden sich nicht selten Steuerberater, Wirtschaftsprüfer, unterschiedliche Fachanwälte, technische Sachverständige, M&A-Berater. Je größer ein solches Team ist, um so länger dauert die Koordination und die Umsetzung des Prüfungsauftrages.

Es ist evident, dass ein solches Prüfungsteam auf Verkäuferseite entsprechende Gesprächspartner benötigt, um zu werthaltigen Ergebnissen zu kommen. In der Praxis bereiten auch nicht vorhandene aber notwendige Informationen und Unterlagen oft Schwierigkeiten. Man versucht diesem Problem zu entgehen, indem jedes Mitglied des Prüfungsteams vorab eine Aufstellung der Informationen einreicht, die vom Unternehmen zur Bearbeitung zur Verfügung gestellt bzw. in einem "Data-Room" bereit zu halten sind.

Abschließend sei noch einmal betont, dass es sich bei einer Due Diligence um eine höchst individuelle Tätigkeit handelt, die Sinn und Zweck nicht verfehlen darf.

Aus Investorensicht ist das Ergebnis einer Due Diligence, das zum "Deal-Breaker" wird zwar ärgerlich, aber doch immer noch besser als eine Investition, die wertberichtigt werden muss, obwohl die Risiken hätten gewürdigt werden können.

1.3.3 Unternehmensbewertung

Gemeinhin wird die Annahme vertreten, dass der ermittelte Unternehmenswert dem Kaufpreis der Anteile einer Unternehmung entspricht. Dies ist regelmäßig nur der Fall, wenn die Anteile einer Unternehmung an einem Markt gehandelt werden und eine regelmäßige Preisbildung zustande kommt. In der Praxis des Kaufs und Verkaufs von Unternehmensanteilen von nicht börsennotierten Unternehmen spielen die unterschiedlichen Methoden und Verfahren zur Unternehmensbewertung jedoch eher eine untergeordnete Rolle.

Die Methoden der Unternehmensbewertung können sehr komplex sein und werden laufend fortentwickelt. Regelmäßig werden neue Varianten und Nuancen den einzelnen Methoden hinzugefügt. Aktuelle Themen, wie z. B. die Veränderung steuerlicher Rahmenbedingungen, müssen Eingang in die Unternehmensbewertungen finden. In der wirtschaftswissenschaftlichen Forschung findet regelmäßig eine kritische Würdigung statt. Ganze Berufsstände und Verbandsarbeitskreise generieren ihre Existenzberechtigung aus der Weiterentwicklung von Methoden der Unternehmensbewertung.

Bei Unternehmensbeteiligungen im Zusammenhang mit einer Wachstumsfinanzierung werden üblicherweise den Altgesellschaftern keine Anteile abgekauft, sondern eine Kapitalerhöhung durchgeführt. Wachstumsfinanzierung heißt, dass das zur Verfügung gestellte Kapital zur Unternehmensentwicklung verwendet werden soll. Diese Unternehmensentwicklung wird in der Unternehmensplanung dargestellt, die unter bestimmten Hypothesen erarbeitet wurde. Die Beteiligungsgesellschaft investiert folglich in eine unsichere Zukunft.

Ansatzpunkte für die Widerlegung von Annahmen, die einer Unternehmensplanung zugrunde liegen, finden sich leicht. Die Plausibilisierung von Annahmen für die zukünftige wirtschaftliche Entwicklung einer Unternehmung ist oft schwer. Da im Prozess der Kaufpreisfindung eine Vielzahl von Problemen auftreten, die sich dann zum "Deal-Breaker" entwickeln können, obwohl alle Beteiligten einen Vorteil in dem Investment sehen, nutzt man häufig sogenannte "Performance-Klauseln", die einen Teil des Kaufpreises von der Realisierung bestimmter Planzahlen abhängig machen.

Hierbei werden in der Regel qualitative und quantitative Meilensteine vereinbart, bei deren Erfüllung eine Nachbewertung der Unternehmung erfolgt. Der Kapitalbedarf ist durch die einzelnen Maßnahmen zur Unternehmensentwicklung vorgegeben. Die Beteiligung wird dann in Höhe dieses Kapitalbedarfs geschlossen. Oft handelt es sich um eine Kombination aus Stammeinlage, Agio und Gesellschafterdarlehen bzw. stiller Beteiligung. Werden die in den Performanceklauseln vereinbarten Ziele erreicht, spricht die Beteiligungsgesellschaft für das Gesellschafterdarlehen bzw. die stille Gesellschaft einen Verzicht aus. Es wird folglich ein nachträgliches Aufgeld bezahlt. Treten die vereinbarten Ergebnisse zu den Meilensteinen nicht ein, bleibt alles unverändert.

Eine andere Möglichkeit der Nachbewertung bieten sog. "Bonus-Malus-Klauseln". Hierbei werden ebenfalls Meilensteine vereinbart. Treten die Ergebnisse nicht ein, übertragen die Altgesellschafter weitere Anteile an den Investor und umgekehrt. Diese Methode hat den Nachteil, dass viele Beteiligungsgesellschaften kein Interesse daran haben, zusätzliche Anteile einer Unternehmung zu erhalten, die keinen Wert hat. Gleichzeitig wollen sie nicht Anteile abgeben, wenn die Unternehmung sich gut entwickelt. Aus Sicht der Altgesellschafter kann die Bonus-Malus-Regel auch zu subjektiv wahrgenommener Ungerechtigkeit führen, da das Nichteintreten eines Meilensteins oft nicht von ihnen verschuldet wird. Demotivation kann die Folge sein.

Performanceklausel und Bonus-Malus-Klausel werden vertraglich fixiert und sind in der Regel Bestandteil des Beitrittsvertrages oder einer Aktionärsvereinbarung.

1.3.4 Vertragsgestaltung

Der gesamte Investitionsprozess kann unter vertraglichen Aspekten in drei Phasen unterteilt werden.

1. **Vorvertragliches Stadium:** Allein durch die Aufnahme von Vertragsverhandlungen entstehen für alle Beteiligten Rechte und Pflichten, die bei Verletzung zu Schadensersatzansprüchen aus Verschulden bei Vertragsanbahnung führen können (culpa in contrahendo)[4].

Im vorvertraglichen Stadium sind insbesondere folgende Pflichten relevant:

- Redliche Verhandlungsführung
- Geheimhaltungspflicht gegenüber Dritten
- Offenbarungspflicht.

Üblicherweise wird vorvertraglich durch den Investor ein sog. "Letter of Intent" einseitig erstellt, in dem das Interesse an der Investition unter Einhaltung bestimmter Rahmenbedingungen bekundet wird. Möglich ist auch der Abschluss eines Vorvertrages, in dem sich beide Parteien zum Abschluss eines späteren Hauptvertrages verpflichten.

2. **Kaufvertragsgestaltung:** In Anbetracht der Tatsache, dass Beteiligungsgesellschaften Unternehmensanteile relativ häufig kaufen, wird in der Regel an dieser Stelle mit Standardverträgen gearbeitet. Diese Verträge enthalten inhaltlich immer:

- Modalitäten der Kaufpreisbestimmung (z. B. Performanceklausel)
- Zusicherungen und Garantien der Altgesellschafter
- Haftungssachverhalte bei Garantieverletzung
- Informationspflichten und Kontrollrechte des Investors
- Regelungen über den Verkauf von Anteilen von unterschiedlichen Gesellschaftern
- Zustimmungspflichtige Rechtsgeschäfte und
- Gremienarbeit.

Ferner finden die Besonderheiten der unterschiedlichen Rechtsformen Berücksichtigung. Der Verkauf von Beteiligungen findet normalerweise mit in-

---

[4] Vgl. SEMLER (1996), S. 484 ff.

dividuell erarbeiteten Verträgen statt. Nicht selten beauftragen Beteiligungsgesellschaften sog. "Verhandlungsanwälte", um die Verkaufsverträge aushandeln zu lassen.

3. **Vertragscontrolling:** Steuerung und Durchsetzung der vertraglichen Vereinbarungen auf der Seite der Beteiligungsgesellschaft unterliegen dem Vertragscontrolling. Da einzelne Vertragsbestandteile oft erst über erhebliche Zeiträume Relevanz erlangen (z. B. Umsatzziele verteilt auf verschiedene Jahre, Laufzeiten und Kapitaldienst bei Gesellschafterdarlehen oder stillen Beteiligungen), ist es wichtig, regelmäßig die Rechte und Pflichten der Beteiligungsgesellschaft gegenüber dem Beteiligungsunternehmen und den Altgesellschaftern einer Revision zu unterziehen und entsprechend angemessene Maßnahmen einzuleiten.

1.4 Beteiligungsprozess

1.4.1 Gremien

Im Beitrittsvertrag lassen sich Beteiligungsgesellschaften üblicherweise Sitz und Stimme in den Gremien der Unternehmung garantieren. Dies kann bei der Aktiengesellschaft der Aufsichtsrat und Beirat oder bei anderen Rechtsformen lediglich ein Beirat sein. In der Regel werden im Beitrittsvertrag zustimmungspflichtige Rechtsgeschäfte vereinbart, die an den Beirat bzw. den Aufsichtsrat delegiert werden.

Die Gremien dienen idealtypisch aber nicht nur der Kontrolle der Unternehmensleistung und dem Schutz der nicht tätigen Gesellschafter. Die zweite, ebenso wichtige, Aufgabe ist, beratend die Unternehmung zu entwickeln und auf diese Weise den Unternehmenswert zu steigern. Selbstverständlich ist die Qualität der Zusammensetzung der Gremien der entscheidende Erfolgsfaktor in diesem Zusammenhang. Die Bandbreite der fachlichen Zusammensetzung entscheidet über das Spektrum der Beratungsfähigkeiten.

Nicht selten werden innerhalb der Gremien Arbeitsgruppen etabliert, in denen das Management, zusätzliche externe Berater und Gremienangehörige Sonderthemen bearbeiten. Beispielsweise kann sich eine Arbeitsgruppe mit Akquisitionsstrategien beschäftigen, während eine andere die Verbesserung der innerbetrieblichen Controllingsysteme im Fokus ihrer Tätigkeit hat.

Für junge Unternehmen ist es wichtig, die Gremien mit Personen zu besetzen, die im Unternehmensumfeld über eine hohe Reputation verfügen. Der Symbolcharakter solcher Personen für Produkte und Markt ist sehr hoch. Wenn diese das Unternehmen aktiv in der Öffentlichkeit vertreten, sind Gremien auch als Marketinginstrument zu verstehen.

1.4.2 Controlling von Beteiligungen

Das Controlling von Beteiligungen bezieht sich auf drei Erkenntnisobjekte:

- Finanzcontrolling
- Projektcontrolling
- Vertragscontrolling.

Das Finanzcontrolling bezieht sich auf die Bereitstellung der Informationen, die der Beteiligungsgesellschaft Aufschluss über die augenblickliche Ergebnis- und Liquiditätssituation geben. Kurz- und mittelfristige Finanzpläne sowie ein Soll-Ist-Abgleich werden an dieser Stelle benötigt, um als nicht tätiger Gesellschafter Überblick über die Validität und Zuverlässigkeit der Planung zu erhalten. Eine operative Finanzrechnung ist üblicherweise nötig, weil aus der Finanzbuchhaltung mit Gewinn- und Verlustrechnung und Bilanz keine Informationen für die Steuerung der Liquidität zu erhalten sind[5].

Die Finanzcontrollingsysteme sind in den Beteiligungsunternehmen selten so anzutreffen, dass eine Beteiligungsgesellschaft ihren Bedarf an regelmäßigen Informationen gedeckt sieht. Daher wird oft nach dem Beitritt mit der Unternehmung ein individuelles Controllingsystem erarbeitet und eingeführt. Sinnvolle standardisierte Systeme gibt es nicht, da in unterschiedlichen Branchen, Segmen-

---

[5] Vgl. HORVÁTH (1998), S. 428.

ten und Unternehmensstrukturen unterschiedliche Informationen wesentlichen Charakter haben können.

Um die Unternehmensentwicklung zu beschleunigen, werden nicht selten durch die Beteiligungsgesellschaft Projekte initiiert und zusammen mit dem Beteiligungsunternehmen durchgeführt (z. B. Aufbau einer Auslandsniederlassung, Rechtsformwandelung usw.). Diese Projekte weisen oft eine Komplexität auf, die mit Ad-hoc-Management nicht zu steuern ist. Da oft mehrere solcher Projekte parallel abgearbeitet werden, besitzt das Projektcontrolling einen hohen Stellenwert. Die Basis des Projektcontrollings ist die Kapazitäts-, Termin- und Kostenplanung. Bei komplexen Projekten dieser Art ist es aufgrund heterogener Einflussfaktoren notwendig, valide und zuverlässig zu planen. Trotz des Erfahrungswissens der Beteiligungsgesellschaften kommt es oft zu erheblichen Abweichungen. Daher sind diese Planungen während der Projekte regelmäßig zu überarbeiten, um rechtzeitig Abweichungen erkennen zu können.

1.4.3 Sporadische Managemententscheidungen

In jedem Unternehmen müssen unregelmäßig Entscheidungen getroffen werden, die für den Fortbestand eine außerordentliche Bedeutung haben. Diese konstitutiven Entscheidungen geben den mittel- bis langfristigen Rahmen der Unternehmensentwicklung vor[6].

Zu solchen sporadischen Managementaufgaben zählen z. B.:

- Rechtsformwahl
- Standortwahl
- Strategische Ausrichtung
- Entscheidungen bezüglich Börsengang.

Solche Entscheidungen sind wesentlich für den Unternehmenserfolg und werden relativ selten, wenn nicht sogar einmalig, vom Management getroffen. Folglich kann das Management nicht auf eigenes Erfahrungswissen zurück greifen. Externe

---

[6] Vgl. STAEHLE (1985), S. 68.

Berater geben oft widersprüchliche Auskünfte und diese oft auch nicht ohne Eigeninteresse.

Beteiligungsgesellschaften haben ein elementares Interesse, in solche Entscheidungen mit eingebunden zu werden, da bei Fehlentscheidungen die Investition Gefahr läuft, notleidend zu werden. Ferner profitiert das Unternehmen von der Partizipation der Beteiligungsgesellschaft an diesen Entscheidungen, da diese in der Regel ein reichhaltiges Erfahrungswissen in solchen Fragen erworben hat. Bei anderen sporadischen Managemententscheidungen, wie z. B. Wahl der Beschaffungsmärkte oder Durchführung von Forschungs- und Entwicklungsprojekten, wird die Beteiligungsgesellschaft eher selten ihre Einflussmöglichkeiten wahrnehmen.

Die Art und Umfang der Entscheidungsbeeinflussung wird üblicherweise in den Beteiligungsverträgen festgeschrieben. Die meisten Beteiligungsgesellschaften verhalten sich in der Praxis jedoch in Anlehnung an den ordoliberalen Grundsatz: Soviel Einfluss wie nötig, sowenig Einfluss wie möglich.

1.4.4 Weitere Finanzierungsrunden

Wenn sich ein Beteiligungsunternehmen besser entwickelt als zunächst geplant, werden üblicherweise weitere finanzielle Mittel notwendig, um das weitere Wachstum finanzieren zu können. Aus Risikogründen tragen Beteiligungsgesellschaften diese Finanzierungen selten alleine. Es müssen folglich für weitere Finanzierungsrunden weitere Beteiligungsgesellschaften oder Investmenthäuser gefunden werden, die ebenfalls bereit sind, in das Beteiligungsunternehmen zu investieren.

Die Auswahl und Ansprache sowie die Vorbereitung der Verhandlungen mit den möglichen Investoren ist Aufgabe der Beteiligungsgesellschaft. Diese sollte wissen, welche Beteiligungsgesellschaft welche Beteiligungspräferenz hat. Ferner ist abzuwägen, welche Beteiligungsgesellschaft welchen zusätzlichen Mehrwert generieren kann. Sind beispielsweise internationale Beteiligungsgesellschaften in der Lage und hilfreich bei der Erschließung von deren Heimatmärkten? Oder verhalten diese sich eher als Kapitalgeber und nicht als aktiver Gesellschafter?

Um weitere Finanzierungsrunden erfolgreich durchzuführen, ist es normalerweise notwendig, dass auch die bereits investierte Beteiligungsgesellschaft Bereitschaft zeigt, in den folgenden Runden als Investor zur Verfügung zu stehen. Ist dies nicht der Fall, oder fehlen der Beteiligungsgesellschaft die notwendigen finanziellen Ressourcen, kann davon ausgegangen werden, dass weitere Beteiligungsverhandlungen sich schwierig gestalten werden.

1.5 Fazit

Unternehmen sind sozio-technische Systeme. Diese sind immer nur so stark wie ihr schwächster Bestandteil. Ein Ideal ist daher nur theoretisch denkbar. Die Beteiligungsgesellschaften müssen folglich mit Kompromissen leben. Schwächen können jedoch im Laufe des Beteiligungsprozesses durch aktive Mitarbeit und Unterstützung gemildert bzw. beseitigt werden.

Welcher Kandidat ideal oder geeignet für einen Börsengang ist, entscheiden letztlich nicht die Beteiligungsgesellschaften, sondern die Kapitalmärkte.

Aus Sicht der Unternehmer muss die Frage ohnehin anders gestellt werden: "Welche Beteiligungsgesellschaft ist der ideale Investor, der neben finanziellen Mitteln den nachhaltigsten Mehrwert generiert und die Wahrscheinlichkeit für den Börsengang erhöht." Beide Parteien müssen gewissenhaft prüfen, ob sie die geeigneten Partner für ihre individuellen Ziele sind, sonst laufen sie Gefahr, gegenseitig zum Stolperstein zu werden.

Literaturverzeichnis

GABLER WIRTSCHAFTSLEXIKON (1983), 11. Auflage, Wiesbaden

HARTMANN, Bernhard (1985): Angewandte Betriebsanalyse, 3.Auflage, Freiburg

HOLZAPFEL, Hans-Joachim / PÖLLATH, Reinhard (1994): Recht und Praxis des Unternehmenskaufs: steuerliche und rechtliche Aspekte, 7. Auflage, Köln

HORVÁTH, Péter (1998): Controlling, 7. Auflage, München

SEMLER, Franz-Jörg (1996): Teil VI: Der Unternehmens- und Beteiligungskaufvertrag, in: Hölters, Wolfgang (Hrsg.): Handbuch des Unternehmens- und Beteiligungskaufs, 4. Auflage, Köln, S. 480-571

STAEHLE, Wolfgang (1985): Funktionen des Managements, Bern

2 Auswahl des Bankenkonsortiums

2.1 Aufgaben der Banken im Rahmen des Going Public

Das Finden der "richtigen" Konsortialbank im Rahmen des IPO[7] gehört zu den elementaren Aufgaben einer Geschäftsführung, die über den Erfolg oder Misserfolg einer Neuemission entscheiden. Nicht nur die unterschiedlichen Dienstleistungen, die Banken anbieten, sorgen für Verwirrung beim IPO-Kandidaten. Für die Entscheidungsfindung bei der Auswahl des Bankkonsortiums sind ebenfalls die mit dem Börsengang verbundenen Emissionskosten, die Platzierungskraft, das Image der Konsortialmitglieder bei der Platzierung, der im Vorfeld prognostizierte Börsenwert des eigenen Unternehmens sowie die bisherige Erfahrung als Lead- bzw. Co-Lead-Manager oder Teilnehmer eines Bankenkonsortiums zu berücksichtigen.

Die nachfolgend aufgeführten Dienstleistungen geben einen Überblick über die maßgeblichen Aufgaben einer Konsortialbank. Im Vordergrund der Betreuung eines IPO-Mandates durch eine Konsortialbank steht die professionelle Vermarktung und Platzierung der Aktien.

Die Aufgaben einer Konsortialbank sind im einzelnen (gegliedert nach dem zeitlichen Ablauf):

- Entwicklung des Emissionskonzeptes
- Erarbeitung eines detaillierten Zeitplans für die Börseneinführung und Aktienplatzierung
- Überarbeitung und ggf. Anpassung der formaljuristischen Unternehmensstrukturen
- Erstellung des Verkaufsprospektes
- Abstimmung der Platzierungsstrategie (inkl. Pricing)
- Einbindung der weiteren Konsortialmitglieder in den Unternehmensprozess

---

[7] IPO = Initial Public Offering ("Neuemission", auch synonym für den Börsengang)

- Research
- Due Diligence
- Koordination mit externen Partnern (z. B. Emissionsberatern, Steuerberatern, Wirtschaftsprüfern, Rechtsanwälten, Notaren, Investor Relation Agenturen, Druckereien, Handelsrichtern etc.)
- Überwachung und Koordination des Börsenzulassungsverfahrens und der Börseneinführung
- Gemeinsame Festlegung der Vermarktungsstrategie
- Ansprache potentieller institutioneller Kunden
- Platzierung der Aktie
- Sekundärmarktbetreuung (Betreuung nach Börsengang)

2.2 Kontaktaufnahme mit Emissionsbanken

Bevor es zur Kontaktaufnahme mit potentiellen Emissionsbanken kommt, sollte das Unternehmen intern die Unternehmensstrategie festlegen. Die hierfür investierte Vorbereitungszeit kann sich in hohem Maße für das Unternehmen "amortisieren". Ein deutlich ausgearbeitetes Unternehmensprofil mit Darstellung der Differenzierungs- und/oder Alleinstellungsmerkmale hilft zum einen, von Anfang an einen professionellen Eindruck bei den Emissionsbanken zu hinterlassen und ermöglicht zudem, die Werthaltigkeit des Unternehmens zu unterstreichen.

Die Informationen aus der Unternehmensstrategie fließen in ein Bankenexposé ein. Dieses soll den Banken einen generellen Überblick über die Historie, den aktuellen Stand sowie die Zukunftsbestrebungen des Unternehmens geben. Für das Unternehmen ist es dabei von elementarer Bedeutung, die Alleinstellungsmerkmale der eigenen Technologie oder Innovation deutlich darzustellen. In dieser Dokumentation sollte ebenfalls dargestellt werden, ob das Unternehmen den Anforderungen des Kapitalmarktes gewachsen ist und zukünftiges Wachstum sowohl organisatorisch als auch von der Human-Kapital-Seite aus bewältigen kann. Das Bankenexposé stellt die Unternehmen vor eine neue Herausforderung. Sie sind aus ihrem operativen Tagesgeschäft gewohnt, professionelle Unterlagen über Produkte und Dienstleistungen für ihre Kunden zur Verfügung zu stellen und zu präsentieren. Die Vertreter der Banken wollen dagegen stellvertretend für eine neue Zielgruppe, die Finanzwelt, einen Eindruck von dem Unternehmen gewinnen. Die Kommunikationsstrategie sowie die Unterlagen sollten für diese Zielgruppe vorbereitet und präsentiert werden. Finanzwirtschaftliche Kennzahlen zur derzeitigen Situation und zukünftigen Geschäftsverläufen sind hier von Bedeutung. Auch die mögliche Verwendung eines Erlöses aus dem Börsengang sollte in dem Bankenexposé dokumentiert werden. Generell geht es in der Präsentation um Kernbotschaften in Form von prägnanten Charts und nicht um die Präsentation von unendlich langen Texten oder detaillierten intimen Unternehmensinformationen.

Nach dem Erstellen des Bankenexposés werden die Banken zum sog. "Beauty-Contest" eingeladen, um die zuvor beschriebenen Inhalte des Unternehmens kennenzulernen. Das Unternehmen kann die Gelegenheit nutzen, sich über das Dienstleistungsspektrum und Know-how der Emissionsbank persönlich zu informieren. Aufgrund der zeitlichen Intensität sollte im Rahmen des Beauty-Contests nicht mehr als eine Emissionsbank pro Tag berücksichtigt werden. Beim Beauty-Contest der Banken ist es wichtig, nicht nur die Institution und deren Dienstleistungsspektrum kennenzulernen, sondern ebenfalls einen Eindruck von den Betreuern des IPO auf Bankenseite zu gewinnen. Während einer intensiven gemeinsamen Zeit in Vorbereitung eines Börsengangs ist das Gefühl der "gemeinsamen Chemie" für den Erfolg der Emission von elementarer Bedeutung. Im Rahmen eines IPO verbringen die verantwortlichen Führungskräfte des Unternehmens mehr Zeit mit den Konsortialmitgliedern, speziell mit den Ansprechpartnern der Lead-Bank, als mit dem sonst gewohnten Business- und Privatumfeld.

Von Bankenseite treten während des sog. Beauty-Contests oftmals der Hauptansprechpartner für den IPO, ein Mitglied aus dem Analysten-Team sowie eine Person aus dem Bereich der Börsenzulassung auf. Wert sollte hier darauf gelegt werden, dass die Ansprechpartner während der Beauty-Contests und während der tatsächlichen Realisierung des Börsengangs identisch sind. Es besteht die Gefahr, dass nach dem Unterschreiben des Konsortialvertrages die eloquente Präsentationscrew mit erfahrenen Managern aus dem Konsortialgeschäft einer Emissionsbank nicht identisch mit der Crew zur Umsetzung des Börsengangs ist.

Kleinere Banken kümmern sich erfahrungsgemäß mehr und intensiver um ihre Emissionen, haben aber oftmals nicht den Erfahrungsschatz von größeren Emissionshäusern[8] (Know-how versus Betreuungsintensität). Das Know-how der dauerhaften Ansprechpartner im IPO-Prozess spielt deshalb bei der Auswahl der Bank eine große Rolle. Um einen Überblick über das Know-how der Personen aus dem Betreuungsteam der Banken zu bekommen, sollte in Erfahrung gebracht werden, wie viele Emissionen von einem Team in der Vergangenheit betreut wurden oder parallel betreut werden, und welche Erfahrungen die einzelnen Teammitglieder, die den Börsengang des Unternehmens begleiten, selbst bereits sammeln konnten. Auch kann hier helfen, potentielle Schwierigkeiten aus historischen IPO-Mandaten kennenzulernen, um festzustellen welche Problemlösungsaffinität und -erfahrung bei der Konsortialbank vorhanden ist.

Referenzen von bisher erfolgreich betreuten Unternehmen können sicherlich dazu beitragen, ein Gesamtbild über die Fähigkeiten einer Konsortialbank zu bekommen. Hier sollten persönliche Ansprechpartner auf Vorstandsebene im Referenzunternehmen benannt werden können und es sollte auch die Möglichkeit angeboten werden, mit diesen Personen den Kontakt aufzunehmen.

2.3 Emissionskosten

Die Kosten einer Emission werden durch die in Abb. 1: "Durchschnittliche Kosten eines Börsengangs" aufgeführten Dienstleister geprägt. Je nach Erfahrungen des Unternehmens kann über den Einsatz von Emissionsberatern nachgedacht werden.[9] Ebenso liegt die Höhe der Medienausgaben im freien Ermessen der Börsenkandidaten. Eine unmittelbare Ziel-Mittel-Beziehung zwischen dem finanziellen Einsatz des Unternehmens und einem zu erzielenden Emissionserfolg wird von den einzelnen Dienstleistern nicht explizit nachgewiesen werden können. Auch

---

[8] Vgl. EINEM, Christoph von (2000), S. 79.

[9] Der Einsatz von Emissionsberatern kann beispielsweise durch eine längere Zusammenarbeit mit einem professionellen Venture Capital Unternehmen kompensiert werden. VC-Gesellschaften verfügen oftmals über hervorragende Kontakte zu Emissionsbanken und unterstützen die börsenwilligen und -fähigen Unternehmen bei der Kontaktaufnahme und Realisierung des Börsengangs.

wirkt der Aufwand für die "einmalige" Platzierung der Emission nicht nur auf diese, sondern dient gleichzeitig langfristigen Zielen.[10]

Die Kosten der Platzierung der Aktien werden von den Provisionen der Emissionsbanken dominiert. Durch den Vergleich der Angebote mehrerer Emissionshäuser lassen sich die Kosten bis zum Abschluss des Konsortialvertrages um bis zu 10% senken. Die Möglichkeit zur Nutzung der Wettbewerbssituation unter den Banken ist allerdings auch maßgeblich vom Standing des Unternehmens im Marktumfeld geprägt.[11]

Abb. 1: Durchschnittliche Kosten eines Börsengangs

Emissionskosten	% vom Emissionserlös
Emissionsberater (für die Auswahl der Konsortialbanken und anderer Dienstleister)	1,40%
Konsortialbanken (für die Platzierung der Aktien)	5,10%
Druckerei (Drucken des Emissionsprospektes)	0,40%
Werbeagentur (für den Entwurf der Kampagne zum Börsengang)	0,40%
Medien (für die Schaltung der Werbekampagne)	2,70%
Gesamtkosten des Börsengangs in Prozent des Emissionserlöses	**10,00%**

Quelle: Manager Magazin (2000): Die Profiteure beim Börsengang, Ausgabe 8/00, S. 146

Die Professionalität der Emissionsbanken kann auch helfen, die Kosten für die übrigen Dienstleister zu senken. Erfahrene Banken verfügen über intensive Kenntnisse in der Zusammenarbeit mit Investor Relations Agenturen, Druckereien

---

[10] So können die Schaltung von Anzeigen in Printmedien oder das Erstellen eines Unternehmenstrailers als Instrumentarium zur Erhöhung des Bekanntheitsgrades nicht nur in der Finanzcommunity im Rahmen der Emission genutzt werden, sondern darüber hinaus für eine Erhöhung des Bekanntheitsgrades im angestammten Geschäftsumfeld sorgen.

[11] Siehe auch die besondere Bedeutung einer intensiven Vorbereitung auf den Beauty-Contest durch das Erstellen eines professionellen Bankenexposés.

von Börsenprospekten und weiteren Dienstleistern. Die Unterstützung bei der Auswahl und Steuerung dieser Unternehmen gehört ebenfalls zum Leistungsspektrum der Konsortialbanken.

2.4 Platzierungskraft

Die Platzierungskraft drückt die Fähigkeit der Emissionsbank aus, die Emission erfolgreich zu platzieren. Geprägt wird diese Fähigkeit durch die Sales-Organisation der Emissionsbank. Generell wird bei den Zielgruppen einer Neuemission unterschieden zwischen

- Retail-Kunden (den privaten Kunden der Banken und Sparkassen) und
- Institutionellen-Kunden (hierzu gehören Fondsgesellschaften, Versicherungen, Investmentbanken etc.).

Hierbei ist es wichtig, die Vertriebsstärke und das Standing der Bank in den beiden unterschiedlichen Zielgruppen kennenzulernen. Die Platzierungsstrategie, die Festlegung der Zielgruppen und des Umfangs, mit dem sie sich an der Neuemission beteiligen sollen, hängt nicht nur von den Unternehmensinteressen sondern auch von der Platzierungsfähigkeit der Banken ab. Wird z. B. eine gleichmäßige Platzierung der Emission bei institutionellen und privaten Kunden angestrebt, sollte im Rahmen des Konsortiums jeweils eine Bank mit einem sehr starken Fokus im institutionellen Kundenkreis und eine weitere Bank mit Fokus im Retailbereich berücksichtigt werden. Auskunft über die Platzierungskraft geben in der Zielgruppe der Retail-Kunden die Anzahl von angeschlossenen Sparkassen und Banken innerhalb eines Verbundes. Bei der Zielgruppe der institutionellen Kunden ist der intensive Kontakt zu potentiellen Kunden (oder sogar die örtliche Präsenz mit eigenen Gesellschaften) an den wichtigsten europäischen Börsenplätzen ein wichtiger Indikator für die Fähigkeit, eine Emission erfolgreich platzieren zu können.[12] Darüber hinaus sind viele der Emissionsbanken selbst im Fondsgeschäft aktiv. Hier besteht die Möglichkeit, den Zugang zu hohen Fondsvolumina auf direktem Wege zu bekommen.

---

[12] Zu den wichtigsten europäischen Finanzplätzen neben Frankfurt und London zählen Luxemburg und Zürich.

Unternehmen haben oftmals ein großes Interesse, langfristig orientierte Anleger für die eigene Aktie zu gewinnen. Neben der quantitativen Platzierungskraft einer Emissionsbank sollten daher auch die Kenntnis über die Anlagepolitik der institutionellen Kunden und die Fähigkeit, nachfragestarke Privatkunden im Retailbereich zu gewinnen, zu den Auswahlkriterien des Unternehmens zählen.

2.5 Platzierungsimage einer Emissionsbank

Ein wesentliches Kriterium zur Feststellung des Platzierungsimages sind die bisher realisierten Platzierungsmandate einer Emissionsbank. Hierbei wird zwischen dem sog. Lead-Mandat, also der Übernahme der Hauptverantwortlichkeit für ein IPO, und dem sog. Co-Lead (gemeinsame Leitung des Mandats) sowie dem "Konsortialmitglied" unterschieden. Während für die Auswahl von Lead Manager und Co-Lead alle zuvor beschriebenen Aufgaben von Bedeutung sind, liegen die Aufgaben des Konsortialmitglieds hauptsächlich in der Unterstützung bei der Vermarktung der Neuemission.

Abb. 2: "Emissionsbanken am Neuen Markt" gibt einen Überblick über Banken, die sich im IPO-Geschäft zwischen 1997 bis 2000 durch die Anzahl ihrer Führungsmandate und Konsortialmitgliedschaften ausgezeichnet haben.

Abb. 2: Emissionsbanken am Neuen Markt (1997-2000)

Führungsmandate inkl. Co-Lead und Joint Lead (insgesamt 45 Banken)	Anzahl	Konsortialmitgliedschaften inkl. Führungen (insgesamt 119 Banken)	Anzahl
1. DG BANK	50	1. DG Bank	87
2. Bayrische Hypo- u. Vereinsbank	30	2. Bayrische Hypo- und Vereinsbank	68
3. Commerzbank	30	3. Commerzbank	60
4. Dresdner Bank Kleinw.	30	4. Dresdner Bank Kleinw.	60
5. Deutsche Morgan Grenfell	28	5. Deutsche Morgan Grenfell	56
6. WestLB	26	6. WestLB	45
7. Gontard & Metallbank	20	7. Gontard & Metallbank	41
8. Goldmann Sachs	18	8. Goldmann Sachs	39
9. BHF-Bank	17	9. BHF-Bank	35
10. Sal Oppenheim	16	10. Sal Oppenheim	33

Stand 30.06.2000
Quelle: Eigene Darstellung

Die reine Anzahl der tatsächlich realisierten Mandate einer Bank gibt jedoch nur sehr eingeschränkt Auskunft über die qualitative Platzierungsfähigkeit und das

Platzierungsimage einer Bank. Zum detaillierten Verständnis der qualitativen Faktoren müssen Studien, die in regelmäßigen Abständen in der Finanzpresse veröffentlicht werden, herangezogen werden.[13]

2.6 Börsenwert

Die von den verschiedenen Banken im Rahmen des Beauty-Contests bekanntgegebenen Indikationen für einen möglichen Börsenwert werden sehr unterschiedlich ausfallen. Die Emissionsbank, die den höchsten Börsenwert im Vorfeld für das Unternehmen bekannt gibt, muss jedoch nicht auch tatsächlich der "beste Partner" für die Neuemission sein. Das Kennenlernen der Bewertungsmethodik und der Parameter, die hinter der Ermittlung eines ersten Börsenwertes stecken, sind für den Vergleich der Banken von größerer Bedeutung als das "reine" Vergleichen von indizierten Börsenwerten des Unternehmens.

Um ein Mandat zu gewinnen, gehen Banken vermehrt dazu über, im Beauty-Contest eine hohe Indikation für den Börsenwert des Unternehmens abzugeben aber nach dem Unterschreiben des Konsortialvertrages sich hiervon deutlich zu distanzieren. Zum Schutz gegen diese Praxis kann im Konsortialvertrag eine Klausel zur Realisierung von Emissions-Mindesterlösen für den Emittenten fixiert werden. Eine Bank, die eine seriöse Indikation für den potentiellen Unternehmenswert abgegeben hat, sollte dieses mühelos in einem solchen Vertragswerk berücksichtigen können.[14]

2.7 Konsortialvertrag

Nach dem Beauty-Contest sollten die abschließenden Verhandlungen mit den potentiellen Mitgliedern des Bankenkonsortiums zum Abschluss eines Konsortialvertrages (auch Letter of Engagement genannt) führen. Die Inhalte des Konsortialvertrages sind der nachfolgenden Aufzählung zu entnehmen.

---

[13] Vgl. u.a. REIMER (2000). S.116-127; PALAN / RICKENS / SEEGER (2000), S. 144-156; MÖRSCH (2000), S. 150-153.

[14] Es muss allerdings bei der vertraglichen Festlegung des Mindesterlöses der Emission mit Abschlägen gegenüber der Indikation der Bank für den wahrscheinlichen Wert gerechnet werden, da die endgültige Unternehmensbewertung im Hinblick auf den Börsengang erst nach Abschluss der Due Diligence und des Pre-Marketings erfolgt.

Zwischen Beauty-Contest und Unterzeichnung des Konsortialvertrages können nach dem Kennenlernen von mehreren Banken im ersten Schritt und der anschließenden Intensivierung der Gespräche mit den präferierten Banken eines Konsortiums mehrere Wochen vergehen.

Der Konsortialvertrag regelt vor allem folgende Punkte[15]:

- Zeitpunkt der Emission
- Umfang der voraussichtlich zu erwartenden Kapitalerhöhung
- Anteil der Alteigentümer der voraussichtlich zu platzierenden Aktien
- Vergütung der Emissionsbanken
- Verpflichtung des Börsenkandidaten zum Aktienmarketing und zur Finanzkommunikation
- Vorläufige Börsenbewertung
- Haftungsregelungen zum Verkaufsprospekt
- Regelungen zur Kostenverteilung beim Abbruch des Börsengangs.

Der Abschluss des Konsortialvertrages mit dem Lead-Management und dem eventuell vorhandenen Co-Lead-Management leitet die nächste Phase, den eigentlichen Beginn des Going-Public-Verfahrens ein.

---

[15]In Anlehnung an BÖSL (1999): Die Auswahl der Emissionsbank - Ein schwieriger, aber wichtiger Entscheidungsprozess, in: Going Public, Sonderausgabe Praxis, S. 51.

Auswahl des Bankenkonsortiums

Literaturverzeichnis

BÖSL (1999): Die Auswahl der Emissionsbank - Ein schwieriger, aber wichtiger Entscheidungsprozess, in: Going Public, Sonderausgabe Praxis, S. 51

EINEM, Christoph von (2000): Tipps zum erfolgreichen Börsengang, in: Capital: Tempo ist alles, Ausgabe 15/2000, S. 79

PALAN, Dietmar / RICKENS, Christian / SEEGER, Christoph: Die Anlegerfalle, in: Manager Magazin, Ausgabe 8/00, S. 144-156

MANAGER MAGAZIN (2000): Die Profiteure beim Börsengang, Ausgabe 8/00, S. 146

MÖRSCH, Jochen (2000): Zum Wohl der Aktionäre - Emissionsbanken am Neuen Markt, in: Capital, Ausgabe 17/2000, S. 150-153

REIMER, Hauke (2000): Die Besten herausfinden, in: Wirtschaftswoche Nr. 3 / 13.1.2000, S. 116-127

3 Formale Grundlagen

3.1 Regelwerk Neuer Markt

3.1.1 Funktion des Neuen Marktes

Um den Neuen Markt und sein Regelwerk zu verstehen, soll vorab auf seine Funktion und seine Entstehungsgeschichte eingegangen werden.

Jahrzehntelang war für junge mittelständische Unternehmen der Kapitalmarkt zur Beschaffung von Eigenkapital verschlossen. Da die Gesellschafter regelmäßig keine ausreichenden Möglichkeiten zur Aufstockung des Eigenkapitals hatten und andere Quellen zur Beschaffung von Eigenkapital nicht zur Verfügung standen, wurde das zur Finanzierung des Wachstums erforderliche Kapital in den meisten Fällen von Banken in Form von Fremdkapital zur Verfügung gestellt. Die Banken ziehen sich aus diesem Geschäft der Wachstumsfinanzierung durch Kredite in zunehmendem Maße zurück. Dabei ist nach den Beobachtungen des Verfassers die Tendenz bei allen Bankentypen einheitlich, lediglich die Intensität und die Publizität schwanken. Die Gründe für diesen Rückzug der Banken sind aus deren Sicht nicht unverständlich: Zum einen sind die Kreditausfallrisiken gestiegen und diese Risiken sind bei einer tendenziell sinkenden Zinsmarge wirtschaftlich nicht mehr interessant. Zum anderen werden die internen und externen Kriterien, nach denen die Banken für Kredite eine Risikovorsorge in Form von Einzelwertberichtigungen bilden müssen, in zunehmendem Maße schärfer. Die Banken sind danach gehalten, für sog. Blankokredite, d.h. Kredite, die nicht durch bankmäßige Sicherheiten (und dazu zählen nicht künftige Erträge, selbst geschaffene immaterielle Wirtschaftsgüter und andere Potentiale von Wachstumsunternehmen) abgesichert sind, eine Einzelwertberichtigung zu bilden, wenn die derzeitige Vermögens- und Ertragslage den Kredit als gefährdet erscheinen lässt. Derartige Einzelwertberichtigungen belasten nicht nur die Ertragslage der Banken, sondern haben auch einen negativen Einfluss auf die Reputation und das Standing der Bank, zumindest im Bankenmarkt und bei der Bankenaufsicht.

In dieser Situation ist die Schaffung des Neuen Marktes aus volkswirtschaftlicher Sicht geradezu ein Glücksfall gewesen, um das Wachstum von jungen, mittelständisch orientierten Unternehmen zu finanzieren. Die Finanzierung erfolgt durch Eigenkapital und nicht durch Fremdkapital, was aus der Sicht von Banken, Gläubigern und Geschäftspartnern zu einer höheren Reputation des Unternehmens führt (Verbesserung der Bilanzrelationen zwischen Eigenkapital und Fremdkapital).

Aus der Sicht des betroffenen Unternehmens hat die Finanzierung über den Neuen Markt den Vorteil, dass für die Beschaffung des Kapitals keine bankmäßigen Sicherheiten gestellt werden müssen. Darüber hinaus kann der Einfluss der Anleger auf die Gesellschaft und die Geschäftsführung auf eine Kontrolle durch den Aufsichtsrat eingegrenzt werden, wobei die Auswahl der Aufsichtsratsmitglieder häufig nicht einmal durch die Anleger selbst sondern durch die Altgesellschafter erfolgt, wenn die Hauptversammlung bei der Wahl der Aufsichtsratsmitglieder dem entsprechenden Vorschlag folgt.

3.1.2 Abgrenzung

3.1.2.1 Abgrenzung zu der Finanzierung durch Kapitalbeteiligungsgesellschaften und Finanzinvestoren

Der Finanzierungsweg Neuer Markt und die Finanzierung durch Kapitalbeteiligungsgesellschaften oder Finanzinvestoren haben die Gemeinsamkeit, dass es sich um eine Eigenkapitalfinanzierung und nicht um die Aufnahme von Fremdkapital handelt (ausgenommen die Variante, dass der Finanzinvestor neben Eigenkapital auch Fremdkapital zur Verfügung stellt). Die oben aufgezeigten Vorteile der Eigenkapitalfinanzierung liegen daher auch bei diesen Finanzierungsalternativen vor.

Kapitalbeteiligungsgesellschaften und Finanzinvestoren beteiligen sich in aller Regel nur für einen relativ kurzen Zeitraum, der sich auf ca. 4 bis max. 6 Jahre beläuft. Der Nachteil dieser begrenzten Beteiligungszeit liegt darin, dass nach Ablauf der Zeit ein neuer Investor gefunden werden muss; denn in aller Regel ist der Gründer/Altgesellschafter nicht in der Lage, nach Ablauf dieses Zeitraums die

Beteiligung selbst zu erwerben. Häufig ist der Ausstieg der Kapitalbeteiligungsgesellschaft bzw. des Finanzinvestors dann nur über einen Börsengang möglich.

Die Renditeerwartungen der Kapitalbeteiligungsgesellschaften und Finanzinvestoren sind relativ hoch, sie bewegen sich in der Größenordnung von mindestens 25% p.a. Dabei muss diese Rendite nicht zwingend jährlich erwirtschaftet und abgeführt werden. Häufig werden Gestaltungen gewählt, bei denen die Rendite erst über den sog. Exit-Gewinn realisiert wird (beispielsweise bei einem Börsengang).

Während Kapitalbeteiligungsgesellschaften in der Regel auch Minderheitsbeteiligungen akzeptieren und abgesehen von Kontrollfunktionen (Sitz im Aufsichtsrat oder Beirat, regelmäßiges Reporting) keinen Einfluss auf das Unternehmen ausüben, sind die klassischen Finanzinvestoren regelmäßig nur an Mehrheitsbeteiligungen interessiert. Von diesen Mehrheitsbeteiligungen werden häufig kleinere Teile (10 bis 20%) an das Management abgegeben, um dessen Motivation und Bindung an das Unternehmen zu erhöhen. Während also bei einer Beteiligung von Anlegern durch eine Emission am Neuen Markt der Einfluss der Gründer/Altgesellschafter auf das Unternehmen erhalten bleibt, ist dies bei einer Beteiligung von Finanzinvestoren in der Regel nicht der Fall.

3.1.2.2 Abgrenzung des Neuen Marktes zu anderen Börsenmärkten

Der gesetzlich nicht definierte Begriff Börse ist ein organisatorisches Handelssystem, in dem Angebot und Nachfrage vermittelt werden. In Deutschland gibt es zwei grundsätzlich unterschiedliche Strukturen von Börsenmärkten, und zwar den öffentlich-rechtlich organisierten Markt und den privaten Markt.

3.1.2.2.1 Öffentlich-rechtlich geregelter Markt

Hierzu zählen der sog. Amtliche Handel (§§ 36 - 49 BörsenG sowie Börsenzul-VO) sowie der Geregelte Markt (§§ 71 - 78 BörsenG sowie BörsenO der einzelnen Wertpapierbörsen).

Der amtliche Handel ist durch folgende Parameter gekennzeichnet

- öffentlich rechtlich organisiert
- strengste Zulassungsvoraussetzungen
- Feststellung des Börsenpreises durch Kursmakler (öffentlich-rechtliche Tätigkeit)
- Markt für etablierte inländische Gesellschaften und einige ausländische Gesellschaften.

Im amtlichen Handel befinden sich die sog. Dax-Werte, das sind die 30 größten und umsatzstärksten Aktiengesellschaften. Sie repräsentieren mehr als 70% des Grundkapitals aller inländischen börsennotierten Gesellschaften. Darüber hinaus werden im amtlichen Handel die sog. M-Dax-Werte gehandelt, die nach Kapitalisierung und Börsenumsatz unmittelbar nach den Dax-Werten rangieren.

Der Geregelte Markt (existiert seit 1987) ist durch folgende Parameter gekennzeichnet:

- öffentlich rechtliche Organisation
- geringere Zulassungsvoraussetzungen
- Preisfeststellung durch freie Makler
- Zielgruppen sind kleinere und mittlere Unternehmen
- Gleichstellung der Aktien nach dem Versicherungsaufsichtsgesetz, Gesetz über Kapitalanlagegesellschaften, Einkommensteuergesetz, Bewertungsgesetz
- Markt für jüngere Unternehmen vorwiegend aus der Old Economy, die nicht am Neuen Markt gehandelt werden.

Im Oktober 1999 wurden im Geregelten Markt ca. 160 Gesellschaften gehandelt, davon 13 ausländische Gesellschaften.

3.1.2.2.2 Privatrechtlich organisierter Markt

In diesen Markt fällt der sog. telefonische Freiverkehr, der Börsenhandel Xetra und insbesondere der Neue Markt.

Der Neue Markt ist im März 1997 an der Frankfurter Wertpapierbörse installiert worden. Ziel des Neuen Marktes ist aus der Sicht der Unternehmen die Aufnahme von Risikokapital für die Finanzierung von innovativem Wachstum. Aus der Sicht der Anleger handelt es sich um die Beteiligung an zukunftsorientierten Unternehmen mit vergleichsweise hohen Chancen und Risiken.

Vorbild des Neuen Marktes ist die amerikanische Computerbörse NASDAQ. Die Organisation des Neuen Marktes ist durch das "Regelwerk Neuer Markt" (RWNM) festgelegt. Danach müssen die Gesellschaften für eine Zulassung die (strengen) Voraussetzungen des Geregelten Marktes erfüllen. Unabhängig davon findet der Handel nicht im (öffentlich-rechtlich) Geregelten Markt sondern im Freiverkehr statt. Die Unternehmen haben die Pflicht und die Chance, besondere Transparenz zu zeigen.

Ohne dass dies rechtlich vorgegeben wäre, hat bislang am Neuen Markt eine faktische Konzentration auf die Branchen Biotechnologie, Informationstechnologie, Software, Internet, Telekommunikation, Medien und Musik stattgefunden.

Der Neue Markt ist anerkannt durch das Bundesaufsichtsamt für das Kreditwesen. Aus diesem Grunde ist es Kapitalanlagegesellschaften erlaubt, mehr als 10% in Sondervermögen anzulegen.

Der Neue Markt ist ein geregelter Markt im Sinne der Wertpapierdienstleistungsrichtlinie der EU. Durch die Anerkennung des Neuen Marktes als "Geregelter Markt" im Sinne der Wertpapierdienstleistungsrichtlinie ist es Börsen- und Wertpapierunternehmen in den Mitgliedstaaten der EU möglich, direkten Zugang zum Handel und zur Abwicklung zu erhalten, so dass weder ein Sitz in Frankfurt erforderlich ist noch die physische Anwesenheit. Am Neuen Markt wurden im September 2000 über 300 Gesellschaften gehandelt. Davon waren ca. 13 ausländische Unternehmen.

3.1.3 Zulassungsvoraussetzungen

Die Zulassung ist in Abschnitt 2 des Regelwerks Neuer Markt (RWNM) geregelt. Das RWNM ist zuletzt im September 1999 geändert und zum Schutze der Anleger verschärft worden. Die Zulassungsvoraussetzungen im einzelnen:

3.1.3.1 Rechtmäßigkeit der Errichtung der Gesellschaft

Ebenso wie beim Amtlichen Handel muss die Gesellschaft die gesellschaftsrechtlichen Voraussetzungen desjenigen Staates erfüllen, in dem die Gesellschaft ihren Sitz hat. Das bedeutet in Deutschland, dass die Vorschriften des Aktiengesetzes über den Gründungsvorgang, über den Mindestinhalt der Satzung sowie über die Ausgabe von Aktien eingehalten sind.

3.1.3.2 Alter des Unternehmens

Das Unternehmen soll (nicht: "muss") mindestens drei Jahre als Unternehmen (nicht notwendig als Aktiengesellschaft) bestanden haben und seine Jahresabschlüsse für die dem Zulassungsantrag vorangegangenen drei Geschäftsjahre entsprechend den hierfür geltenden Normen offengelegt haben. In letzter Zeit ist die Zulassung auch deutlich jüngerer Unternehmen erfolgt. Dies ist in der Öffentlichkeit teilweise kritisiert worden, insbesondere nachdem einige Neuemissionen aufgrund negativer geschäftlicher Entwicklungen der Unternehmen erhebliche Kursverluste verzeichnen mussten.

3.1.3.3 Art der Aktien

Am Neuen Markt sind ausschließlich Stammaktien zugelassen, die fähig zur Girosammelverwahrung sind. Nicht zugelassen sind also Vorzugsaktien, die einerseits ein Vorzugsrecht haben (meistens eine höhere Dividende), andererseits aber vom Stimmrecht ausgeschlossen sind (nicht aber vom Recht an der Teilnahme an der Hauptversammlung und nicht von der Anfechtungsbefugnis).

Die Tauglichkeit zur Girosammelverwahrung ist sowohl bei Inhaberaktien als auch bei Namensaktien gegeben. Bei der Deutschen Clearing AG ist die Girosammelverwahrung auch von vinkulierten Namensaktien möglich.

Namensaktien geben der Gesellschaft im Vergleich zu Inhaberaktien die Möglichkeit, jederzeit die Namen ihrer Aktionäre feststellen zu können.

3.1.3.4 Verwendung des Emissionserlöses

Um dem Ziel des Neuen Marktes, ein Wachstum von innovativen Unternehmen zu ermöglichen, Rechnung zu tragen, muss verhindert werden, dass bei Neuemissionen am Neuen Markt die Altgesellschafter lediglich ihre Aktien verkaufen und sich aus dem Unternehmen zurückziehen. Um dies auszuschließen, bestimmt das RWNM (Abschnitt 2, 3.8), dass bei der Zulassung von Aktien zum Neuen Markt mindestens die Hälfte der Aktien aus einer Kapitalerhöhung gegen Bareinlagen stammen muss. Damit wird sichergestellt, dass zum einen der Gesellschaft neues Kapital zugeführt wird und zum anderen die Altgesellschafter an das Unternehmen gebunden bleiben. Diese Bindung der Altgesellschafter liegt auch im Interesse der neuen Anleger, weil dadurch eine Kontinuität und die Fortführung des Wachstums gefördert wird.

Ergänzt wird dieser Zweck dadurch, dass sich die Altaktionäre gegenüber dem Emittenten verpflichten müssen, innerhalb von 6 Monaten ab dem Datum der Zulassung zum Neuen Markt keine ihrer Aktien zu veräußern und auch keine wirtschaftlich gleichartigen Maßnahmen zu unternehmen (Abschnitt 2, 2.2. II RWNM).

Die Einhaltung dieser Verpflichtung wird durch bestimmte organisatorische Maßnahmen sichergestellt.

3.1.3.5 Mindestumfang

Als Mindestvolumen für die erstmalige Emission ist ein Gesamtnennbetrag von mindestens € 250.000,-- und eine Mindeststückzahl von 100.000 Stück vorgeschrieben (Abschnitt 2, 3.7 RWNM).

Der Emittent muss bei der Zulassung der Aktien ein Eigenkapital von mindestens € 730.000,-- nachweisen (Abschnitt 2, 2.2. I RWNM). Dieses Mindestkapital muss bereits vor der Kapitalerhöhung vorliegen, welches zur Ausgabe der Aktien führt.

Der voraussichtliche Kurswert der zuzulassenden Aktien muss mindestens 5 Mio. € betragen.

3.1.3.6 Designated Sponsor (Betreuer)

Jede am Neuen Markt gehandelte Gesellschaft muss mindestens zwei Betreuer haben (Abschnitt 2, 2.2 I RWNM). Vor Aufnahme des Handels muss die Gesellschaft die Existenz dieser beiden Betreuer bei der Deutsche Börse nachweisen.

Der Designated Sponsor hat zu Beginn der Handelszeit zumindest einen Geld- und einen Briefkurs nachzuweisen und während der Handelszeit aufrechtzuerhalten, um die Fungibilität zu gewährleisten. In der Regel wird die Funktion des Designated Sponsors von den konsortialführenden Banken oder Wertpapierhandelsgesellschaften wahrgenommen. Die Banken berechnen für die Übernahme dieser Funktion ein Honorar, was nach nicht gesicherten Erkenntnissen zwischen 50.000,-- DM und 100.000,-- DM liegen soll. Die derzeit führenden Institute in diesem Bereich sind die Dresdner Bank, die DG-Bank und die Bayrische Hypovereinsbank.

3.1.3.7 Rechnungslegung

Die Rechnungslegung des Unternehmens muss den internationalen Vorschriften IAS oder US-GAAP entsprechen (Abschnitt 2, 4.1.9 III RWNM). Es ist also nicht ausreichend, dass ein Unternehmen Handels- oder Steuerbilanzen nach deutschem Recht erstellt. In Ausnahmefällen kann für das Jahr der Börseneinführung eine Befreiung erteilt werden. Die Umstellung auf IAS oder US-GAAP oder deren parallele Einführung ist für das Unternehmen nicht nur mit erheblichem Aufwand verbunden, sondern führt darüber hinaus auch unter bestimmten Voraussetzungen zu einer nachhaltigen Änderung der Vermögens- und Ertragslage. Wesentliche Unterschiede zwischen der deutschen und der internationalen Rechnungslegung werden nachfolgend dargestellt:

- Während nach deutschen Rechnungslegungsvorschriften insoweit ein grundsätzliches Verbot besteht, kann nach internationalen Rechnungslegungsvorschriften unter bestimmten Voraussetzungen eine Aktivierung selbstgeschaffener immaterieller Vermögenswerte erfolgen (z. B. Software, Patente, selbst erstellte Filme).

- Während bei den Herstellungskosten nach deutschem Recht nur Einzelkosten aktiviert werden müssen und ausgewählte Gemeinkosten aktiviert werden dürfen (Aktivierungswahlrecht), dürfen nach den genannten internationalen Rechnungslegungsvorschriften auch Vollkosten einschließlich allgemeiner Verwaltungskosten und Fremdkapitalzinsen aktiviert werden (ausgenommen sind lediglich Vertriebskosten und Lagerkosten).

- Ein selbst geschaffener Firmenwert darf sowohl nach deutschem als auch nach internationalem Recht nicht aktiviert werden. Bei einem erworbenen Firmenwert besteht nach deutschem Recht ein Aktivierungswahlrecht, während nach internationalem Recht eine Aktivierungspflicht besteht. Die Abschreibungsdauer ist in Deutschland am kürzesten.

- Bei den Finanzanlagen ist nach deutschem Recht die Bewertung mit einem höheren Wert als den Anschaffungskosten verboten, während nach internationalem Recht ein höherer Marktwert aktiviert werden darf. Dies ist insbesondere für erfolgreiche Tochtergesellschaften von erheblicher Bedeutung.

- Während in Deutschland in gewissem Umfang auch Aufwandsrückstellungen gebildet werden dürfen, ist nach internationalem Recht nur die Bildung von Rückstellungen für Verpflichtungen gegenüber Dritten zulässig.

- Generell ist die Möglichkeit zur Bildung stiller Reserven nach internationalen Rechnungslegungsvorschriften stark eingeschränkt. Während in Deutschland nach dem Prinzip der "umgekehrten Maßgeblichkeit" steuerliche Wertansätze auch in die Handelsbilanz übernommen werden dürfen (z. B. besonders niedrige Wertansätze aufgrund degressiver Afa- oder Sonderabschreibungen) darf nach internationalen Rechnungslegungsvorschriften ein niedriger Steuerwert nicht übernommen werden.

3.1.3.8 Anerkennung des Übernahmecodex

Die Zulassung von Aktien zum Neuen Markt setzt auch voraus, dass der Emittent den Übernahmecodex der Börsensachverständigenkommission anerkennt (Abschnitt 2, 7.2.10 RWNM).

3.1.4 Zulassungsverfahren

3.1.4.1 Zulassungsantrag

Das emittierende Unternehmen muss gemeinsam mit einem Kredit- oder Finanzdienstleistungsinstitut einen Antrag bei der Zulassungsstelle der Frankfurter Wertpapierbörse stellen (Abschnitt 2, 2.2 I RWNM). Im Rahmen des Antrages muss auch der Betreuer angegeben werden. Ferner ist anzugeben, ob mit gleicher Zielrichtung ein Antrag zuvor oder gleichzeitig an einer anderen inländischen oder europäischen Börse gestellt worden ist oder beabsichtigt ist. Der Zulassungsantrag ist in mindestens einer inländischen Tageszeitung mit überregionaler Verbreitung zu veröffentlichen (Abschnitt 2, 2.4 RWNM).

Dem Antrag sind beizufügen

- die Satzung der Gesellschaft
- Handelsregisterauszug
- Bericht über die Gründung des Unternehmens (§ 32 AktG) bei Unternehmen, die jünger als 2 Jahre alt sind
- Protokolle über die der Emission zugrundeliegenden rechtserheblichen Beschlüsse
- Erklärungen über Betriebsstörungen, Rechtsstreitigkeiten, Patente
- Jahresabschlüsse und Lageberichte für die letzten drei Geschäftsjahre einschließlich der (uneingeschränkten) Bestätigungsvermerke der Abschlussprüfer.

Kernstück des Antrages ist der sog. Emissionsprospekt (Abschnitt 2, 4. RWNM), an den hohe Anforderungen gestellt werden. Der Zulassungsprospekt ähnelt im wesentlichen demjenigen, der im Amtlichen Handel gefordert wird.

3.1.4.2 Prospekt

Inhaltlich muss dieser Prospekt (Abschnitt 2, 4. RWNM) den Anforderungen genügen, die für den Amtlichen Handel gemäß §§ 36 Abs. 3 Ziff. 2, 38 Börsengesetz i.V.m. §§ 13 ff. Börsenzulassungsverordnung erfüllt sein müssen. Der Prospekt ist allerdings - anders als im amtlichen Handel - sowohl in deutscher als auch in englischer Sprache zu verfassen und zu veröffentlichen.

Der Prospekt muss vor der Veröffentlichung von der Zulassungsstelle gebilligt werden. Er muss umfangreiche Angaben über die zu emittieren beabsichtigten Aktien und die damit verbundenen Rechte sowie insbesondere Angaben über das Emissionsunternehmen enthalten. Diese Pflichtangaben gehen weit über die Angaben in Jahresabschlüssen und Geschäftsberichten hinaus; so müssen beispielsweise auch Angaben über laufende Gerichts- oder Schiedsverfahren, über Aktivitäten auf dem Gebiet der Forschung und Entwicklung, über Patente, Lizenzen und neue Herstellungsverfahren, über die Finanzierung des Unternehmens, über die Zukunftsaussichten und anderes mehr gemacht werden. Bei der Erstellung des Prospektes kann im wesentlichen auf die Due Diligence zurückgegriffen werden, die im Vorfeld erstellt worden ist (vgl. dazu Kapitel 5).

Der wirtschaftliche Sinn des Prospektes liegt darin, zum einen eine Transparenz der Kapitalmärkte herbeizuführen und zum anderen den Anlegerschutz zu verbessern. In rechtlicher Hinsicht liegt die Bedeutung des Prospektes darin, dass aus der Unrichtigkeit des Prospektes Schadensersatzansprüche abgeleitet werden können (Prospekthaftung). Die Verantwortung für den Prospekt trägt neben dem Emissionsunternehmen die emittierende Bank.

3.1.4.3 Präsentation

Auch wenn in dem Regelwerk Neuer Markt eine entsprechende Bestimmung nicht enthalten ist, so verlangt die Deutsche Börse AG seit einiger Zeit, dass Unternehmen, die eine Emission am Neuen Markt planen, eine Unternehmenspräsentation vor Vertretern des Zulassungsausschusses durchführen. Der Zulassungsausschuss will sich durch diese Präsentation davon überzeugen, dass die Ziele des Neuen Marktes, d.h. Innovation, Wachstum und Nachhaltigkeit des Unternehmens im Falle einer Emission verwirklicht werden. Die Deutsche Börse AG verlangt - gleichzeitig oder anschließend - von der Emissionsbank, dass die Präsentation von ihr oder einem unabhängigen Dritten auf Plausibilität überprüft worden ist.

Nach nicht gesicherten Presseveröffentlichungen wird bei etwa 20 bis 25% der beantragten Emissionen im Vorfeld nahegelegt, den Antrag zurückzuziehen, weil die Kriterien nicht erfüllt sind. Daher kommt es in diesen Fällen nicht zu einer förmlichen Ablehnung des Antrages, der mit einem Verlust an Reputation verbunden sein kann.

Wenn die Unternehmen gleichwohl eine Emission an der Börse vornehmen wollen, dann bleibt ihnen in diesen Fällen nur der Weg, die Zulassung zum Geregelten Markt oder zum Freiverkehr zu erhalten. Dies kann insoweit nachteilig sein, als am Neuen Markt in aller Regel höhere Emissionserlöse erzielt werden und die Aufnahme in den Neuen Markt oftmals mit einem Image-Gewinn verbunden ist.

3.1.4.4 Zulassungskontrolle und Zulassungsbeschluss

Entsprechend der Zwitterstellung des Neuen Marktes, wonach einerseits die Zulassung zum (öffentlich-rechtlichen) Geregelten Markt vorliegen muss und andererseits die Aufnahme in den (privatrechtlichen) Neuen Markt erfolgen muss, ist ein doppelter Zulassungsbeschluss erforderlich. Zum einen muss der Zulassungsausschuss der Frankfurter Wertpapierbörse über die Zulassung der Aktien zum Geregelten Markt befinden. Darüber hinaus muss der Vorstand der Deutsche Börse AG die Aufnahme in den Neuen Markt beschließen.

Der Zulassungsbeschluss zum Geregelten Markt orientiert sich allein an den im Börsengesetz geregelten Zulassungsvoraussetzungen. Für den positiven Beschluss des Vorstandes der Deutschen Börse AG zur Aufnahme in den Neuen Markt sind maßgeblich

- die Einhaltung des Regelwerks des Neuen Marktes
- die Erwartung eines börsenmäßigen Marktes
- die möglichst geringe Gefährdung von Anlegerschutzinteressen.

Aufgrund des Umstandes, dass der Neue Markt ein privatrechtlicher Markt ist, wird die Entscheidung als eine rein privatrechtliche Willenserklärung qualifiziert. Es handelt sich also nicht um einen öffentlich-rechtlichen Verwaltungsakt, der gerichtlich überprüfbar wäre. Nach derzeit herrschender Meinung besteht bei einer

Ablehnung auch zivilrechtlich kein gerichtlich durchsetzbarer Anspruch auf Aufnahme in den Neuen Markt.

3.1.5 Verpflichtungen aufgrund der Zulassung

Der Neue Markt stellt hohe Anforderungen an die Transparenz des Unternehmens. Das Anlagepublikum soll optimal informiert sein, um eine möglichst sichere Grundlage für die Einschätzung des Risikos der Anlage zu haben. Daher sind die Verpflichtungen des Unternehmens deutlich höher als beispielsweise im Geregelten Markt oder im Freiverkehr.

3.1.5.1 Vorlage von Quartalsberichten

Die am Neuen Markt zugelassenen Unternehmen müssen über ihre Geschäftstätigkeit sowie die erzielten Ergebnisse innerhalb von zwei Monaten nach Ablauf eines Quartals Berichte erstellen und der Deutsche Börse AG (in elektronischer Form) zur Verfügung stellen. Die Deutsche Börse AG veröffentlicht diese Publikationen (z. B. über das Internet). Die Quartalsberichte müssen in deutscher und englischer Sprache abgefasst sein (Abschnitt 2, 7.1.1 I RWNM). Die Verpflichtung zur Vorlage von Quartalsberichten ähnelt den Bedingungen an den amerikanischen Aktienmärkten. In Deutschland ist dies ein Novum, weil ansonsten allenfalls Zwischenberichte mit quantitativ und qualitativ geringerem Inhalt erforderlich sind.

3.1.5.2 Jahresabschluss und Rechnungslegung

Innerhalb von 4 Monaten nach Ende des Geschäftsjahres müssen der Jahresabschluss und der Lagebericht vorgelegt werden, und zwar aufgrund einer Rechnungslegung nach IAS oder US-GAAP. Auch hier müssen die Angaben in deutscher und englischer Sprache vorgelegt werden.

3.1.5.3 Weitere Verpflichtungen

Zusammen mit dem Jahresabschluss müssen weitere Angaben veröffentlicht werden, und zwar

- Gesamtzahl der Aktien des Emittenten
- Mitglieder von Vorstand und Aufsichtsrat einschließlich der Veränderungen gegenüber dem Vorjahr
- Einberufung der Hauptversammlung
- Mitteilung über die Ausschüttung und Auszahlung von Dividenden
- Mitteilung über beabsichtigte Ausgabe neuer Aktien einschließlich der Umtausch-, Bezugs- und Zeichnungsrechte
- Bekanntgabe von Änderungen der mit den Aktien verbundenen Rechte.

Ferner muss einmal jährlich ein Unternehmenskalender in deutscher und englischer Sprache erstellt werden, der Angaben über die wichtigsten Termine des Unternehmens enthält. Schließlich muss mindestens einmal jährlich eine Analystenveranstaltung durchgeführt werden, in der die Gesellschaft Fragen von Analysten aus Banken und Finanzdienstleistungsunternehmen über die Geschäftsentwicklung und aktuelle Trends beantwortet.

3.2 Umwandlung

Um eine Börseneinführung vornehmen zu können, muss das Unternehmen die Rechtsform einer Aktiengesellschaft (oder einer Kommanditgesellschaft auf Aktien) haben. GmbH-Anteile oder Kommanditanteile können in Deutschland nicht an einer Börse gehandelt werden. Da gerade junge, mittelständische Unternehmen in aller Regel zunächst nicht in der Rechtsform einer Aktiengesellschaft gegründet wurden, muss rechtzeitig vor dem Börsengang eine Umwandlung in die Rechtsform der Aktiengesellschaft stattfinden.

3.2.1 Möglichkeiten der Umwandlung

3.2.1.1 Neugründung einer Aktiengesellschaft

3.2.1.1.1 Bargründung

Auf den ersten Blick ist die vielleicht naheliegendste Möglichkeit zur Schaffung der Rechtsform der Aktiengesellschaft darin zu sehen, dass die bisherigen Gesellschafter im Wege der Bargründung eine neue Aktiengesellschaft gründen. Diese Aktiengesellschaft kauft dann entweder die Aktiva und Passiva des bislang bestehenden Unternehmens oder die Gesellschaftsanteile an diesem Unternehmen (z. B. GmbH oder GmbH & Co. KG).

Dieser Weg ist jedoch in der Praxis regelmäßig nicht zu empfehlen. Zum einen ergibt sich die praktische Schwierigkeit, dass die bisherigen Gesellschafter das Grundkapital für die neue Aktiengesellschaft in bar aufbringen müssen. Zum anderen - dies ist entscheidend - besteht bei einer derartigen Konstruktion die Gefahr der sog. verdeckten Sachgründung (§ 27 Abs. 3 AktG). Nach den strengen Grundsätzen der Kapitalaufbringung und Kapitalerhaltung ist es einer Aktiengesellschaft verwehrt, das eingezahlte Grundkapital alsbald an die Gesellschafter zurückzuzahlen. Genau dies wird von der Rechtsprechung aber angenommen, wenn die Aktiengesellschaft im engen zeitlichen und sachlichen Zusammenhang das Grundkapital an die Gründer als Kaufpreis zurückzahlt, weil die Aktiengesellschaft ein Wirtschaftsgut der Gründer gekauft hat (z. B. Aktiva und Passiva des Unternehmens oder die Gesellschaftsanteile an diesem Unternehmen).

3.2.1.1.2 Sachgründung

Die Neugründung einer Aktiengesellschaft kann auch in der Weise erfolgen, dass das Grundkapital nicht in bar eingezahlt wird, sondern die Gründungsgesellschafter Sachwerte in die Gesellschaft einbringen. Derartige Sachwerte können z. B. die Aktiva und Passiva eines bestehenden Unternehmens oder auch die Gesellschaftsanteile an diesem Unternehmen sein. Es handelt sich dabei um eine sog. qualifizierte Gründung, bei der wegen der bereits genannten strengen Regeln des Aktiengesetzes zur Kapitalaufbringung und zur Kapitalerhaltung eine besondere Prüfung erfolgt, ob die zur Aufbringung des Grundkapitals eingebrachten Sachwerte (Aktiva und Passiva, Gesellschaftsanteile) auch werthaltig sind. Zu beachten ist hier, dass eine Differenzhaftung der Gründungsgesellschafter besteht, wenn sich - möglicherweise auch erst im Nachhinein - herausstellt, dass die eingebrachten Sachwerte nicht dem Nennbetrag des Grundkapitals entsprechen; die Gründungsgesellschafter haften dann persönlich auf die Differenz zwischen dem Wert der eingebrachten Sachwerte und dem Nennbetrag des Grundkapitals.

Eine Sachgründung im Wege der Einlage von Aktiva und Passiva eines Unternehmens ist in der Regel nicht zu empfehlen. Zum einen ergibt sich die rechtstechnische Schwierigkeit, dass sämtliche Vermögensgegenstände des bestehenden Unternehmens einzeln auf die neue Aktiengesellschaften übertragen werden müssen. Dies setzt eine Erfassung jedes einzelnen Vermögensgegenstandes zumindestens in Inventarlisten voraus, die dann zum Gegenstand eines Einbringungsvertrages gemacht werden müssen. Zum anderen - und dies ist entscheidend - bedarf die Übertragung von Passiva eines Unternehmens auf eine neue Gesellschaft der Zustimmung aller Gläubiger (§ 415 ff. BGB), die häufig nicht gewollt und manchmal auch nur schwierig zu erhalten ist.

Praktikabel ist daher lediglich eine Sachgründung in der Weise, dass die Gesellschaftsanteile des bisherigen Unternehmens (z. B. GmbH-Anteile, Kommanditanteile an einer GmbH & Co. KG) im Wege der Sacheinlage in die neu gegründete Aktiengesellschaft eingebracht werden. Dies ist gemäß §§ 20 ff. UmwStG zu Buchwerten, zu Teilwerten oder zu Verkehrswerten möglich (Wahlrecht). Zu beachten ist allerdings, dass hierdurch eine Holding-Struktur entsteht. Dadurch, dass die Aktiengesellschaft - lediglich - die Gesellschaftsanteile an der Gesellschaft hält, die das eigentliche Geschäft betreibt, ist die Aktiengesellschaft selbst nicht operativ tätig. Um dies zu erreichen, muss dann eine weitere Umstrukturierung vorgenommen werden, um einen einheitlichen Rechtsträger zu schaffen, z. B. eine Eingliederung oder Verschmelzung oder eine Anwachsung.

3.2.1.2 Formwechselnde Umwandlung

Bei der in §§ 190 ff. UmwG geregelten formwechselnden Umwandlung wird kein neuer Rechtsträger in Form der Aktiengesellschaft gegründet. Daher bedarf es auch keiner Übertragung des bisherigen Unternehmens (Aktiva und Passiva oder Gesellschaftsanteile) auf die (neue) Aktiengesellschaft. Vielmehr wird die bisher bestehende Gesellschaft (z. B. GmbH oder GmbH & Co. KG) unter Wahrung ihrer Identität in eine Aktiengesellschaft umgewandelt.

Das im Jahre 1995 in Kraft getretene UmwG hat diese Möglichkeit der formwechselnden Umwandlung erstmals auch für den Formwechsel von einer GmbH & Co. KG oder KG in eine Aktiengesellschaft ermöglicht. Bis dahin konnten nur Kapitalgesellschaften (z. B. also eine GmbH in eine Aktiengesellschaft) formwechselnd umgewandelt werden.

Die formwechselnde Umwandlung stellt organisatorisch und rechtstechnisch jedenfalls dann die einfachste und in der Regel geeignetste Möglichkeit zur Schaffung einer Aktiengesellschaft dar, wenn das gesamte bisherige Unternehmen (und nicht nur ein Betriebsteil) an die Börse gebracht werden soll.

3.2.1.3 Spaltung

Die Möglichkeiten der Spaltung gemäß §§ 123 - 173 UmwG kommen in Betracht, wenn nur Teile eines Unternehmens an die Börse gebracht werden sollen. Dies ist beispielsweise dann der Fall, wenn ein Unternehmen mit mehreren Geschäftsfeldern lediglich ein Geschäftsfeld, für welches ein besonderes Wachstum erwartet wird, zum Gegenstand eines Börsenganges machen will. Zu unterscheiden sind hier die Aufspaltung, die Abspaltung und die Ausgliederung.

Bei der Aufspaltung wird ein bislang bestehendes Unternehmen auf mindestens zwei neue Rechtsträger aufgeteilt. Das bisher bestehende Unternehmen geht dabei unter. Die Beteiligungsverhältnisse der Altgesellschafter setzen sich an den neuen Rechtsträgern fort, wobei die Beteiligungsverhältnisse entweder gewahrt bleiben oder anders aufgeteilt werden können.

Bei der Abspaltung bleibt das bisher bestehende Unternehmen als Rechtsträger bestehen. Es wird nur ein Teil des Unternehmens auf einen neuen Rechtsträger übertragen. Die Gesellschafter der - bestehen bleibenden - Altgesellschaft sind an der neu geschaffenen, abgespaltenen Gesellschaft im gleichen Verhältnis beteiligt.

Bei der Ausgliederung findet - ebenso wie bei der Abspaltung - die Übertragung eines Unternehmensteils auf einen neuen Rechtsträger statt. Der alte Rechtsträger bleibt also bestehen. Der Unterschied zur Abspaltung liegt darin, dass die Anteile an dem abgespaltenen Unternehmensteil nicht von den Altgesellschaftern gehalten werden, sondern von dem bisherigen Unternehmen.

Wenn also ein bestehendes Unternehmen einen bestimmten Geschäftszweig zum Gegenstand eines Börsenganges machen will, dann kann eine rechtliche Verselbständigung dieses Geschäftsfeldes in Form einer Aktiengesellschaft mit den Möglichkeiten der Spaltung erfolgen.

In steuerlicher Hinsicht ist dabei zu beachten, dass eine steueroptimale Gestaltung nur möglich ist, wenn es sich bei dem neuen Geschäftsfeld um einen sog. Teilbetrieb handelt. Dieser - gesetzlich nicht definierte - steuerliche Teilbetrieb setzt voraus, dass das Geschäftsfeld, welches Gegenstand der Spaltung und künftig des Börsenganges sein soll, ein mit gewisser Selbständigkeit ausgestatteter, für sich lebensfähiger Teil des Gesamtbetriebes ist. Der Betriebsteil muss also für sich die Merkmale eines Betriebes im Sinne des Einkommensteuerrechtes aufweisen.

3.2.2 Steuerliche Aspekte der Umwandlung

Der bei der Schaffung einer Aktiengesellschaft einzuschlagende Weg wird regelmäßig stark von steuerrechtlichen Überlegungen beeinflusst. Dabei geht es im wesentlichen um folgende Fragen: Soll im Rahmen der Umwandlung bei den Altgesellschaftern ein steuerlicher Gewinn mit der Folge einer Versteuerung realisiert oder vermieden werden? Soll für die künftige Aktiengesellschaft ein höheres Abschreibungspotential (zur Verbesserung des Cashflow) geschaffen werden? Können Grunderwerbssteuer-Nachteile vermieden werden? Können eventuell bestehende Verlustvorträge auch nach der Umstrukturierung genutzt werden?

Die Gestaltung ist sehr stark einzelfallbezogen. Hierauf muss besondere Sorgfalt gelegt werden. Im Rahmen dieser Darstellung können daher nur Grundgedanken angerissen werden.

3.2.2.1 Ansatz von Buchwerten, Verkehrswerten (Teilwerten) oder Zwischenwerten

In bestimmten Fällen der Umwandlung bietet das Umwandlungssteuerrecht ein Wahlrecht an, wonach die künftige Aktiengesellschaft die Wirtschaftsgüter entweder mit den in der Altgesellschaft vorhandenen Buchwerten oder mit den Verkehrswerten (unter Einbeziehung eines selbst geschaffenen Firmenwertes) oder mit Zwischenwerten ansetzen darf. Der Verkehrswert wird dabei steuerlich als Teilwert bezeichnet.

3.2.2.1.1 Möglichkeit der Auswahl

(1) Formwechsel
Wenn eine Körperschaft, d.h. also beispielsweise eine GmbH, in eine Aktiengesellschaft umgewandelt wird, dann besteht kein Wahlrecht. Hier sind also die Buchwerte fortzuführen.

Wenn hingegen eine Personengesellschaft, beispielsweise eine GmbH & Co. KG oder eine reine Kommanditgesellschaft in eine Aktiengesellschaft umgewandelt wird, dann besteht das oben genannte Wahlrecht (§ 25 i.V.m. §§ 20 - 23 UmwStG).

(2) Einbringung von Anteilen gegen Gewährung von Gesellschafterrechten (Aktien)
Dies sind die Fälle der Sachgründung einer Aktiengesellschaft, wobei die Anteile an der bisherigen Gesellschaft im Wege der Sacheinlage in die Aktiengesellschaft eingebracht werden.

Hier besteht das oben genannte Wahlrecht. Eine Ausnahme von der Möglichkeit zum Buchwertansatz besteht nur dann, wenn negatives Kapital vorhanden ist. Dann ist eine Aufstockung der Buchwerte in dem Umfang erforderlich, dass sich Aktiva und Passiva ohne Berücksichtigung des Eigenkapitals ausgleichen (§ 20 Abs. 2 S. 4 UmwStG).

(3) Spaltung
Auch hier besteht das vorgenannte Wahlrecht.

(4) Verschmelzung

Auch hier ist das Wahlrecht gegeben. Wird eine Personengesellschaft auf eine Aktiengesellschaft verschmolzen, dann wird sie steuerlich als eine Einbringung gegen Gewährung von Gesellschafterrechten im Sinne der §§ 20 - 22 Umwandlungssteuergesetz behandelt. Bei der Verschmelzung von Kapitalgesellschaften sind die §§ 11 ff. UmwStG anwendbar, die aber vergleichbare Regelungen, insbesondere auf das steuerliche Bewertungswahlrecht, haben.

3.2.2.1.2 Konsequenzen

(1) Folgen für die Altgesellschafter

Wenn die neue Aktiengesellschaft die Buchwerte fortführt, dann sind die Aktien, die der Gesellschafter für die Aufgabe seiner Beteiligung an der Altgesellschaft erhält, sog. einbringungsgeborene Anteile. Jede spätere Veräußerung ist steuerpflichtig, und zwar unabhängig davon, ob es sich um eine wesentliche Beteiligung im Sinne des § 17 EStG handelt oder nicht. Wenn keine wesentliche Beteiligung vorliegt, dann kann es sinnvoll sein, den zulässigen Antrag auf sofortige Besteuerung kurz nach der Umwandlung zu stellen (§ 21 Abs. 2 Nr. 1 UmwStG), um zu vermeiden, dass künftige Wertsteigerungen besteuert werden.

Wenn die Aktiengesellschaft die Wirtschaftsgüter hingegen mit höheren Werten als dem Buchwert ansetzt, d.h. also insbesondere mit dem Verkehrswert (Teilwert) oder einem Zwischenwert, dann gilt die Differenz zwischen dem höheren Wertansatz und dem Buchwert als ein steuerpflichtiger Veräußerungsgewinn des Veräußerers. Dies kann für die Altgesellschafter zu hohen sofortigen Liquiditätsbelastungen führen. Nicht selten zwingt dies die Altgesellschafter dazu, ihrerseits im Rahmen der Börseneinführung bislang gehaltene Anteile zu veräußern.

(2) Folgen für die Gesellschaft

Werden im Rahmen der Umwandlung höhere Werte als die Buchwerte angesetzt, dann wird hierdurch auf der Ebene der Aktiengesellschaft ein höheres Abschreibungspotential geschaffen. Sowohl das Anlagevermögen als auch ein etwa aktivierter Firmenwert können von den hochgestuften Werten abge-

Formale Grundlagen 53

schrieben werden. Die höheren Abschreibungen mindern den handelsrechtlichen und steuerrechtlichen Gewinn, sie erhöhen aber den Cashflow des Unternehmens, so dass das Unternehmen als solches gestärkt wird.

Was hier gewollt ist, muss sorgfältig abgewogen werden. Einerseits steht die Stärkung des Unternehmens im Vordergrund, was für eine Aufstockung der Buchwerte und eine Stärkung des Cashflow spricht. Andererseits hängt der Erfolg einer Emission auch häufig davon ab, dass für die Zukunft hohe Gewinne geplant werden können, was bei einer Beibehaltung der Buchwerte erleichtert wird.

3.2.2.2 Künftige Nutzung eines Verlustvortrages

Häufig haben junge Unternehmen, die an die Börse streben, in der Vergangenheit aufgrund hoher Investitionen, aufgrund hoher Aufwendungen für Forschung und Entwicklung oder aufgrund eines noch fehlenden Marktes Verluste erzielt. Sie wollen nach einer entsprechenden Belastung des Kapitals durch diese Verluste das jetzt erwartete Wachstum über die Börse finanzieren. Dann ist es steuerlich von hohem Interesse, die steuerlichen Verlustvorträge nutzen zu können.

Sowohl in der Rechtsform der Personengesellschaft (§ 10 d EStG) als auch in der Rechtsform der Kapitalgesellschaft (§ 8 Abs. 1 KStG i.V.m § 10d EStG) sind Verluste zeitlich unbegrenzt vortragsfähig, d.h. sie können in künftige, gewinnträchtige Geschäftsjahre transferiert werden. Dies gilt auch für die Gewerbeertragssteuer (§ 10 a GewStG).

Fraglich ist, ob die Umwandlung in eine Aktiengesellschaft Auswirkungen auf die Nutzung der Verlustvorträge hat, d.h. die Verlustvorträge verloren gehen können.

(1) Formwechsel

Hier ist zu unterscheiden, ob eine Personengesellschaft (z. B. GmbH & Co. KG oder KG) formwechselnd in eine Aktiengesellschaft umgewandelt wird oder ob eine Körperschaft (z. B. GmbH) in eine Aktiengesellschaft umgewandelt wird.

Im ersteren Fall, d.h. bei der formwechselnden Umwandlung einer Personengesellschaft in eine Aktiengesellschaft sind Verlustvorträge nicht nutzbar. Das gilt sowohl für den einkommensteuerlichen als auch für den gewerbesteuerlichen Verlustvortrag. Die dogmatische Begründung liegt darin, dass einkommensteuerlich dieser Verlustvortrag dem Gesellschafter (und nicht der Kommanditgesellschaft) zusteht.

Wenn hingegen eine GmbH in eine Aktiengesellschaft formwechselnd umgewandelt wird, dann ist ein Verlustvortrag sowohl körperschaftssteuerlich als auch gewerbesteuerlich nutzbar. Zu beachten ist allerdings § 8 Abs. 4 KStG. Danach ist ein Verlustvortrag nicht nutzbar, wenn mehr als 50% des Nominalkapitals übertragen worden sind und die Kapitalgesellschaft ihren Geschäftsbetrieb mit überwiegend neuem Betriebsvermögen fortführt oder wieder aufnimmt. Ausnahmen gibt es insoweit nur in Sanierungsfällen.

(2) Einbringung von Gesellschaftsanteilen in eine Aktiengesellschaft (Sachgründung durch Einbringung von Gesellschaftsanteilen)

Hier sind die Verlustvorträge nicht nutzbar, denn Verlustvorträge sind keine übertragbaren Wirtschaftsgüter. Eine Nutzung kann in Betracht kommen, wenn eine weitere Umstrukturierung erfolgt, beispielsweise bei einer Eingliederung oder Verschmelzung der eingebrachten Gesellschaft mit der Aktiengesellschaft.

(3) Spaltung

Im Falle der Auf- oder Abspaltung einer Körperschaft geht der verbleibende Verlustabzug der übertragenen Körperschaft anteilig auf die übernehmende AG über, wenn der übertragene und der verbleibende Vermögensteil die Eigenschaft des Teilbetriebes erfüllen und der den Verlust verursachende Betrieb mindestens 5 Jahre und mindestens in diesem Umfang fortgeführt wird (§§ 15 Abs. 1 u. 4, 12 Abs. 3 S. 2 UmwStG). Der Aufteilungsmaßstab für die Übertragung richtet sich nach dem Verhältnis der gemeinen Werte der übertragenen Vermögensteile zu dem vor der Spaltung bei dem übertragenden Rechtsträger vorhandenen Vermögen. Dieses Verhältnis ergibt sich aus dem Spaltungsvertrag oder dem Spaltungsplan, weil dieses Verhältnis dort für das

Umtauschverhältnis der Anteile festgelegt werden muss. Dies gilt auch für den gewerbesteuerlichen Verlustabzug.

(4) Verschmelzung

Hier gelten dieselben Gedanken wie beim Formwechsel. Bei der Verschmelzung einer Personengesellschaft auf eine Aktiengesellschaft geht der Verlustvortrag nicht über, anders bei der Verschmelzung einer GmbH auf eine Aktiengesellschaft.

3.2.2.3 Anfall von Grunderwerbssteuer

Erfolgt die Umwandlung durch Formwechsel, dann fällt keine Grunderwerbssteuer an. Dies ergibt sich daraus, dass beim Formwechsel die Identität des Unternehmens erhalten bleibt, mithin also gar keine Übertragung von Grundbesitz von einem Rechtsträger auf eine Aktiengesellschaft stattfindet.

Anders ist dies bei der Einbringung, der Spaltung und der Verschmelzung. Hier erfolgt eine Übertragung von dem einen auf den anderen Rechtsträger, so dass Grunderwerbssteuer in Höhe von 3,5% anfällt.

3.2.2.4 Erbschaftssteuer

Im Rahmen der Umwandlung eines Unternehmens in eine Aktiengesellschaft sind auch schenkungssteuerliche und erbschaftssteuerliche Überlegungen anzustellen. Dies ergibt sich daraus, dass die Bemessungsgrundlage für die Schenkungs- und Erbschaftssteuer bei den einzelnen Unternehmensformen nach geltendem Recht völlig unterschiedlich ist.

Der schenkungs- und erbschaftssteuerliche Wert einer Personengesellschaft orientiert sich im wesentlichen an dem Substanzwert, und zwar an den Steuerbilanzwerten. Die Inanspruchnahme von Sonderabschreibungen oder der degressiven Afa führt also zu einer schenkungs- und erbschaftssteuerlichen Wertminderung. Ein Firmenwert oder das künftige Ertragspotential haben keinerlei Auswirkungen auf den Wert des Unternehmens für Schenkungs- und Erbschaftssteuerzwecke.

Anders ist dies bei einer GmbH oder einer (noch) nicht börsennotierten Aktiengesellschaft. Hier sind die Anteile nach dem sog. Stuttgarter Verfahren (Abschnitt 1 ff. Vermögenssteuerrichtlinien 1993) zu bewerten. Das Stuttgarter Verfahren ist ein Mischverfahren, welches sowohl den Substanzwert (Vermögenswert) als auch den Ertragswert (abgeleitet aus den Erträgen der Vergangenheit) berücksichtigt. GmbH`s, die schon in der Vergangenheit sehr ertragsstark waren, werden danach deutlich höher bewertet als beispielsweise GmbH & Co. KG`s oder Kommanditgesellschaften. Nach der Börseneinführung einer Aktiengesellschaft ist der Wert der Anteile nach dem Kurswert zum Stichtag der Schenkung oder des Erbfalls zu bewerten. Diese Unterschiede geben Veranlassung, im Zusammenhang mit der Umwandlung in eine Aktiengesellschaft und deren Börseneinführung im Vorhinein Überlegungen anzustellen, Beteiligungen auf Familienangehörige zu übertragen.

3.2.3 Durchführung der Umwandlung

Die Durchführung der Umwandlung muss sehr sorgfältig von Fachleuten vorbereitet und begleitet werden. Im Rahmen dieser Darstellung ist es daher nicht sachgerecht, die formalen Einzelheiten aufzuzeigen. Vielmehr soll nachfolgend lediglich ein Überblick über die wichtigsten Schritte gegeben werden.

3.2.3.1 Formwechselnde Umwandlung gemäß § 190 f. UmwG

(1) Erstellung eines Umwandlungsberichtes

Die Geschäftsführung der umzuwandelnden Gesellschaft hat einen Umwandlungsbericht zu erstellen, indem sie die Gesellschafter über die wirtschaftlichen und rechtlichen Auswirkungen der Umwandlung im einzelnen unterrichtet. Beizufügen ist im Umwandlungsbericht eine Vermögensaufstellung mit den wirklichen Werten (also nicht nur den Buchwerten) der Gesellschaft.

(2) Zuleitung des Entwurfs des Umwandlungsbeschlusses an die Arbeitnehmer (Betriebsrat) gemäß § 194 Abs. 2 UmwG

Um die Arbeitnehmer über die Folgen der Umwandlung zu unterrichten, muss ihnen der Entwurf des Umwandlungsbeschlusses mindestens vier Wochen vor Beschlussfassung zugeleitet werden. Wenn die Gesellschaft diesen Zugang nicht nachweisen kann, verweigert das Registergericht die Eintragung. Bei der formwechselnden Umwandlung sind Auswirkungen für die Arbeitnehmer nicht ersichtlich, da die Identität des Unternehmens erhalten bleibt.

(3) Umwandlungsbeschluss

Sodann ist ein Umwandlungsbeschluss im Rahmen einer Gesellschafterversammlung erforderlich. Dieser Beschluss muss notariell beurkundet werden. Bei einer Personengesellschaft ist grundsätzlich Einstimmigkeit erforderlich (§ 217 Abs. 1 UmwG). Bei der Umwandlung einer GmbH durch Formwechsel reicht eine 3/4-Mehrheit (§ 240 Abs. 1 UmwG). In beiden Fällen, d.h. im Fall der Personengesellschaft oder der GmbH, kann der Gesellschaftsvertrag andere Mehrheiten bestimmen.

(4) Registeranmeldung und Eintragung

Die Umwandlung ist sodann dem zuständigen Handelsregister in beglaubigter Form zur Eintragung anzumelden.

(5) Rechtsfolgen

Mit der Eintragung in das Handelsregister gelten für die Gesellschaft die besonderen Regeln des Aktiengesetzes.

3.2.3.2 Sachgründung mit einer Sacheinlage von Gesellschaftsanteilen gegen Gewährung von Aktien

Hier gelten die Regelungen über die Sachgründung der Aktiengesellschaft:

- Feststellung der Satzung durch die Gründer im Wege der notariellen Beurkundung
- notariell beurkundete Erklärung der Übernahme sämtlicher Aktien durch die Gründer
- Erstellung eines Gründungsberichtes durch die Gründer, aus dem sich die Angemessenheit der Leistungen für Sacheinlagen ergibt
- Prüfung des Gründungsherganges durch Vorstand und Aufsichtsrat
- Prüfung des Gründungsberichtes, insbesondere über die Werthaltigkeit der Sacheinlagen durch einen externen Gründungsprüfer; das ist in der Regel ein vom Amtsgericht auf Vorschlag der Gesellschaft bestellter Wirtschaftsprüfer

- Eintragung der Aktiengesellschaft im Handelsregister.

3.2.3.3 Spaltung

(1) Spaltungs- und Übernahmevertrag oder Spaltungsplan
Dieser notariell beurkundete Vertrag zwischen dem übertragenden und dem übernehmenden Rechtsträger muss alle wesentlichen Merkmale und Folgen der Spaltung enthalten, insbesondere eine genaue Regelung über die Aufteilung des Aktiv- und Passivvermögens.

(2) Spaltungsbericht
Die Vertretungsorgane der beteiligten Rechtsträger müssen in dem Spaltungsbericht über die wirtschaftlichen und rechtlichen Auswirkungen der Spaltung berichten.

(3) Spaltungsprüfung
Unabhängige Prüfer haben den Spaltungsplan im einzelnen zu prüfen.

(4) Spaltungsbeschluss
Dies ist ein Beschluss der Anteilsinhaber.

(5) Registeranmeldung und Eintragung
Die Umwandlung ist sodann dem zuständigen Handelsregister in beglaubigter Form zur Eintragung anzumelden.

3.2.3.4 Verschmelzung

Hier ist der Ablauf im wesentlichen derselbe wie bei der Spaltung.

3.3 Besonderheiten des Aktiengesetzes

3.3.1 Unterschiede zwischen einer mittelständisch geprägten Gesellschaftsform und einer Aktiengesellschaft

Beim Börsengang junger und bislang mittelständisch orientierter Unternehmen haben die Gründer und Altgesellschafter in der Regel in der Rechtsform einer Kommanditgesellschaft oder einer GmbH ihr Unternehmen geführt. Sie sind daher mit den Organisationsstrukturen dieser jeweiligen Gesellschaftsform vertraut. Dies verlangt in bestimmten Punkten ein Umdenken, wenn im Zusammenhang mit der Börseneinführung eine Umwandlung in die Rechtsform der Aktiengesellschaft stattfindet.

(1) Unabhängigkeit des Vorstandes

Der Vorstand der Aktiengesellschaft, d.h. das Geschäftsleitungsorgan, ist grundsätzlich unabhängig. Es ist also nicht an Weisungen der Hauptversammlung (Gesellschafterversammlung) oder des Aufsichtsrates gebunden. Dies ist grundlegend anders als in der Kommanditgesellschaft und der GmbH, wo die Geschäftsführer bekanntlich die Weisungen der Gesellschafterversammlung zu befolgen haben, solange nicht die Missbrauchsgrenze überschritten ist.

(2) Wahl des Aufsichtsrates durch die Hauptversammlung

Der in der Aktiengesellschaft zwingend vorgeschriebene Aufsichtsrat kontrolliert den Vorstand. Der erste Aufsichtsrat wird von den Gründern gewählt. Dessen Amtszeit dauerte bis zur ersten Hauptversammlung. Auf dieser Hauptversammlung wählen die Aktionäre den Aufsichtsrat.

Zwar unterbreiten Vorstand und Aufsichtsrat in aller Regel Vorschläge zur Besetzung des Aufsichtsrates. Es kommt jedoch in zunehmendem Maße vor, dass die Hauptversammlung diesen Wahlvorschlägen nicht folgt und zumindestens auch teilweise unbequeme Personen von der Hauptversammlung in das Aufsichts- und Kontrollorgan entsandt werden.

Wenn im mittelständischen Bereich überhaupt ein Aufsichtsrat oder ein Beirat bestand, dann konnten die Altgesellschafter auf dessen Zusammensetzung in der Regel entscheidenden Einfluss nehmen. Daher liegt auch insoweit ein Unterschied vor.

Die - aus der Sicht der Gründer und bisherigen Geschäftsführer - unliebsame Besetzung des Aufsichtsrates kann zur Folge haben, dass die bisherigen Gesellschafter - Geschäftsführer aus der Geschäftsleitung verbannt werden. Denn die Bestellung des Vorstandes erfolgt ausschließlich durch den Aufsichtsrat, die Hauptversammlung hat hierauf keinen Einfluss.

(3) Feststellung des Jahresabschlusses

Das Aktiengesetz sieht die Möglichkeit vor, dass der Jahresabschluss nicht durch die Hauptversammlung (Gesellschafterversammlung) festgestellt wird. Vielmehr ist es möglich, dass die Feststellung des Jahresabschlusses bereits dadurch erfolgt, dass der Aufsichtsrat den Jahresabschluss - nach eigener Prüfung - billigt. Damit hat der Aufsichtsrat einen entscheidenden Einfluss bei der Gewinnfeststellung und dessen Verwendung.

3.3.2 Gestaltungsmöglichkeiten zur Aufrechterhaltung des Einflusses der Altgesellschafter

Sehr häufig werden im Zusammenhang mit dem Börsengang Überlegungen angestellt, wie die Altgesellschafter des Unternehmens auch nach einem Börsengang ihren Einfluss auf die Gesellschaft sichern können. Dies gilt zum einen in Bezug auf die Besetzung wichtiger Organe (Vorstand, Aufsichtsrat), aber auch in Bezug auf die Stimmenmehrheit in der Hauptversammlung (was dann wiederum Einfluss auf die Besetzung der Organe hat).

3.3.2.1 Möglichkeit der Steuerung über die Höhe des Emissionsvolumens

Ein wirksames Mittel zur Steuerung liegt darin, lediglich so wenig Aktien an der Börse zu emittieren, dass die Mehrheitsverhältnisse auch nach der Börseneinführung nicht nachhaltig verändert werden. Hier sind zwei Grenzen zu unterscheiden.

Für alle "laufenden" Beschlüsse (Wahl des Aufsichtsrates, Feststellung des Jahresabschlusses) ist eine einfache Mehrheit der jeweils anwesenden Stimmen in der Hauptversammlung ausreichend. Für Kapitalerhöhungen und andere satzungsändernde Beschlüsse ist eine 3/4-Mehrheit der jeweils anwesenden Stimmen erforderlich.

Diese erforderlichen Stimmenmehrheiten können ausschlaggebend für die Höhe des Emissionsvolumens sein. Selbstverständlich kann das Ziel, durch die Begrenzung des Emissionsvolumens die Stimmenmehrheit zu erhalten, in Widerspruch zu anderen wirtschaftlichen Zielen bei der Emission stehen; so kann z. B. ein höherer Kapitalbedarf aus wirtschaftlichen Gründen (hohes Wachstum) erforderlich sein oder es kann auch aus Gründen der Akzeptanz beim anlegenden Publikum geboten sein, die Emissionsquote nicht zu niedrig auszugestalten. Hier muss im Einzelfall eine Abwägung erfolgen.

3.3.2.2 Eingeschränkte Möglichkeiten der Ausgestaltung der Aktien

Mehrstimmaktien sind in Deutschland nicht (mehr) zulässig. Anders als bei GmbH's oder Kommanditgesellschaften, bei denen im Gesellschaftsvertrag ein Mehrstimmrecht bestimmter Anteile vereinbart werden kann, kann in der Satzung einer Aktiengesellschaft seit der Einführung des KonTraG ein Mehrstimmrecht von Aktien nicht mehr festgelegt werden. Die aus der Vergangenheit bekannten seltenen Ausnahmefälle (z. B. RWE, Siemens) wird es in Zukunft nicht mehr geben.

Das Aktiengesetz bietet allerdings die Möglichkeit, stimmrechtslose Vorzugsaktien auszugeben. Diese Aktien gewähren auf der Hauptversammlung kein Stimmrecht, als Äquivalent dafür sind sie aber in der Regel mit einer Vorzugsdividende ausgestattet. Wenn die Aktien am Neuen Markt eingeführt werden sollen, so ist die Möglichkeit der Einflusssicherung durch stimmrechtslose Vorzugsaktien jedoch verbaut, weil stimmrechtslose Vorzugsaktien bei der Ersteinführung am Neuen Markt unzulässig sind. Ansonsten ist das Instrument der stimmrechtslosen Vorzugsaktien grundsätzlich zur Einflusssicherung geeignet. Allerdings ist zu beachten, dass lediglich bis zu 50% des Grundkapitals an stimmrechtslosen Vorzugsaktien ausgegeben werden darf.

Eine eingeschränkte Möglichkeit zur Einflusssicherung ist die Ausgabe vinkulierter Namensaktien. Bei diesen auf den Namen des jeweiligen Inhabers lautenden Aktien ist die Übertragung nur dann möglich, wenn die Gesellschaft, d.h. der Vorstand oder der Aufsichtsrat (je nach Ausgestaltung der Satzung) der Übertragung zustimmt. Auf diese Weise ist eine gewisse Absicherung davor möglich, dass unliebsame Aktionäre Aktien erwerben. Allerdings ist dieses Instrument nur eingeschränkt tauglich. Zum einen ist nicht sichergestellt, dass die Organe der Gesellschaft stets so besetzt sind, dass unliebsame Gesellschafter nicht akzeptiert werden. Zum anderen ist die Zustimmung der Gesellschaft nur bei der Einzelrechtsnachfolge, d.h. also im wesentlichen beim Verkauf, erforderlich. Bei der

Gesamtrechtsnachfolge (Erbgang, Unternehmenszusammenschlüsse auf Aktionärsebene usw.) ist eine Zustimmung der Gesellschaft nicht möglich, sondern hier findet die Übertragung automatisch statt.

3.3.2.3 Stimmenpoolverträge

Auf je mehr Personen die Aktien der Altgesellschafter verteilt sind und je längere Zeit seit der Ausgabe der Aktien vergangen ist, desto mehr driften die früher übereinstimmenden Interessen der Altaktionäre auseinander. Um unterschiedliches Stimmverhalten und damit Einflussmöglichkeiten zu verhindern, bietet es sich an, frühzeitig Stimmbindungsverträge (auch Poolverträge genannt) abzuschließen. Dies wird in der Praxis häufig mit der Umgründung und Ausgabe von Aktien verbunden.

Es handelt sich dabei um schuldrechtliche Verträge, die sehr unterschiedlich ausgestaltet werden können. Die Möglichkeiten reichen von einer vorherigen Mehrheitsbildung im Kreise der Altaktionäre, die dann entsprechend der Mehrheitsentscheidung einheitlich abstimmen müssen, bis zur Übertragung des Stimmrechtes auf einen Treuhänder, der dann das Stimmrecht einheitlich ausübt.

All diese Maßnahmen sind aber nur so lange und so weit wirksam, wie auch die gepoolten Stimmen über eine entsprechende Mehrheit verfügen.

Ursprünglich vorhandene Mehrheiten können insbesondere nach Kapitalerhöhungen verloren gehen, wenn die Altaktionäre nicht bereit und nicht in der Lage sind, ihr Bezugsrecht im Rahmen der Kapitalerhöhung auszuüben, so dass ihre ursprüngliche Quote nach der Kapitalerhöhung absinkt.

4 Unternehmensbewertung beim Börsengang

4.1 Ablauf der Emissionspreisfindung

Unternehmensbewertungen können zu sehr unterschiedlichen Anlässen und aus unterschiedlichen Blickwinkeln vorgenommen werden. Je nach Ziel und Ausgangssituation des Bewertenden können einem Unternehmen durchaus differierende Werte zugeordnet werden[16]. Es ist daher notwendig, sich die spezielle Situation der Unternehmensbewertung als Grundlage der Emissionspreisfindung zu verdeutlichen, um die Bewertungsverfahren und ihre Ergebnisse besser einordnen zu können.

Bei der erstmaligen Emission werden i. d. R. Minderheitsanteile[17] für Portfolioinvestoren zur Zeichnung angeboten. Diese Aktien stammen entweder aus dem Besitz der Altaktionäre oder einer Kapitalerhöhung, deren Erlöse dem Unternehmen zufließen[18]. Banken mit einem breiten Dienstleistungsangebot treten sowohl als Berater der Verkäufer als auch der Investoren auf. Die Interessenlagen der drei Gruppen Altaktionäre, Investoren und Banken sind dabei gegensätzlich. Altaktionäre haben ein Interesse an einem möglichst hohen Emissionskurs, der ihr eigenes Vermögen erhöht. Entweder stammen die angebotenen Aktien aus ihrem Besitz oder sie halten auch nach dem Börsengang noch Anteile am Unternehmen, dem

---

[16] Vgl. HAYN (2000), S. 1346 ff., der einen Überblick über die Funktionslehren der Unternehmensbewertung und daraus abgeleitet Empfehlungen für Bewertungssituationen gibt. Am Beispiel der Übernahmeprämie, die bei börsennotierten Unternehmen auf den Aktienkurs vor Bekanntgabe der Übernahmeabsicht gezahlt wird, kann die Situationsabhängigkeit der Bewertung illustriert werden. Dem Käufer ist die Kontrolle des Unternehmens einen Aufschlag auf den von den Portfolioinvestoren an der Börse zuvor bewilligten Kurs wert. Kommt es zu Auktionsrunden, bei denen mehrere Bieter versuchen, dasselbe Unternehmen zu erwerben, entscheidet neben den Finanzierungsrestriktionen der spezifische Wert für den jeweiligen Bieter über den Gewinner. Dieser subjektive Wert wird z. B. durch bereits vorhandene Vertriebs- oder Produktionsstrukturen bestimmt.

[17] Die Notierung am Neuen Markt, einem Handelssegment, für das neben der amtlichen Zulassung zum Geregelten Markt weitere privatrechtlich definierte Voraussetzungen erfüllt werden müssen, setzt bei Emission einen Streubesitzanteil von 25% voraus (siehe auch das jeweilig aktuelle Regelwerk des Neuen Marktes).

[18] Die Aktien für eine erstmalige Notierung am Neuen Markt müssen zu 50% aus einer Kapitalerhöhung stammen, deren Erlöse dem Unternehmen zufließen.

der Emissionserlös aus der Kapitalerhöhung zufließt. Investoren drängen auf niedrigere Emissionskurse, der Vermögenszuwachs der Altaktionäre ist ihr Vermögensnachteil. Banken haben eine etwas zwiespältige Position. Auf der einen Seite bekommen sie einen Prozentsatz des Emissionserlöses als Provision, auf der anderen ist für ihre Reputation als Emissionshaus nur die reibungslose Platzierung aller Aktien zum festgelegten Emissionskurs dienlich. Der Interessenausgleich wird in einem aufwendigen Verfahren erreicht, das häufig linear dargestellt wird (siehe Abb. 3), in der Praxis aber einige "Feed-back-Schleifen" zwischen den einzelnen Stufen kennt. Die Bewertung des Unternehmens wird dabei auf Basis der Due Diligence vor allem von den Aktienanalysten der beteiligten Banken vorgenommen, deren Ergebnisse in einem Research Report zusammengefasst und den Investoren zur Verfügung gestellt werden.

Abb. 3: Vier Stufen eines IPO

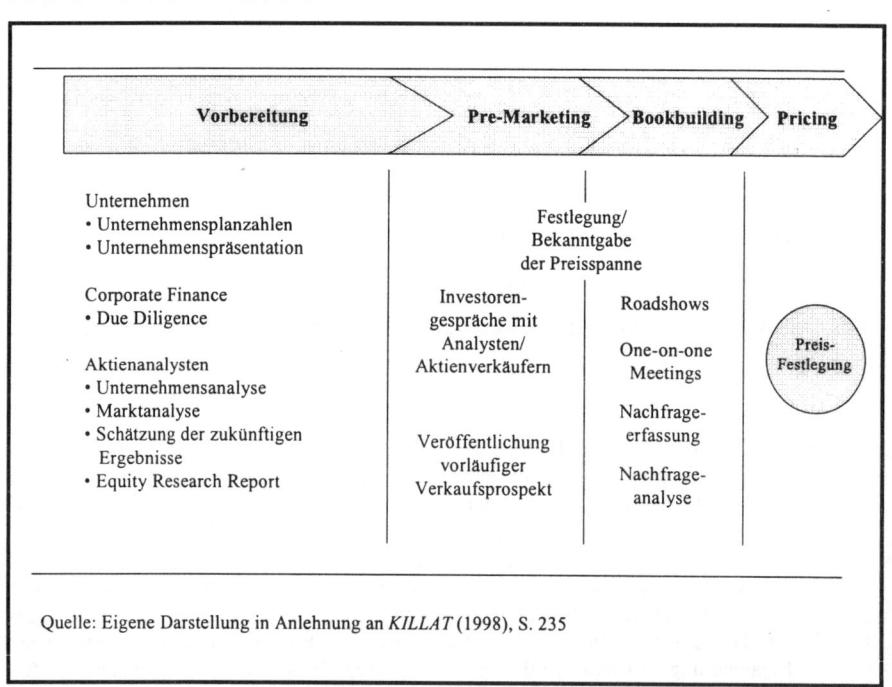

Vorbereitung	Pre-Marketing	Bookbuilding	Pricing
Unternehmen • Unternehmensplanzahlen • Unternehmenspräsentation Corporate Finance • Due Diligence Aktienanalysten • Unternehmensanalyse • Marktanalyse • Schätzung der zukünftigen Ergebnisse • Equity Research Report	Festlegung/ Bekanntgabe der Preisspanne Investorengespräche mit Analysten/ Aktienverkäufern Veröffentlichung vorläufiger Verkaufsprospekt	Roadshows One-on-one Meetings Nachfrageerfassung Nachfrageanalyse	Preis- Festlegung

Quelle: Eigene Darstellung in Anlehnung an *KILLAT* (1998), S. 235

Obwohl der Emissionspreis letztlich in Abhängigkeit von der Marktlage festgesetzt wird, erfüllt die Unternehmensbewertung eine wichtige Aufgabe. Sie ist Grundlage der Information der Anleger und beeinflusst so deren Erwartungsbildung. Verfahren der Unternehmensbewertung sind daher nicht nur in Abhängigkeit vom Ergebnis, sondern auch im Hinblick auf die Transparenz, die sie für den Anleger hinsichtlich der wertbeeinflussenden Faktoren schaffen, zu sehen.

4.2 Verfahren der Unternehmensbewertung

Die unterschiedlichen Bewertungsziele und -situationen haben eine Vielzahl von Verfahren entstehen lassen (Abb. 4). Man kann diese Verfahren zwei grundlegenden Ansätzen zuordnen[19]. Im ersten wird der Unternehmenswert relativ zum Marktwert vergleichbarer Unternehmen bestimmt (Multiplikatorverfahren). Dabei bilden die Kapitalmarktdaten der Vergleichsunternehmen den Ausgangspunkt, für eine Bewertung müssen jedoch auch die vergleichbaren Ertrags- oder Zahlungsstromgrößen des Bewertungsobjektes ermittelt werden[20]. Im zweiten Ansatz (Fundamentalverfahren) werden zukünftige Zahlungsströme des Bewertungsobjektes mit Hilfe eines risikoabhängigen Zinssatzes auf einen heutigen Wert diskontiert (Barwertverfahren). Ausgangspunkt sind hier die Unternehmensdaten. Über die meist aus Kapitalmarktdaten abgeleiteten risikoabhängigen Zinssätze sind aber auch hier die Marktverhältnisse bewertungsrelevant. Die substanzorientierten Bewertungsverfahren spielen im Rahmen eines Börsenganges keine Rolle.

---

[19] Vgl. DAMODARAN (1997), S. 618 ff.
[20] Vgl. BETSCH/GROH/LOHMANN (1998), S. 142.

Abb. 4: Verfahren der Unternehmensbewertung - Auswahl

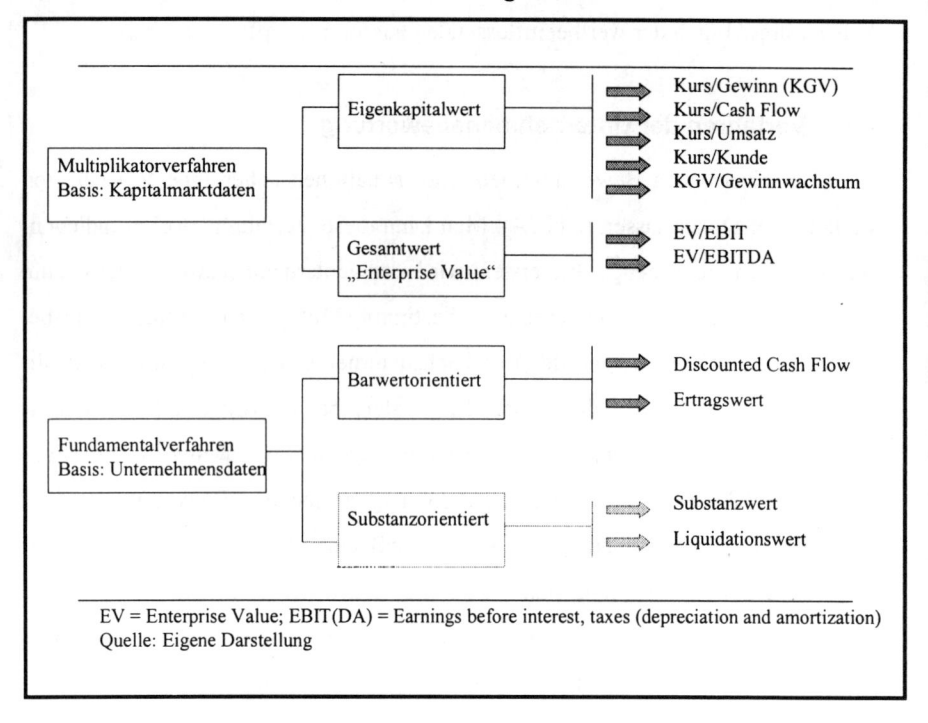

```
Multiplikatorverfahren         Eigenkapitalwert         → Kurs/Gewinn (KGV)
Basis: Kapitalmarktdaten                                → Kurs/Cash Flow
                                                        → Kurs/Umsatz
                                                        → Kurs/Kunde
                                                        → KGV/Gewinnwachstum

                               Gesamtwert               → EV/EBIT
                               „Enterprise Value"       → EV/EBITDA


                               Barwertorientiert        → Discounted Cash Flow
                                                        → Ertragswert
Fundamentalverfahren
Basis: Unternehmensdaten
                               Substanzorientiert       → Substanzwert
                                                        → Liquidationswert
```

EV = Enterprise Value; EBIT(DA) = Earnings before interest, taxes (depreciation and amortization)
Quelle: Eigene Darstellung

4.3 Multiplikatorverfahren

4.3.1 Vorgehen

Grundsätzlich lässt sich der Wert UW eines Unternehmens wie folgt ermitteln:

| UW = | Kenngröße des zu bewertenden Unternehmens * (Kurs/Kenngröße) des Vergleichsunternehmens |

Das Verhältnis Kurs/Kenngröße des Vergleichsunternehmens wird auch als Multiplikator bezeichnet und gibt dem Verfahren seinen Namen. Die Höhe des jeweiligen Multiplikators wird aus den Kapitalmarktdaten für vergleichbare börsennotierte Unternehmen ermittelt. Die Bewertung eines IPO mit Hilfe von Multiplikatorverfahren folgt meist sechs Schritten:

1. Ermittlung börsennotierter Vergleichsunternehmen ("Peer-Group")

2. Auswahl einer geeigneten Kenngröße

Unternehmensbewertung beim Börsengang 67

3. Ermittlung der Multiplikatoren für alle Vergleichsunternehmen

4. Eliminierung von Extremwerten (z. B. Turnaround - Situationen)

5. Bereinigung länderspezifischer Unterschiede (sofern Vergleichsunternehmen zu anderen Währungsräumen mit anderen durchschnittlichen Multiplikatorhöhen gehören)

6. Ermittlung des Eigenkapitalwertes (sofern ein Multiplikator gewählt wurde, der den Gesamtwert des Unternehmens einschließlich des Fremdkapitals ermittelt)[21].

Die Kenngrößen des zu bewertenden Unternehmens werden i. d. R. für die nächsten fünf Jahre berechnet, die Multiplikatoren in den Research Berichten aber nur für die nächsten zwei Jahre ausgewiesen. In einigen Fällen wird der Multiplikator auch aus Emissionskursen anderer Unternehmen hergeleitet bzw. eine Bereinigung der Multiplikatoren bereits börsennotierter Unternehmen durchgeführt ("IPO-Approach").

4.3.2 Wichtige Multiplikatorverfahren

Je nach Kenngröße wird entweder der Eigenkapitalwert direkt oder der Gesamtwert (Eigen- und Fremdkapital) des Unternehmens ermittelt. Das **Kurs-Gewinn-Verhältnis** (KGV bzw. PER für "Price-Earnings-Ratio") ist immer noch der am häufigsten genutzte Multiplikator. Der Wert des Eigenkapitals eines Unternehmens wird hier bestimmt, in dem man auf eine Gewinngröße des laufenden oder kommenden Jahres den (wie oben beschrieben) ermittelten Multiplikator anwendet. Nimmt man nicht den Unternehmensgewinn sondern den Gewinn je Aktie als Basis, erhält man auf diese Weise eine Indikation für den Emissionspreis. Besondere Aufmerksamkeit wird bei diesem Verfahren der Ermittlung der Gewinngröße geschenkt, denn der nach handelsrechtlichen Vorgaben ausgewiesene Jahresüber-

---

[21] Der Käufer einer Aktie erwirbt Anteile am Eigenkapital und ist daher primär an dessen Wert interessiert. Einige Bewertungsverfahren ermitteln aber zunächst den Gesamtwert des Unternehmens, von dem dann der Wert des Fremdkapitals abgezogen werden muss.

schuss ist zur Herstellung der Vergleichbarkeit zu bereinigen. Grundlage der Ergebnisermittlung ist der Konzernabschluss[22], der die Situation einer unter Risiko- und Ertragsgesichtspunkten abgegrenzten Einheit widerspiegelt. Bereinigt werden müssen z. B. steuerlich motivierte Sonderabschreibungen, wie sie die deutsche Handelsbilanz aufgrund des Zusammenhanges zwischen Handels- und Steuerbilanz kennt[23], die jedoch das vergleichbare wirtschaftliche Ergebnis eines Jahres nicht berühren. Da zur besseren Vergleichbarkeit die Vielzahl der möglichen Bereinigungen einem einheitlichen Konzept folgen sollte, hat sich in der Praxis für deutsche Aktien als Standard das sog. Ergebnis nach DVFA/SG[24] durchgesetzt.

Die Standardisierung der Berechnungsmethodik bedeutet jedoch nicht eine Vereinheitlichung der Ergebnisse. Nach wie vor kommen bei einer Schätzung zukünftiger Gewinne verschiedene Analysten zu unterschiedlichen Ergebnissen, abhängig von den Annahmen über die Unternehmensentwicklung, die der Prognose des Gewinnes zugrunde gelegt wurden[25]. Darüber hinaus gibt es international nicht nur unterschiedliche Rechnungslegungsvorschriften, sondern auch verschieden standardisierte Gewinngrößen, die den internationalen Vergleich erschweren. Diese Verzerrung versucht man zu neutralisieren, indem man international "adjustierte" KGV bildet. Hierbei wird das KGV eines Vergleichsunternehmens durch das Gesamtmarkt-KGV des Heimatlandes geteilt ("relatives" KGV) und dieser

---

[22] In den Konzernabschluss sind nach § 290 HGB alle Unternehmen einzubeziehen, die unter einheitlicher Leitung eines Mutterunternehmens stehen. Der Konzernabschluss wird nur nach handelsrechtlichen Vorschriften aufgestellt und dient nicht der Ermittlung von Bemessungsgrundlagen für Steuerzahlungen.

[23] Dieser Zusammenhang wird, je nach Wirkungsrichtung als Maßgeblichkeit (der Handels- für die Steuerbilanz) oder als umgekehrte Maßgeblichkeit (der Steuer- für die Handelsbilanz) bezeichnet. Nach amerikanischen Generally Accepted Accounting Principles (US-GAAP) bzw. nach International Accounting Standards (IAS) bilanzierende Unternehmen kennen diesen Zusammenhang nicht.

[24] Berechnungsmethodik siehe DVFA/SG (1998), S. 2537 ff. DVFA = Deutsche Vereinigung für Finanzanalyse und Asset Management e.V., ein Berufsverband von Kapitalmarktexperten; SG = Schmalenbachgesellschaft. Bereinigt wird grundsätzlich um außergewöhnliche, ungewöhnliche (z. B. Schließung eines Betriebsteils) und dispositionsbedingte (z. B. Änderungen der Abzinsungssätze für Pensionsrückstellungen) Aufwendungen oder Erträge.

[25] Vgl. KILLAT (1998), S. 238.

Unternehmensbewertung beim Börsengang 69

Quotient mit dem Gesamtmarkt-KGV des Heimatlandes des Bewertungsobjektes multipliziert (Abb. 5)[26].

Abb. 5: Ermittlung von KGV's einer Peer Group am Beispiel der Vectron Systems AG - Ausschnitt

Unternehmen	Land	absolutes KGV 1999	relatives KGV* 1999	adjustiertes KGV* 1999	adjustiertes KGV* 2000
SNI Siemens	Deutschland	25,20		25,20	20,80
IBM	USA	27,50	1,40	27,10	23,80
NCR	USA	20,80	1,06	20,50	14,50
ICL (Fujitsu)	Japan	54,00	1,41	27,10	17,60
Bull	Frankreich	45,50		45,50	11,90
Olivetti	Italien	140,50		140,50	74,20
TEC (Toshiba)	Japan	78,80	2,05	39,60	16,70
Epson	USA	9,10	0,47	9,00	6,00
....	....	....	....	....	....
Micros	USA	16,50	0,84	16,30	13,10
Durchschnitt alle		45,70		37,60	22,40
Durchschnitt ohne Extremwerte**		41,20		31,90	19,70

* relativ = relativ zum jeweiligen Heimatmarkt; adjustiert = übertragen auf deutsches Marktniveau
** Extremwerte: Olivetti, Epson

Quelle: *DG BANK* (1999), S. 7

Um die Bewertungsrelationen zwischen Unternehmen mit unterschiedlicher Gewinndynamik vergleichbar zu machen, wird in der Praxis auch das KGV durch die erwartete Wachstumsrate der Gewinne geteilt (**PEG = Price-Earnings to Growth Ratio**). Eine Faustregel besagt, dass das PEG einen Maximalwert von eins haben sollte, d.h. bei einem Gewinnwachstum von 25% jährlich sollte das KGV maximal 25 betragen. Dieses Verfahren wird bei der Bewertung von Neuemissionen allerdings seltener angewendet, jedoch für börsennotierte Unternehmen von Finanzanalysten regelmäßig zugrunde gelegt.

Fehlende Gewinne bei einer Reihe von Börsengängen am Neuen Markt haben zum Einsatz von Multiplikatoren geführt, die vom Umsatz oder der Kundenzahl

---

[26] Vgl. zum Vorgehen DG BANK (1999), S. 7 f.

ausgehen. Das **Kurs-Umsatz-Verhältnis** (KUV) setzt den Eigenkapitalwert des Unternehmens ins Verhältnis zum Umsatz des laufenden oder kommenden Jahres. Dahinter steht der Gedanke, dass dieser Umsatz Basis für ein zukünftiges Gewinnpotential ist, das in der Erfolgsrechnung des laufenden Jahres noch von den Aufwendungen für außergewöhnlich hohe Investitionen in weiteres Wachstum überdeckt wird[27].

Ähnlich ist die Argumentation bei der Kennzahl **Marktkapitalisierung pro Kunde**, die vor allem bei Telekommunikations-, Handels- oder Finanzdienstleistungsunternehmen mit einer großen Zahl von Endkunden ("Business-to-Consumer") Anwendung findet[28]. Beide Verfahren setzen aber voraus, dass die Vergleichsunternehmen sehr eng abgegrenzt werden und insbesondere sich in einer vergleichbaren Phase des Lebenszyklus befinden und z. B. ähnliche Umsatzrenditen aufweisen.

Schon länger und häufiger zur Ermittlung des Eigenkapitalwertes eingesetzt wird das **Kurs-Cashflow-Verhältnis** (KCV). Dieser Multiplikator nimmt zwei Überlegungen auf. Zum einen ist der Cashflow eines Unternehmens nicht wie der Jahresüberschuss durch Bilanzierungs- und Bewertungsmethoden und -wahlrechte beeinflusst, zum anderen erfüllt er die Forderung, bei der Bewertung Zahlungsströme an den Investor in den Vordergrund zu stellen[29].

Neben den Multiplikatoren zur direkten Ermittlung des Eigenkapitalwertes werden auch solche zur Bestimmung des Gesamtwertes oder Enterprise Value (EV) aus Eigen- und Fremdkapital eingesetzt. Den für den Emissionskurs maßgeblichen Marktwert des Eigenkapitals ermittelt man in einem zweiten Schritt durch Subtraktion des Marktwertes des Fremdkapitals vom zuvor berechneten EV. Die Ausgangsgröße zur Ermittlung des EV ist immer eine Erfolgsgröße, aus der noch die Ansprüche von Eigenkapital- und die von Fremdkapitalgebern befriedigt werden

---

[27] Solche Investitionen können z. B. Entwicklungsaufwendungen für Software sein, die nach deutschem Handelsrecht nicht aktiviert werden dürfen.

[28] Vgl. BECKMANN/HARTMANN (2000), S. 65, die 112 zufällig ausgewählte Research Reports für den Gang an den Neuen Markt auswerteten.

[29] Vgl. BETSCH/GROH/LOHMANN (1998), S. 162 f. und die dort angegebene Literatur.

müssen. Gebräuchlich sind der Gewinn vor Steuern und Zinsen (**EBIT** = Earnings before interest and taxes) oder vor Steuern, Zinsen und Abschreibungen (**EBITDA** = Earnings before interest, taxes, depreciation and amortization). Ähnlich wie das KCV die Folgen der Ausübung von Bewertungswahlrechten neutralisiert, kompensieren diese Verfahren unternehmenspolitische Entscheidungen wie die Wahl eines bestimmten Verschuldungsgrades (EBIT) oder der Nutzung von Wahlrechten bei den Abschreibungsmethoden und - zeiträumen (EBITDA).

Darüber hinaus werden noch weitere Multiplikatoren für die Unternehmensbewertung genutzt, die allerdings bei Neuemissionen keine oder sehr selten Verwendung finden (z. B. das Kurs-Buchwert-Verhältnis, das den Marktwert ins Verhältnis zum bilanziellen Eigenkapital setzt).

4.3.3 Beurteilung

Für den Einsatz von Multiplikatorverfahren zur Unternehmensbewertung sprechen vor allem drei Gründe:

- Die Bewertungsbasis ist zeitnah, meist nicht mehr als ein bis zwei Jahre in die Zukunft reichend, und kann daher recht gut prognostiziert werden.
- Die Komplexität der Bewertung ist (zumindest vordergründig) reduziert, erste Ergebnisse können sehr schnell ermittelt werden.
- Die Akzeptanz durch die Marktteilnehmer ist hoch.

Diese pragmatische Herangehensweise an die Unternehmensbewertung hat jedoch ihren Preis. Multiplikatorverfahren sind anfällig für Manipulationen durch z. B. Auswahl der Peer-Group, Bereinigung um Extremwerte in der Peer-Group oder die Wahl des Verfahrens der Adjustierung der Multiplikatoren internationaler Vergleichsunternehmen. Grundlegende wertbeeinflussende Faktoren wie die Qualität des Managements, die Marktstellung des Unternehmens, seine Größe oder der Anteil neuer Produkte bzw. der Umfang der "Pipeline" von Produkten kurz vor der Markteinführung werden zumindest nicht explizit berücksichtigt, sollten aber die Auswahl der Peer-Group beeinflussen. Für das Unternehmen und den Investor lässt die auf den ersten Blick überzeugend einfache Bewertung durch Multiplikatoren nur zwei Wege offen: Vertrauen in die Arbeit der Analysten oder zeitaufwendige Kontrolle.

Weitere Schwierigkeiten der Multiplikatoren liegen in der praktischen Durchführung:

- Vergleichsunternehmen sind nicht immer vorhanden.
- Multiplikatorverfahren folgen häufig einem erfahrungsgetriebenen Ansatz ohne explizit zugrundeliegende Bewertungstheorie ("measurement without theory"); ein zeitlich stabiler Zusammenhang zwischen Kenngröße und Unternehmenswert ist jedoch gerade bei den bei Börsengängen deutlich überrepräsentierten "neuen" Branchen häufig noch nicht gegeben.
- Dies gilt besonders, wenn der Markt einzelne Branchen (vorübergehend) zu hoch oder zu tief bewertet[30]. Der Unternehmenswert von Neuemissionen wird dann in gleichem Maße verzerrt dargestellt werden.
- Die Vielfalt der Multiplikatoren und die Tatsache, dass die Wahl meist nicht hinterfragt und die Schritte bis zum endgültigen Wertansatz nicht veröffentlicht werden, machen es möglich, den Multiplikator auszuwählen, der zum höchsten Unternehmenswert führt und die Ergebnisse anderer Ansätze zu verschweigen.
- Bei fehlenden Gewinnen oder negativen Cashflows sind die gängigsten Multiplikatoren KGV bzw. KCF nicht einsetzbar.

Trotz dieser Einschränkungen sind die Multiplikatorverfahren in der Praxis die am häufigsten genutzten Verfahren (siehe Abschnitt 5 "Bewertungsverfahren in der Praxis").

4.4 Barwertverfahren

4.4.1 Discounted Cashflow

4.4.1.1 Überblick

Ausgangspunkt einer Unternehmensbewertung mittels der Discounted Cashflow-Methode (DCF-Methode) ist die Überlegung, dass nur der vom Unternehmen

---

[30] Vgl. DAMODARAN (1997), S. 651

Unternehmensbewertung beim Börsengang 73

erwirtschaftete Cashflow für Investitionen in das Unternehmen oder den privaten Konsum der Kapitalgeber zur Verfügung steht und damit den Wert des Unternehmens für einen Käufer ausmacht[31]. Um die zu unterschiedlichen Zeitpunkten anfallenden Cashflows vergleichbar zu machen, werden sie mit einem risikoäquivalenten Zinssatz abdiskontiert, der aus Kapitalmarktdaten empirisch ermittelt werden kann[32]. Man unterscheidet drei Varianten der DCF-Methode[33]:

- Die **Equity-Methode** ermittelt direkt den Wert des Eigenkapitals, indem sie ausschließlich Zahlungen, die unmittelbar dem Anteilseigner zufließen, betrachtet.

- Nach der **Entity-Methode** wird zunächst der Unternehmensgesamtwert berechnet und dann durch Subtraktion des Fremdkapitalwertes der Eigenkapitalwert bestimmt. Berücksichtigt werden alle den Kapitalgebern von Eigen- und Fremdkapital zufließenden Cashflows.

- In der **Adjusted-Present-Value-** oder APV-Methode wird der Unternehmenswert in seine Komponenten zerlegt. Zunächst wird ein Eigenkapitalwert bei fiktiver ausschließlicher Eigenkapitalfinanzierung ermittelt. Zu diesem werden in einem zweiten Schritt die Steuervor- bzw. -nachteile durch die tatsächliche Finanzierungsstruktur addiert, um so den Unternehmensgesamtwert zu erhalten. Nach Abzug des Fremdkapitals einschließlich eventueller Pensionsrückstellungen erhält man im dritten Schritt den Eigenkapitalwert bei gegebener Finanzierungsstruktur.

Die komplexen Steuersysteme der Realität, die insbesondere die verschiedenen Kapitalformen unterschiedlich behandeln, führen dazu, dass eine gemessen an den Vorgaben der Theorie exakte Lösung nur mit der APV-Methode erreicht werden

---

[31] Vgl. COPELAND/KOLLER/MURRIN (1995), S. 70.

[32] DRUKARCZYK (1998), S. 114 ff. stellt die hier beschriebene marktmäßige Ermittlung der Risikoprämie einem individualistischen Ansatz gegenüber, der von subjektiven Risikoeinstellungen ausgeht. Beim Börsengang erwirbt definitionsgemäß eine Vielzahl von Investoren Aktien des Unternehmens, so dass im weiteren ausschließlich der marktmäßige Ansatz betrachtet wird.

[33] Vgl. RICHTER (1996), S. 23 ff.

kann[34]. Voraussetzung für diese Exaktheit ist jedoch, dass die Kapitalstruktur des Unternehmens planbar ist, denn nur so kann die Steuerwirkung der tatsächlichen Finanzierungsstruktur berechnet werden. In der Praxis sind die Equity- und die Entity-Methode weiter verbreitet[35]. Beides sind letztlich spezielle Unterfälle der APV-Methode mit dem Vorteil einer einfacheren Anwendbarkeit und Kommunizierbarkeit[36].

Im folgenden wird die Bewertung mit Hilfe der am weitesten verbreiteten Entity-Methode dargestellt[37], die in vier Schritten erfolgt:

1. Die zukünftigen freien, d.h. von den Kapitalgebern entnehmbaren, Cashflows werden für die zeitlich abgegrenzte Detailprognoseperiode, die meist dem Planungshorizont der strategischen Planung entspricht, ermittelt[38].

2. Die freien Cashflows der anschließenden, unendlich langen Residualperiode werden in einem vereinfachten Verfahren geschätzt (normalisierte freie Cashflows).

3. Ein Diskontierungssatz wird bestimmt und der Unternehmensgesamtwert wird durch Addition der als Barwerte der Cashflows der Detailprognoseperiode und der Residualperiode errechnet. Der Barwert der Cashflows der Residualperiode wird als Residualwert, Fortführungswert oder auch Terminal Value bezeichnet.

---

[34] Vgl. DRUKARCZYK (1998), S. 208 ff. mit ausführlicher Darstellung des APV-Ansatzes und Kritik an der Entitiy-Methode.

[35] Vgl. BECKMANN/HARTMANN (2000), Anlage 1. Von 14 Emissionshäusern, die zum Zeitpunkt einer Umfrage Ende 1999 bei 58% der am Neuen Markt notierten Unternehmen Konsortialführer waren, verwendete nur eines die APV-Methode neben Equity- und Entity-Verfahren.

[36] Vgl. RICHTER (1996), S. 28 ff.

[37] Die Entity-Methode wird in der Literatur zwar kritisiert, da sie insbesondere Abweichungen der tatsächlichen von einer statischen Zielkapitalstruktur in ihren Wirkungen auf den Unternehmenswert nicht richtig erfasst; vgl. RICHTER (1996), S. 29. Trotz dieser Einwendungen hat sie die größte Verbreitung in der Praxis.

[38] Für die Due Diligence-Prüfung vor einem Börsengang ist eine Planungsperiode von 5 Jahren üblich.

4. Der Eigenkapitalwert wird berechnet durch Abzug des Fremdkapitals vom Unternehmensgesamtwert.

Schritte eins und zwei sowie drei und vier werden im Folgenden zusammen betrachtet.

4.4.1.2 Die Ermittlung der freien Cashflows

Cashflows können direkt aus den internen zahlungsorientierten Daten des Unternehmens oder indirekt über die aufwands- und ertragsorientierten Daten der Finanzbuchhaltung bzw. den Jahresabschluss berechnet werden. Die Literatur und die Praxis grenzen die freien Cashflows unterschiedlich ab. Bei der Entity-Methode werden die Cashflows zunächst für ein fiktiv vollständig mit Eigenkapital finanziertes Unternehmen errechnet, Zinsen werden weder als Auszahlung noch als Aufwand berücksichtigt. Die auf dieses Ergebnis ermittelte Steuerschuld ist somit höher als die tatsächliche, eine Korrektur erfolgt über den Zinssatz für Fremdkapital (siehe den folgenden Abschnitt). Der so errechnete freie Cashflow dient der Bedienung sämtlicher Kapitalgeber. Das Vorgehen kann durch das folgende Grundschema verdeutlicht werden (Abb. 6):

Abb. 6: Berechnung des freien Cashflows pro Jahr[39]

	Umsatzerlöse*
-	Herstellungskosten des Umsatzes**
-	Vertriebs- und Verwaltungsaufwendungen**
-	Abschreibungen
=	**Operatives Ergebnis bei vollständiger Eigenkapitalfinanzierung**
-	Steuern auf das operative Ergebnis bei vollständiger Eigenkapitalfinanzierung
+/-	Abschreibungen; Veränderungen der Rückstellungen
=	**Brutto-Cashflow**
-	Investitionen in das Anlagevermögen
-/+	Veränderungen des Netto-Umlaufvermögens
=	**freier Cashflow ("free cashflow")**

* Annahme: Ertrag = Einzahlung
** Annahme: Aufwand = Auszahlung

Im Gegensatz zu einem Investitionsobjekt mit begrenzter Lebensdauer ist ein Unternehmen auf eine unbefristete Laufzeit angelegt. Die Qualität der Prognose zukünftiger freier Cashflows nimmt jedoch mit dem zeitlichen Abstand vom Prognosezeitpunkt ab. Der Prognosezeitraum wird daher in mindestes zwei Abschnitte unterteilt:

Während einer meist fünf- bis zehnjährigen Detailprognoseperiode werden die entnehmbaren Cashflows jahresgenau geplant[40]. Für die anschließende, unendlich lange Residualperiode wird meist mit Hilfe stark vereinfachender Annahmen ein normalisierter freier Cashflow ermittelt. Voraussetzung dafür ist, dass sich die Unternehmensentwicklung in diesem Zeitraum in einem Gleichgewicht befindet, das durch einen konstanten oder mit konstanter Rate wachsenden Cashflow beschrieben werden kann. Für die Jahre nach der Detailprognose wird im allgemeinen nicht mehr davon ausgegangen, dass das Unternehmen ein überdurchschnittliches Wachstum aufweist, das auf heutige Strategien zurückgeführt werden kann.

---

[39] In Anlehnung an DRUKARCZYK (1998), S. 180.

[40] In der Praxis wird der Zeitraum der Detailprognose häufig noch einmal in eine Periode exakter Planung der einzelnen Jahre und eine Periode der Extrapolation des Trends geteilt.

Es wird daher meist eine konstante Wachstumsrate des Cashflows in Höhe des Branchen- oder gesamtwirtschaftlichen Wachstums unterstellt.

Der Ausgangspunkt dieses konstanten Wachstumspfades ist regelmäßig einer der beiden folgenden Werte:

- bei zyklischen Unternehmen der Durchschnittswert des letzen Branchenzyklusses in der Detailprognoseperiode
- bei Wachstumsunternehmen der Wert des letzten Jahres der Detailprognoseperiode.

4.4.1.3 Die Bestimmung des Diskontierungsfaktors und die Berechnung des Eigenkapitalwertes

Mit Hilfe des Diskontierungsfaktors werden zukünftige Zahlungsströme auf ihren heutigen Wert abgezinst. Seine Höhe beeinflusst daher maßgeblich den errechneten Unternehmenswert: Je höher der Zinssatz, desto niedriger der Unternehmenswert. Die Höhe des Diskontierungssatzes muss den Opportunitätskosten der Kapitalgeber entsprechen, die in das Unternehmen zum heutigen Wert investieren. Je nach Sichtweise gibt der Diskontierungssatz die erwartete Kapitalverzinsung (Sicht des Kapitalgebers) oder die Kosten des eingesetzten Kapitals (Unternehmenssicht) wieder. Bei der hier betrachteten Entity-Methode wird der Diskontierungsfaktor nach folgenden Überlegungen ermittelt[41]:

1. Der freie Cashflow muss die Ansprüche aller Kapitalgeber befriedigen. Der Diskontierungssatz ist daher der gewichtete Durchschnitt der Kosten aller Kapitalquellen des Unternehmens (WACC = weighted average cost of capital).

2. Er ist ein Zins nach Unternehmenssteuern, denn diese Steuern wurden bei der Ermittlung des freien Cashflows bereits abgezogen.

3. Da üblicherweise Cashflows nominal geplant werden, ist auch ein Nominalzins (Realzins plus Inflationsrate) zu wählen.

---

[41] Vgl. z. B. COPELAND/KOLLER/MURRIN (1995), S. 239 ff.

4. Bei der Festlegung des Zinssatzes muss berücksichtigt werden, dass die geplanten freien Cashflows nur Erwartungswerte und keine sicheren Zahlungen sind. Der Zinssatz muss daher gegenüber einem Zins für risikofreie Anlagen einen Zuschlag aufweisen.

5. Die Gewichtung der Kapitalquellen erfolgt zu Markt- und nicht zu Buchwerten, da der Anleger auch den Marktwert besitzt bzw. bei Kauf bezahlt und daher verzinst haben will.

Dies führt zu der in amerikanischen Fach- und Lehrbüchern üblichen Darstellung der Kapitalkosten als

(1) $\text{WACC} = r_{EK} * EK/GK + r_{FK} * (1 - t) FK/GK$

r_{EK} = Renditeanforderung der Eigenkapitalgeber

r_{FK} = Renditeanforderungen der Fremdkapitalgeber

t = marginaler Unternehmenssteuersatz

EK = Marktwert des Eigenkapitals

FK = Marktwert des Fremdkapitals

GK = Marktwert des Gesamtkapitals

Für die Gewichtung mit Marktwerten müssen bei Einsatz der Entity-Methode Vorgaben gemacht werden, die sowohl von der heutigen Kapitalstruktur als auch - üblicherweise - von einer Zielstruktur ausgehen können[42]. Für den Bewertungsfall "Börsengang" ist dabei für die Renditeerwartungen aufgrund der Vielzahl der Käufer mit heterogenen Präferenzen von Markt- und nicht von Individualwerten auszugehen.

---

[42] Ohne diese Vorgabe käme es zu einem Zirkelschluss. Die Höhe des Diskontierungssatzes WACC, der zur Ermittlung des Unternehmenswertes genutzt wird, hängt von den Marktwerten für Eigen- und Fremdkapital, also dem Unternehmenswert, ab. Alternativ zur Vorgabe kann die Gewichtung auch durch Iteration ermittelt werden. Zum Vorgehen siehe COPELAND/KOLLER/MURRIN (1996), S. 241 ff.

Die Renditeanforderungen des Eigenkapitalgebers und damit die Kosten des Eigenkapitals, r_{EK}, werden mit Hilfe des Capital Asset Pricing Model (CAPM) berechnet, das aus Kapitalmarktdaten eine marktmäßig objektivierte Rendite für eine risikobehaftete Anlage herleitet[43]. In ihrer gängigen Form lautet die Gleichung

(2) $r_{EK} = r_F + (r_M - r_F) * \beta$, wobei

r_F = Rendite einer risikofreien Anlage (z. B. Bundesanleihen)

r_M = Rendite des Portfolios aller Aktienanlagen (meist wird die langfristige Rendite eines Index wie des DAX als Schätzgröße genutzt)

$r_M - r_F$ = Risikoprämie des Marktes

β = Risikofaktor für ein bestimmtes Unternehmen (systematisches Risiko)

In (2) ist nur eine Größe, β (Beta), unternehmensspezifisch, der risikofreie Zins und die Marktrisikoprämie sind länderspezifisch. β wird für börsennotierte Unternehmen empirisch ermittelt, für nicht börsennotierte Unternehmen dagegen meist auf Basis von Vergleichsunternehmen mit ähnlicher Risikostruktur oder durch stark vereinfachende Plausibilitätsüberlegungen[44].

Die Renditeforderung des Fremdkapitalgebers wird ebenfalls das Risiko berücksichtigen, dem die Forderung gegenüber dem Unternehmen ausgesetzt ist:

(3) $R_{FK} = (r_F + RZ) * (1 - t)$

RZ = Risikozuschlag für die jeweilige Risikoklasse

t = marginaler Unternehmenssteuersatz

---

[43] Eine ausführliche Darstellung liefert jedes finanzwirtschaftliche Lehrbuch für Fortgeschrittene, z. B. BETSCH/GROH/LOHMANN (1998), S. 59 ff., DAMODARAN (1997), S. 125 ff.. Eine kurze Zusammenfassung der empirischen Ergebnisse, die den Nutzen von Beta anzweifeln, geben COPELAND/KOLLER/MURRIN (1996), S. 265 f.
[44] Zur empirischen Ermittlung siehe DAMODARAN (1997), S. 129 ff.

Marktdaten für Risikozuschläge können z. B. aus der Verzinsung von Unternehmensanleihen in unterschiedlichen Ratingklassen errechnet werden.[45] Der steuerbedingte Korrekturfaktor (1 - t) berücksichtigt, dass bei der Berechnung des freien Cashflow die Unternehmenssteuer auf Basis eines vollständig mit Eigenkapital finanzierten Unternehmens ermittelt wurde. Fremdkapital wird häufig jedoch steuerlich anders behandelt, in der Regel begünstigt. Durch die Kürzung des Zinssatzes für Fremdkapital um den Steuervorteil wird dieser Effekt berücksichtigt. Diese Betrachtung ist vor allem für das Steuersystem der USA, das eine "klassische", nicht mit der persönlichen Einkommensteuer integrierte Körperschaftssteuer kennt, von Bedeutung[46]. In der Bundesrepublik Deutschland differenziert aufgrund der Anrechnung der Körperschaftssteuer auf die Einkommensteuer allein die Gewerbeertragssteuer nach den Finanzierungsquellen. Letztere bezieht Eigenkapital voll und langfristiges Fremdkapital nur zur Hälfte in die Steuerbasis ein[47].

Der Unternehmenswert nach der Entity-Methode ist die Summe der Barwerte aller Cashflows, ergänzt um die Barwerte der Cashflows aus nicht betriebsnotwendigem Vermögen bzw. nicht konsolidierten Tochtergesellschaften. Meist werden in einem zweistufigen Prozess zunächst die freien Cashflows der einzeln geplanten Jahre der Detailprognoseperiode diskontiert. Die normalisierten freien Cashflows der Residualperiode bilden eine konstante oder mit konstanter Rate wachsende ewige Rente. Ihr Barwert kann mit der Barwertformel für ewige Renten errechnet werden[48]. Um vom Unternehmenswert zum Wert des Eigenkapitals zu kommen, muss der Wert des Fremdkapitals abgezogen werden. Hier wird häufig der Buchwert als Schätzgröße für den Marktwert verwendet. Beide weichen immer dann voneinander ab, wenn der Marktzins der Risikoklasse nicht mehr dem für das

---

[45] Derartige Informationen werden insbesondere von den großen Ratingagenturen Moody's und Standard & Poor's angeboten. Aktuelle Werte können aber auch aus dem Wirtschaftsteil von Tageszeitungen bezogen werden.

[46] Kritiker der Entity-Methode argumentieren u.a., dass dieses Verfahren nicht das gänzlich andere deutsche Steuersystem berücksichtigt.

[47] Aufgrund der gemeindespezifischen Hebesätze kann die Höhe des Steuervorteils nur näherungsweise mit etwa acht Prozent der Zinszahlungen für langfristiges Fremdkapital angegeben werden.

[48] Der Barwert V einer konstanten ewigen Rente R wird nach der Formel $V = R/i$ errechnet mit i als Diskontierungssatz.

Fremdkapital vereinbarten, festen Zinssatz entspricht. Da Fremdkapital fast immer zeitlich befristet ist, baut sich dieser Unterschied im Zeitablauf jedoch ab, die Vereinfachung durch Bewertung zum Buchwert ist praktikabel.

4.4.1.4 Beurteilung

Die DCF-Methode benötigt für die Unternehmensbewertung beim erstmaligen Börsengang ebenfalls Vergleichsunternehmen, aus deren Kapitalmarktdaten die Kapitalkosten ermittelt werden können. Deren Auswahl unterliegt den für die Multiplikatorverfahren genannten Problemen. An weiteren Nachteilen sind die Unsicherheiten bei der Prognose der jährlichen freien Cashflows in der Detailprognoseperiode und die Bestimmung des Gleichgewichtszustandes als Basis für den Residualwert zu nennen. Gerade dieser macht in der Regel den Großteil des Unternehmenswertes aus[49], Änderungen in den Annahmen über den normalisierten freien Cashflow im Ausgangsjahr der Residualperiode oder seiner Wachstumsrate führen zu deutlichen Änderungen des rechnerischen Unternehmenswertes. In der Bewertungspraxis hat sich auch die Abgrenzung zwischen eingeleiteten Maßnahmen, deren Cashflow-Wirkungen eingerechnet werden müssen, und nur geplanten, die keine Berücksichtigung finden sollten, als schwierig erwiesen. Nicht zuletzt ist die Durchführung der Berechnungen und die Kommunikation der Ergebnisse aufwendig.

Vorteilhaft ist dagegen, dass die DCF-Methode einen langen Zeitraum und nicht nur die Entwicklung der nächsten ein oder zwei Jahre explizit betrachtet. Sie kann so die zeitliche Verteilung der freien Cashflows berücksichtigen und ausgeprägte Investitions- oder Rückzahlungsphasen, die z. B. bei der KGV-Methode zu Gewinnverzerrungen führen würden, richtig bewerten. Auch die DCF-Methode kann nicht die Unsicherheit über die Zukunft beseitigen. Im Gegensatz zu den Multiplikatorverfahren erlaubt sie aber die systematische Einbeziehung zukünftiger, von der derzeitigen Situation abweichender, Entwicklungen. Sie verlangt darüber hinaus die Offenlegung aller Annahmen, die zu den in die Bewertung einfließenden freien Cashflows und den Diskontierungsfaktoren geführt haben. Typischer-

---

[49] Vgl. HENSELMANN/KNIEST (1999), S. 99 f.; COPELAND/KOLLER/MURRIN (1995), S. 275.

weise wird sie um Sensitivitätsanalysen ergänzt, die die Auswirkungen unterschiedlicher Realisationen von wertbeeinflussenden Größen, z. B. der Wachstumsrate des Cashflows oder der Diskontierungssätze, zeigen. Die DCF-Methode schließt zwar Manipulationen nicht aus, diese sind aber für Außenstehende durch die Offenlegung der wichtigsten Einflussfaktoren auf den freien Cashflow besser nachzuvollziehen als bei den Multiplikatorverfahren.

4.4.2 Ertragswertverfahren

Das Ertragswertverfahren beruht ebenfalls auf der Überlegung, dass der Wert eines Unternehmens durch den Barwert zukünftiger Erfolge bestimmt wird[50]. Wie bei der DCF-Variante Equity-Methode wird der Wert des Eigenkapitals direkt ermittelt. Diskontiert werden die ausschüttbaren Ergebnisse des Unternehmens, wobei die einzelnen Herangehensweisen sich u.a. danach unterscheiden, ob eine Vollausschüttung unterstellt oder die erwartete Ausschüttungsquote geschätzt wird[51]. Das zukünftige Ausschüttungspotential kann mit Hilfe des aus den Multiplikatorverfahren bekannten standardisierten Verfahrens für die Gewinnermittlung nach DVFA/SG (vgl. Abschnitt "Wichtige Multiplikatorverfahren") berechnet werden[52]. Wie bei den DCF-Methoden wird die Planung der zukünftigen Ergebnisse in eine Detailprognoseperiode und eine Residualperiode mit nur grober Schätzung der Ergebnisse unterteilt.

Während die Ertragswertmethode und das DCF-Verfahren Equity-Methode die gleichen Anforderungen an die bewertungsrelevanten Überschüsse stellen, unterscheiden sie sich bei der Ermittlung des Diskontierungssatzes. Die Ertragswertmethode, die ursprünglich für die Bewertung nicht börsennotierter Unternehmen entwickelt wurde, hat den Anspruch, subjektive Grenzpreise zu ermitteln[53]. Der Diskontierungssatz muss daher einen subjektiven Risikozuschlag, ermittelt unter

---

[50] Vgl. BETSCH/GROH/LOHMANN (1998), S. 152 ff. und die dort angegebene Literatur.

[51] Die Ertragswertmethode wird bei der Unternehmensbewertung im Rahmen von Börsengängen hauptsächlich von der DG Bank eingesetzt, die in ihren Modellen das tatsächliche Ausschüttungsverhalten berücksichtigt; vgl. DG BANK (1999), S. 8.

[52] Vgl. BETSCH/GROH/LOHMANN (1998), S. 154 f.

[53] Vgl. DRUKARCZYK (1998), S. 358.

Berücksichtigung der Risikoneigung und der sonstigen Vermögensverhältnisse des Investors, enthalten[54]. In vielen Fällen wird jedoch in Literatur und Praxis auf kapitalmarktorientierte, branchenspezifische Diskontierungsraten[55] oder die Ermittlung des Risikozuschlages mittels CAPM verwiesen[56]. Für eine Bewertung, die Basis eines Angebots an eine Vielzahl von Investoren mit unterschiedlicher Risikoneigung sein soll, ist die Risikoprämie mit Hilfe eines an Marktwerten orientierten Verfahrens wie dem CAPM zu ermitteln. Insofern stellt sich die Frage, warum aus den vorhandenen Alternativen die Ertragswertmethode gewählt werden soll, die gerade für das Gegenteil, die Bestimmung subjektiver Grenzpreise, konzipiert wurde[57].

4.5 Bewertungsverfahren in der Praxis

In den Research Reports bzw. Emissionsstudien für Börsengänge an den Neuen Markt werden im Durchschnitt drei der in Abbildung 4 genannten Verfahren verwendet, wobei die Multiplikatorverfahren gegenüber den Barwertmodellen mengenmäßig dominieren[58]. In der Regel werden beide Verfahrenstypen parallel eingesetzt (Abb. 7) meist mit dem Ziel, die durch Multiplikatorverfahren ermittelten Unternehmenswerte mit Hilfe einer weiteren Rechnung zu plausibilisieren.

---

[54] Vgl. DRUKARCZYK (1998), S. 358 ff.
[55] Vgl. DG BANK (1999), S. 8 f.
[56] Vgl. GEA AG/METALLGESELLSCHAFT AG (1999), S. 125 f; BETSCH/GROH/ LOHMANN (1998), S. 160.
[57] Zur Kritik an der Ertragswertmethode siehe DRUKARCZYK (1998), S. 359 ff.
[58] Vgl. BECKMANN/HARTMANN (2000), S. 85. Von den durchschnittlich 3,1 Verfahren waren 2,3 Multiplikatoren und 0,8 Barwertmodelle.

Abb. 7: Anwendung der Bewertungsverfahren in Emissionsstudien

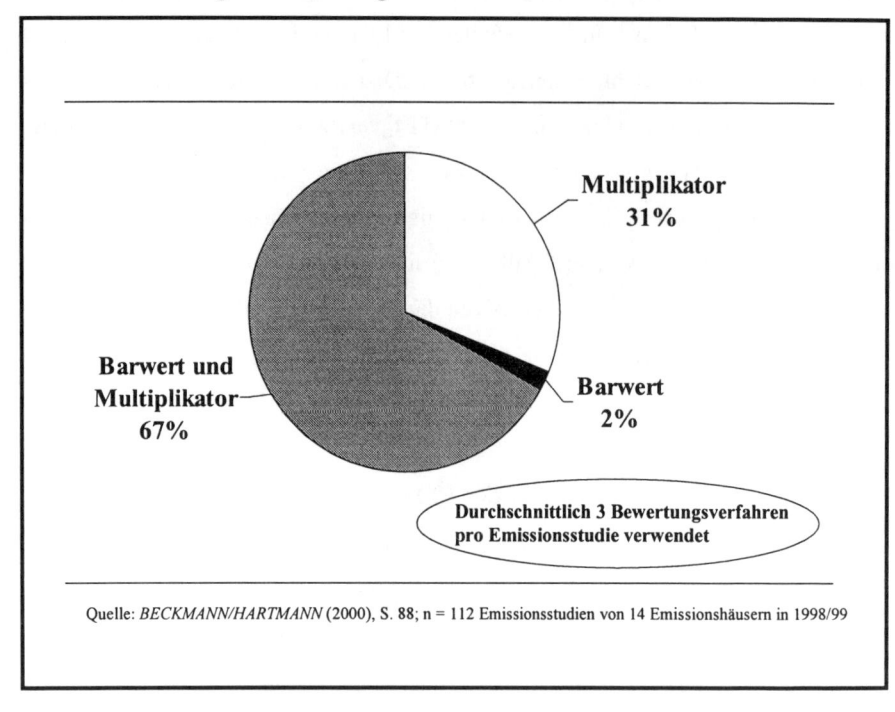

```
                    Multiplikator
                        31%

Barwert und
Multiplikator                    Barwert
    67%                            2%

        Durchschnittlich 3 Bewertungsverfahren
        pro Emissionsstudie verwendet
```

Quelle: *BECKMANN/HARTMANN* (2000), S. 88; n = 112 Emissionsstudien von 14 Emissionshäusern in 1998/99

Emissionsbegleitende Banken schätzen die Multiplikatorverfahren in ihrer Eignung gerade für Wachstumswerte. Als Gruppe erhielten sie auf einer Skala von 1 bis 4 die Durchschnittsnote 1,8. Barwertmodelle kamen nur auf einen Durchschnittswert von 2,2[59]. Fragt man nach einzelnen Verfahren, dann erreicht unter den Multiplikatoren nur das Price-Earnings to Growth Ratio (PEG) den Gruppenwert von 1,8, alle übrigen werden deutlich schlechter benotet. Dagegen erzielen die DCF-Ansätze einen Wert von 1,7. Offensichtlich sind die DCF-Ansätze universeller einsetzbar als jeder einzelne der Multiplikatoren, die aufgrund ihrer Vielfalt als Gruppe jedoch recht hoch geschätzt werden.

---

[59] Diese und die folgenden Einschätzungen sind einer Umfrage entnommen, an der sich 14 am Neuen Markt aktive Emissionshäuser beteiligten; vgl. BECKMANN/HARTMANN (2000), S. 100 ff.

Literaturverzeichnis

BECKMANN, Wolfgang / HARTMANN, Andreas (2000): Die Unternehmensbewertung bei Neuemissionen im Börsensegment "Neuer Markt", Diplomarbeit, Münster

BETSCH, Oskar / GROH, Alexander / LOHMANN, Lutz (1998): Corporate Finance, München

COPELAND, Tom / KOLLER, Tim /MURRIN, Jack (1995): Valuation - Measuring and Managing the Value of Companies, 2. Aufl., New York u.a.O

DAMODARAN, Aswath (1997): Corporate Finance - Theory and Practice, New York u.a.O.

DG BANK (1999), Deutsche Aktien Neuemission - Vectron Systems AG, Frankfurt

DRUKARCZYK, Jochen (1998): Unternehmensbewertung, unter Mitarbeit von Bernhard Schwetzler, 2. Auflage, München

DVFA/SG (1998) Fortentwicklung es Ergebnisses nach DVFA/SG, in: Der Betrieb, 51. Jg., S. 2537 - 2542

GEA AG / METALLGESELLSCHAFT AG (1999): Gemeinsamer Bericht des Vorstands der GEA Aktiengesellschaft, Bochum, und des Vorstands der Metallgesellschaft Aktiengesellschaft, Frankfurt am Main, über den Beherrschungs- und Gewinnabführungsvertrag vom 29.06.99

HAYN, Marc (2000): Unternehmensbewertung: Die funktionalen Wertkonzeptionen, in: Der Betrieb, 53. Jg., S. 1346 - 1353

HENSELMANN; Klaus / KNIEST, Wolfgang (1999): Unternehmensbewertung - Praxisfälle mit Lösungsskizzen, Herne und Berlin

KILLAT, Gerhard (1998): Bewertung und Preisfindung bei Neuemissionen, in: Volk (Hrsg.): Going Public - Der Gang an die Börse, Stuttgart, S. 233 - 246

RICHTER, Frank (1996): Konzeption eines marktwertorientierten Steuerungs- und Monitoringsystems, Frankfurt u.a.O.

5 Die externe Due Diligence durch den Wirtschaftsprüfer - Ein Prüfstein der Börsenfähigkeit

5.1 Begriffsklärung und Bedeutung der Due Diligence

5.1.1 Begriff der Due Diligence

Die Due Diligence ist im weitesten Sinne eine Überprüfung, die vom Erwerber oder in dessen Auftrag durchgeführt wird, um die Angaben des Veräußerers hinsichtlich des Kaufgegenstandes zu verifizieren. Diese Art von Untersuchungen erfolgen dabei im Vorfeld von geschäftlichen Transaktionen wie z. B. dem Kauf oder Verkauf von Anteilen zur Überbrückung des Informationsdefizits hinsichtlich des Transaktionsobjektes. Der Begriff "Due Diligence" entstammt dem US-amerikanischen Anlegerschutzrecht und bedeutet "sorgsame Erfüllung, im Verkehr erforderliche Sorgfalt"[60]. Nach dem Securities Act von 1933 haftete der Prüfer gegenüber den Erwerbern von öffentlich angebotenen Wertpapieren für Verluste, wenn die Registerangaben bei der Wertpapieraufsichtsbehörde SEC (Securities and Exchange Commission) irreführende Angaben enthielt. Der Prüfer und andere am Emissionsprospekt beteiligte Personen konnten sich allerdings durch die sogenannte "Due Diligence Defense" der Haftung entziehen.

Dazu musste der Experte (Prüfer) nachweisen, dass "... he had, after reasonable investigation, reasonable ground to believe and did believe, at the time such part of registration statement became effective, that the statements therein were true and that there was no ommission to state a material fact required to be stated therein or necessary to make the statements therein not missleading..."[61] Weiter heisst es "... the standard of reasonableness shall be required of a prudent man in the management of his own property". Diese Definition des Sorgfaltsbegriffes ist recht unbestimmt.

---

[60] BERENS/STRAUCH (1999), S. 3 (mit weiteren Nachweisen).
[61] Sec 11(b)(3) Securities Act von 1933

5.1.2 Untersuchungsumfang der Due Diligence

Die Due Diligence kann sich auf verschiedenste Untersuchungsgebiete erstrecken:

- Financial Due Diligence (Analyse von Finanzzahlen...)
- Commercial Due Diligence (Produkte, Wettbewerber, Kunden, Strategie der Gesellschaft...)
- Legal Due Diligence (Rechtliche Fragestellungen aus dem Bereich der Unternehmenshistorie aber auch rechtliche Risiken aus dem operativem Geschäft...)
- Tax Due Diligence (steuerliche Fragestellungen, z. B. Analyse von Steuerbescheiden, Rückstellungen, steuerlichen Strukturen...)
- Technical Due Diligence (z. B. Qualität der Produkte, Fertigungsabläufe...)
- Organisational Due Diligence (Aufbau und Ablauforganisation)
- Cultural Due Diligence (Untersuchung der Unternehmenskultur)
- Environmental Due Diligence (Umweltsituation und -risiken)

Weitere Untersuchungsgebiete werden in Einzelfällen definiert (Insurance Due Diligence, Real Estate Due Diligence...). Aktuelle Untersuchungen kommen zu dem Ergebnis, dass z. B. die Financial, Legal und Tax Due Diligence einen deutlich höheren Verbreitungsgrad aufweisen, als dies bei anderen Due Diligence Arten (Enviromental, Insurance) der Fall ist. Bei Unternehmensakquisitionen in Deutschland erfolgt nach dieser Untersuchung in mehr als 95% der Fälle eine Financial Due Diligence[62]. Noch ist allerdings ungeklärt, inwieweit sich die Durchführung einer Due Diligence auf die Gewährleistungsansprüche der §§ 459 ff. BGB bzw. auf den Anspruch aus culpa in contrahendo auswirkt[63]. In den anglo-amerikanischen Ländern hat die Due Diligence aufgrund der unterschiedlichen Rechtssysteme eine noch höhere Bedeutung. Im amerikanischen Recht gilt, dass der Käufer die Kaufsache vor der Transaktion zu prüfen hat. Mängel an der Kaufsache (den Unternehmensanteilen) hat der redliche Verkäufer nicht zu vertreten. Aufgrund dieser Tatsache beinhalten entsprechende Kaufverträge auch um-

---

[62] Vgl. MARTEN/KÖHLER (1999), S. 342.

[63] Vgl dazu z. B. BRAUNER/FRITZSCHKE (1999).

fangreiche spezielle Gewährleistungsvereinbarungen. Die Due Diligence ist daher dort schon allein deshalb notwendig, um entsprechend spezifizierte Klauseln formulieren zu können.

Eine Due Dilgence kann reguläre Jahresabschlussprüfungen nicht ersetzen, denn sie ist von ihrer Art und ihrem Umfang her mit diesen nicht vergleichbar. Die Due Diligence im Vorfeld des Börsengangs bezieht sich auch auf die Plausibilität der Planungsrechungen, die dem Jahresabschluss fremd sind. Regelmäßig mündet dieser auch nicht in einem Bewertungsgutachten des Wirtschaftsprüfers.

5.1.3 Die Due Diligence des Wirtschaftsprüfers im Vorfeld des Börsengangs

Es gibt diverse Anlässe für eine Due Diligence Untersuchung. Neben den Analysen im Zusammenhang mit Unternehmensakquisitionen, Verschmelzungen und Joint Ventures wird eine Due Diligence regelmäßig auch im Vorfeld eines Börsengangs durchgeführt. Zwei Typen von Due Diligence Untersuchungen sind zu unterscheiden. Zum einen die sogenannte interne Due Diligence (oder auch Vendor Due Diligence). Bei dieser Due Diligence wird ein Wirtschaftsprüfer durch den Börsenaspiranten beauftragt, die Börsenfähigkeit der Gesellschaft zu überprüfen und in Zusammenarbeit mit dem Mandanten auf die externe Due Diligence vorzubereiten. Diese Vorgehensweise ist insofern sehr effizient, weil der Mandant durch den Wirtschaftsprüfer auf noch bereitzustellende Unterlagen hingewiesen wird und gegebenenfalls Schwächen im Business Plan rechtzeitig erkennt und zur externen Due Diligence den durch die Banken beauftragen Prüfern gut vorbereitet gegenübertritt. Im Folgenden soll nur auf die externe Due Diligence eingegangen werden. Diese ist zwar weder gesetzlich vorgeschrieben, noch stellt sie eine formelle Notwendigkeit im Rahmen des Börsenzulassungsverfahren dar, hat sich aber als unverzichtbares Element im Going Public Prozess bewährt[64].

---

[64] Vgl. BUSS/WITTE (1999), S. 350.

Bei der externen Due Diligence beauftragt die Emmissionsbank eine Wirtschaftsprüfungsgesellschaft mit der Untersuchung des Emittenten. Der genaue Auftragsumfang wird in einem Auftragsschreiben festgelegt. Hauptuntersuchungsgebiete sind dabei Fragestellungen aus den Bereichen der Financial-, Commercial-, Tax und Organisational Due Diligence. Die Legal- und die Technical Due Diligence wird in der Regel durch Rechtsanwälte bzw. technische Gutachter vorgenommen. Weitere spezielle Fragestellungen werden im Einzelfall beauftragt.

Gegenüber den Due Diligence Untersuchungen im Zusammenhang mit Unternehmensakquisitionen liegt der Schwerpunkt der Untersuchungen im Vorfeld von geplanten Börsengängen stärker auf zukunfts- und weniger auf vergangenheitsorientierten Analysen.

Die Kosten der Untersuchung trägt in der Regel das zu untersuchende Unternehmen. Im Rahmen des Emissionsvertrages werden dafür Prüfungspauschalen zwischen den Banken und den Emissionskandidaten vereinbart. Um Interessenkonflikte zu vermeiden, sollte die Due Diligence nicht durch die Wirtschaftsprüfer des Börsenkandidaten übernommen werden[65]. Von diesem Prinzip wird leider erstaunlich häufig abgewichen[66]. Im allgemeinen achten renommierte Emissionshäuser darauf, dass die externe Due Diligence durch eine renommierte Wirtschaftsprüfungsgesellschaft erfolgt[67]. Die Reputation dieser Experten kann bei den Investitionsentscheidungen der Investoren eine entscheidende Bedeutung haben.

5.1.4 Ziele der Due Diligence

Das Standing der Emissionbank ist von der Qualität der betreuten Neuemissionen abhängig. Einige weniger erfolgreiche Platzierungen können der Reputation erheblichen Schaden zufügen, auch wenn die Bank über emissionspreisabhängige Provisionen auch von überhöhten Platzierungspreisen profitiert.

---

[65] Vgl. WISSMANN (1999), S. 148.

[66] Nach einer Untersuchung von Ostrowski und Sommerhäuser waren in 23% der untersuchten Fälle die Abschlussprüfer des Emittenten (!) mit der Due Diligence im Vorfeld des Börsenganges beauftragt. Vgl. OSTROWSKI/SOMMERHÄUSER (2000), S. 961.

[67] Vgl. OSTROWSKI/SOMMERHÄUSER (2000), S. 961.

Aus Sicht der Emissionsbank ist es daher primäres Ziel der Due Diligence, die Risiken und Chancen, sowie die Schwächen und Stärken des Börsenkandidaten besser zu erkennen. Zudem erlangt die Emmissionsbank auch andere Kenntnisse, die für die Erstellung des Emissionsprospektes von Bedeutung sind. Insbesondere wird hier die Werthaltigkeit des Business Plans evaluiert. Im Extremfall können die Ergebnisse der Due Diligence dazu führen, dass der Börsenkandidat seinen Business Plan grundlegend ändern muss, es nach den Ergebnissen der Due Diligence Prüfung zu einer Neuberechnung des Unternehmenswertes kommt oder gar die Emissionsbank nicht mehr zur Betreuung des Börsengangs bereit ist. Auch der Grad der Ergebnissensitivität wird im Rahmen der Unternehmenswertermittlung Berücksichtigung finden. Die Due Diligence reduziert so die Unsicherheit der Emissionsbank hinsichtlich der Situation der Unternehmung.

Eine erhöhte Informationssicherheit nach der Due Diligence ist aber auch für den Emittenten vorteilhaft, denn sie reduziert die "Versicherungsprämie", die der Emittent bei der Bewertung seiner Anteile zu akzeptieren hat. Ein positiver Ablauf der Due Diligence ist daher von unbedingtem Interesse des Börsenaspiranten. Auch die Entscheidung über das Marktsegment für den Börsengang ist zumindest teilweise von den Ergebnissen der Due Diligence abhängig und wird daher in der Regel auch erst getroffen werden können, wenn zumindest Grundaussagen aus der Due Diligence Prüfung vorliegen. In Abhängigkeit von den Ergebnissen (Wachstumspotenzial, Qualität des Reportings, Equity Story) scheiden unter Umständen bestimmte Marktsegmente aus.

Die Auseinandersetzung mit den Fragestellungen der Externen hilft dem Emittenten auch, Unklarheiten in der Argumentation rechtzeitig zu erkennen und damit für die mögliche Präsentation bei Zulassungsgremien und Roadshow die "Equity Story" des Unternehmens klar zu kommunizieren. Wegen der hohen Aufwendungen im Zusammenhang mit einem Börsengang ist eine rechtzeitige Information über Schwächen und Risiken, die den Börsengang gefährden können, auch im Sinne des Emittenten.

5.2 Ablauf der Due Diligence Prüfung

5.2.1 Vorbereitung

Die Due Diligence ist ein selbständiges Projekt, für das ein eigenständiges Projektmanagement installiert werden sollte[68]. Bevor der Wirtschaftsprüfer mit seiner Due Diligence beginnt, sind mehrere Voraussetzungen zu erfüllen. Zum einen muss eine vertragliche Vereinbarung zwischen dem Emissionsbegleiter und dem Börsenkandidaten vorliegen. Außerdem muss das zu untersuchende Informationsmaterial des Börsenkandidaten vorbereitet sein. Ganz wesentlich ist hierbei der sogenannte Business Plan der Gesellschaft. Der Business Plan ist ein Dokument, das das Informationsbedürfnis von potenziellen Kapitalgebern und Vermittlern befriedigt. Alle Themenbereiche des Business Plans (Historie und Gegenstand des Unternehmens, Beschreibungen der rechtlichen Struktur, Informationen zu Produkten und Märkten, Informationen zu den Führungskräften und Mitarbeitern, Strategie- und Marketingkonzept, Beschreibung von Rechnungswesen und Controlling, insbesondere aber auch Darstellung der tatsächlichen finanziellen Entwicklung der Vergangenheit und der geplanten Entwicklung in der Zukunft) sind auch für den Wirtschaftsprüfer von höchster Relevanz und daher unentbehrliche Basis seiner Untersuchungen.

Vor Beginn der Due Diligence Prüfung erhält der Emittent von den Prüfern/der betreuenden Bank neben einer Informationsanforderungsliste einen umfangreichen Due Diligence Fragebogen. Dieser Fragebogen enthält dabei Fragestellungen aus diversen Themengebieten, insbesondere aber auch aus dem Bereich der Financial Due Diligence.

5.2.2 Durchführung der Due Diligence

In der Praxis wird die externe Due Diligence etwa drei bis vier Monate vor dem geplanten Börsengang abgeschlossen sein. Zwischenergebnisse wird der Auftraggeber allerdings auch schon vorher abfordern. Der Umfang und Ablauf der Due Diligence ist ganz wesentlich von der Vorbereitung des zu untersuchenden Unter-

---

[68] Vgl. WISSMANN (1999), S. 146.

nehmens abhängig. Üblicherweise dauert eine Due Diligence zwei bis sechs Wochen.

Der Due Diligence Prüfer wird die Untersuchung mit intensiven Gesprächen mit der Geschäftsführung des Unternehmens einleiten[69]. Auch im weiteren Verlaufe der Untersuchung wird der Prüfer seine Erkenntnisse und Fragen immer wieder mit der Geschäftsführung erörtern. Aus der Sicht des Wirtschaftsprüfers gewinnen Informationen dann an Gewicht, wenn sie durch mehrere Personen unabhängig voneinander gegeben werden. Nicht nur weil die Geschäftsführung häufig auch personenidentisch mit den Gesellschaftern ist, ist es aber sinnvoll, auch mit anderen Mitarbeitern des Unternehmens zu sprechen. Dies erscheint zunächst nicht ganz unproblematisch, denn der geplante Börsengang der Gesellschaft sollte möglichst nicht zu früh publik gemacht werden. Die Erfahrung zeigt hier aber, dass die Vorbereitungen zu einem Börsengang sich unternehmensintern nicht mehr verbergen lassen und es ab einem gewissen Zeitpunkt daher ohnehin besser ist, die Mitarbeiter zu informieren.

Der Prüfer wird sich zu Beginn der Untersuchung durch eine Betriebsbesichtigung einen Überblick über die Geschäftstätigkeit des Mandanten machen. Bei den Unternehmen der sogenannten New Economy (z. B. Internetunternehmen) hat der Betriebsrundgang allerdings häufig nur einen bescheidenen Informationswert. Zur Gewinnung eines ersten Überblick bietet sich auch ein Review der Arbeitspapiere des Abschlussprüfers sowie eine Durchsicht der vorliegenden Management Letter an.

Möglichen Missverständnissen zwischen den Prüfern und dem Emittenten sollte durch eine regelmäßige und intensive Kommunikation begegnet werden. Von besonderer Bedeutung für den Wirtschaftsprüfer ist auch der Informationsaustausch mit den anderen am Due Diligence Prozess beteiligten Parteien. Einschätzungen zu rechtlichen Risiken aus der Legal Due Diligence (sofern diese durch Dritte durchgeführt wird) oder Feststellungen zur technischen Qualität der Pro-

---

[69] Zu den möglichen Restriktionen bei dem Informationsaustausch vgl. z. B. WISSMANN (1999), S. 145.

dukte und der Organisation der Fertigung aus der Technical Due Diligence müssen vom Prüfer bewertet und mit seinen Ergebnissen abgestimmt werden. Rechtliche Risiken oder auch technische Unzulänglichkeiten und Probleme in der Fertigung können unmittelbare Auswirkungen auf die vom Prüfer zu beurteilenden Planungsrechnungen haben.

5.2.3 Berichterstattung

Durch Zwischenberichte an den Auftraggeber sollte der Wirtschaftsprüfer rechtzeitig mögliche Problembereiche benennen. Die Inhalte dieser Berichte sollten dabei grundsätzlich mit dem Emittenten abgestimmt sein. Unter Umständen ergibt sich für den Auftraggeber des Wirtschaftsprüfers die Möglichkeit, auf bestimmte Problemfelder hinzuweisen und beim Börsenaspiranten mit erhöhtem Nachdruck Erklärungen und Nachweise abzuverlangen.

Am Ende der Due Diligence Prüfung wird der Wirtschaftsprüfer einen schriftlichen Bericht über die Ergebnisse seiner Untersuchungen abgeben. Wie auch bei anderen Berichten üblich, wird der Wirtschaftsprüfer zunächst einen Entwurf zusenden, der dann Basis für eine abschließende Diskussion sein kann. Aufgrund des üblicherweise herrschenden Zeitdrucks wird der endgültige und unterzeichnete Bericht in der Regel innerhalb weniger Tage nachfolgen. Grundsätzlich wird vereinbart, dass das Management des zu untersuchenden Unternehmen keine Kopie des Abschlussberichtes erhält. Dies ist aus der Sicht des Wirtschaftsprüfers unter anderem auch deshalb sinnvoll, weil er sich andernfalls gehindert sehen könnte, z. B. negative Einschätzungen (Qualität des Managements u.s.w.) mit der gebotenen Deutlichkeit abzugeben. Typischerweise sehen die Auftragsbedingungen der Wirtschaftsprüfer dementsprechend auch nur das beauftragende Emissionshaus als Adressaten vor. Eine Weitergabe an Dritte sollte nur mit Zustimmung des Prüfers möglich sein.

5.3 Inhalte und Untersuchungsschwerpunkte der Due Diligence

5.3.1 Markt und Wettbewerbssituation

Zum Verständnis der Unternehmensentwicklung und der möglichen Potenziale für die Zukunft ist eine detaillierte Analyse des Markt- und Wettbewerbsumfeldes des

Unternehmens unerlässlich. Zu untersuchen sind hier sowohl der Absatz- als auch der Beschaffungsmarkt. Da Börsenaspiranten in vielen Fällen in Wachstumsmärkten tätig sind, für die es an ausreichenden Vergangenheitsdaten fehlt, wird sich der Wirtschaftsprüfer in diesen Fällen auf externe Gutachten und Marktanalysen stützen wollen. Leider stellt sich dabei recht häufig heraus, dass spezielle Marktanalysen zum Teil nicht erhältlich sind oder dass die Qualität der Analysen nicht wirklich über jeden Zweifel erhaben ist. Der Prüfer hat sich daher auch ein Urteil über die Qualität der vorliegenden Studien zu bilden. Letztendlich verbleiben gerade bei sehr wachstumsstarken Unternehmen z. B. aus den Bereichen Software, Biotechnologie oder Internet erhebliche Prognoseunsicherheiten. Der Wert dieser Unternehmen ist nicht aus Eigenkapitalgrößen oder irgendwelchen Vielfachen der bereinigten Vergangenheitsergebnisse ableitbar. Technologische Änderungen oder neu auf den Markt tretende Konkurrenten können die Einschätzungen schon in kurzer Zeit wieder zu Makulatur werden lassen. Der externe Prüfer kann hier nur auf Prognoseunsicherheiten und auf wesentliche Abhängigkeiten und erfolgssensible Basisannahmen hinweisen. Diese können z. B. Abhängigkeiten von Lieferanten oder Kunden, die Notwendigkeit von regelmäßigen Produktinnovationen, die Abhängigkeit von gesetzlichen Vorgaben und Reglementierungen usw. sein.

5.3.2 Rechnungswesen und Systeme

Bei börsennotierten Unternehmen werden erhöhte Anforderungen an das Rechnungswesen und die bestehenden Systeme gestellt, insbesondere an die Zuverlässigkeit und Sicherheit der EDV. Aber auch die Anforderungen an das Management Reporting, die internen Kontrollen, das interne Überwachungssystem und die Risikomanagementsysteme erhöhen sich. Im Gesetz zur Kontrolle und Transparenz im Unternehmensbereich (KonTraG) wurden diese Anforderungen konkretisiert und gegenüber früheren Regelungen erhöht.

Bei der Beurteilung des Rechnungswesens muss nicht nur die derzeitige Unternehmensgröße, sondern auch die geplante Entwicklung des Unternehmens berücksichtigt werden. Häufig befassen sich die Börsenaspiranten im Jahr der Erstnotiz erstmalig mit den Fragestellungen der internationalen Rechnungslegung und der

Konzernbilanzierung. Zudem wurde in der Vergangenheit die Fähigkeit zur zeitnahen Abschlusserstellung nicht unter Beweis gestellt. Insbesondere in kleinen, wachstumsstarken Unternehmen erfolgt häufig eine Fokussierung auf das operative Geschäft während den Bereichen Verwaltung und Rechnungswesen keine ausreichende Bedeutung zugemessen wurde[70]. Einen grundsätzlichen Umbruch muss unter anderem auch die Unternehmenskommunikation und -berichterstattung erfahren[71].

Für alle genannten Anforderungen hat das Unternehmen die Ressourcen vorzuhalten oder zumindest darzustellen, wie es den Anforderungen in der Zukunft genügen kann. Der Due Diligence Prüfer hat auf bestehende Mängel mit Hinweis auf die Tragweite der erkannten Probleme hinzuweisen.

5.3.3 Management und Mitarbeiter

Von zentraler Bedeutung für die Entwicklung eines Unternehmens ist die Qualifikation und Motivation des Managements. Typischerweise ist es bei der Mehrheit der Wachstumsunternehmen so, dass die Unternehmensgründer weiterhin entscheidenden Einfluss auf die Geschäftspolitik haben wollen und ihre Position durch hohe Anteilsquoten auch gesichert ist. Nicht immer sind erfolgreiche Entwickler und Erfinder jedoch auch gute Unternehmenslenker für ein dann deutlich gewachsenes Unternehmen. Die Managementleistungen wurden bis zum Börsengang häufig nur auf deutlich kleinerer Basis unter Beweis gestellt. Dementsprechend machen viele institutionelle Anleger ihre Investitionsentscheidungen wesentlich von den persönlichen Eindrücken des Managements abhängig. Der Due Diligence Prüfer wird in der Regel die Lebensläufe des zukünftigen Managements heranziehen. Insbesondere bei wachstumsstarken Unternehmen ist der Erfolg sehr stark von Einzelpersonen (i. d. R. die Gründer) abhängig[72]. Sie verfügen über die

---

[70] So auch TIED (2000), S. 610.

[71] So sind in bestimmten Börsensegmenten Quartalsberichte (mit englischer Übersetzung) verpflichtend. (Abschnitt 7 Abs. 1 der Zulassungsbedingungen für den "Neuen Markt", Stand 1. Juli 2000)

[72] Vgl. zur zentralen Bedeutung des Faktors Management auch HAYN (2000), S. 31 ff.

entsprechenden formellen und informellen Kontakte und das Know-how zur Steuerung des Unternehmens. Gerade auch in Fällen von sehr "schlanken" Strukturen (Dokumentationen, Organisationen) ist eine erfolgreiche Unternehmensentwicklung ohne diese Einzelpersonen nicht darstellbar. In einigen Fällen hat sich ein Börsenaspirant in der Zeit nach dem Börsengang schon deshalb nicht optimal entwickelt, weil das Management mit den Vorbereitungen des Börsengangs beschäftigt war und das operative Geschäft vernachlässigte.

Neben der Qualifikation ist aber auch die Motivation des Managements zu analysieren. Die Motivation des Managements kann kritisch sein, wenn es Hinweise auf eine eher freizeitorientierte Lebensgestaltung nach dem Börsengang gibt. Einschätzungen zu diesen Fragen sind aber kaum objektivierbar, der externe Prüfer ist hier weitgehend auf die Angaben der Beteiligten angewiesen.

Von besondere Bedeutung ist auch das Entwicklungs-Know-how des Unternehmens. Ein erfolgreiches Produkt gewährleistet noch nicht eine erfolgreiche Positionierung in einer sich dynamisch verändernden Umwelt. Der Wettbewerbsvorteil kann nur mit genügend hochqualifizierten Mitarbeitern aufrechterhalten werden. Die Ressourcen an qualifizierten Personal müssen vom Emittenten dargelegt werden.

5.3.4 Analyse der historischen Vermögens-, Finanz- und Ertragssituation

5.3.4.1 Aussagekraft

Eine der Aufgaben des Prüfers ist die Analyse der Abschlüsse der Vergangenheit. Die Ergebnisse der vergangenen Perioden werden dann um außerordentliche und aperiodische Erträge und Aufwendungen bereinigt, da die tatsächliche wirtschaftliche Entwicklung der Gesellschaft aufgezeigt werden soll. In der Praxis scheitert dies bei sehr jungen Unternehmen allerdings häufig daran, dass entsprechende Vergangenheitsdaten kaum vorliegen oder nicht als verlässlich eingestuft werden können. Bei der Bewertung von jungen, dynamischen Unternehmen, die unmittelbar vor dem Börsengang stehen und denen damit neue wirtschaftliche Möglichkeiten eröffnet werden, kann Vergangenheitsdaten keine oder nur eine sehr geringe Aussagekraft beigemessen werden[73]. Die Vergangenheitsdaten können in keinem Fall linear in die Zukunft fortgeschrieben werden. Sie ergeben aber interessante Basisinformationen über die Gesellschaft.

Von besondere Bedeutung ist die Analyse der wirtschaftlichen Strukturen im Vorfeld des Börsengangs. Im Sinne des Kapitalmarktes sind klare und transparente Strukturen. Insbesondere ungewöhnliche Gestaltungen in den Rechtsverhältnissen zwischen den Altgesellschaftern und der Gesellschaft sollten eingehend untersucht und beschrieben werden.

In bestimmten Segmenten (Neuer Markt und SMAX) ist - auch für die Vergangenheit - eine Berichterstattung nach den internationalen Rechnungslegungsgrundsätzen (US-GAAP oder IAS) erforderlich[74]. Diese Vorschriften sollen grundsätzlich einen verbesserten Einblick in die Ertragsentwicklung der Gesellschaft ermöglichen. Sie enthalten nach allgemeiner Auffassung weniger Bilanzierungs- und Bewertungswahlrechte, als dies nach den deutschen Regelungen der Fall ist. In der praktischen Umsetzung werden diese Erwartungen aber nicht immer erfüllt. Der Wirtschaftsprüfer muss für diesen Teil der Due Diligence über eine gute Wissensbasis bezüglich der internationalen Rechnungslegungsstandards verfügen einschließlich der internationalen Konzernrechnungslegung. Aufgrund der hohen Regelungsdichte, insbesondere auch bei den US-GAAP, werden hier an den Börsenkandidaten und seine Berater, aber vor allem auch an den Due Diligence Prüfer, hohe Anforderungen gestellt.

5.3.4.2 Typische Problemfälle der internationalen Bilanzierungsstandards

Die Fragen der internationalen Rechnungslegung sind sowohl für die Darstellung der Vergangenheit, als auch für die Aufstellung der Planungsrechnungen von erheblicher Bedeutung.

---

[73] Gleicher Auffassung SULZBACH/EHREN (1999), S. B 15 f.

Nach den Internationalen Rechnungslegungsmethoden ergeben sich Besonderheiten und Abweichungen gegenüber den Darstellungen nach dem HGB unter anderem bei Leasingverhältnissen, bei der Segmentberichterstattung, den unterschiedlichen Wertbeibehaltungsrechten nach vorheriger Abschreibung und der Bewertung von Pensionsrückstellungen. Im Vorfeld des Börsenganges sind insbesondere auch die Bilanzierungs- und Bewertungsfragen zu Aktienoptionsprogrammen von wesentlicher Bedeutung, deren Bilanzierung nach HGB sehr umstritten ist[75].

Anhand von zwei typischen Problemfeldern sollen die möglichen Konflikte dargestellt werden. Das erste Beispiel betrifft die Aktivierungen von Entwicklungskosten nach IAS (IAS 38) und US GAAP (APB 17/SFAS 2, 86). In den IAS sind Kriterien für eine Aktivierung definiert, deren Erfüllung aber nur eingeschränkt im nachhinein eingeschätzt werden kann. Bedingungen für die Aktivierung nach IAS sind:

1. Technische Realisierbarkeit des Projektes ist gegeben.
2. Der wirtschaftliche Nutzen kann nachgewiesen werden.
3. Die zur Entwicklung notwendigen Ressourcen sind vorhanden.
4. Die Kosten der Entwicklung können zuverlässig geschätzt werden.

In der Praxis führen oben genannte Kriterien häufig dazu, dass Großunternehmen mit ganz erheblichen Entwicklungsaufwendungen auch nach IAS nicht zu einer Aktivierungspflichtigkeit der entsprechenden Aufwendungen kommen. Bei den vielen jungen Gesellschaften des Neuen Marktes stellen die aktivierten Softwareentwicklungskosten dagegen einen wesentlichen Teil der Erträge der Vergangenheit und des aktuellen Vermögens dar, ohne dass die Qualität der Entwicklungen (Software) am Markt nachhaltig unter Beweis gestellt wurde. Kommt man zu dem Ergebnis, dass das Erfolgspotential der Entwicklungsleistungen nicht zuverlässig eingeschätzt werden kann oder dass diese Einschätzung in der Praxis in Abhängigkeit von den Beteiligten stark unterschiedlich ausgeübt wird, erscheint die

---

[74] Vgl. z. B. Abschnitt 4.1.9 Abs. 3 der Zulassungsbedingungen für den "Neuen Markt", Stand 1. Juli 2000.

[75] Vgl. dazu z. B. HAARMANN (2000), S.113-132 und WOLMERT/MANTZELL (2000), S. 133-151 jeweils mit weiteren Nachweisen.

Zulässigkeit der Aktivierung von Entwicklungsleistungen eher als Objekt der Bilanzpolitik. Der Einblick in das wirtschaftliche Potenzial wird dadurch nicht verbessert. Die mangelnde Meßbarkeit der immateriellen Werte führt gerade bei den High Tech Unternehmen (z. B. Software und Biotechnologie) andererseits dazu, dass eine an den materiellen Werten des Unternehmens orientierte Bilanz und Gewinn- und Verlustrechnung wesentliche Vermögens- und Erfolgskomponenten nicht berücksichtigt.

Eine Nachaktivierung von Entwicklungsleistungen der Vorjahre ist zwar ausgeschlossen, in der Praxis stellen die Emittenten die IAS Bilanz aber für mehrere Jahre im Nachhinein auf. Aus der Sicht des Emittenten ergibt sich dann das Problem, dass er die Aktivierungskriterien für die Vergangenheit kaum nachweisen kann, weil es an einer entsprechenden Dokumentation mangelt. Zu beachten ist dabei auch, dass die Aktivierung zu gegenläufigen Effekten in der Zukunft führt. Die in der Vergangenheit aktivierten Entwicklungsleistungen müssen innerhalb der Nutzungsdauer der Entwicklungsleistung abgeschrieben werden. Der ergebnisbelastende Effekt tritt damit im Planzeitraum und damit in dem Zeitraum auf, dessen Ergebnisse für die Börsenbewertung des Unternehmens entscheidend sind.

Ein anderes typisches Problem kann durch die Behandlung der aktiven latenten Steuern entstehen. Im deutschen Bilanzrecht besteht für latente Steuern im Einzelabschluss ein Aktivierungswahlrecht. Nach den internationalen Grundsätzen (IAS 12/SFAS 109) sind auch aktive zeitliche Differenzen abzugrenzen. Auch für Verlustvorträge sind somit nach den internationalen Regelungen grundsätzlich aktive latente Steuern zu erfassen. Allerdings ist auch nach den internationalen Konzepten ein Sicherheitsabschlag auf die aktiven latenten Steuern vorzunehmen, wenn mehr Gründe gegen als für eine Realisierung sprechen (SFAS 109.80ff. / IAS 12.34-36).

5.3.4.3 Die sogenannten Als-Ob Abschlüsse

Nach dem Regelwerk des Neuen Marktes sind die Bilanzen und Gewinn- und Verlustrechnungen des Emittenten für die letzten drei Jahre in der Form einer vergleichenden Darstellung zu präsentieren[76]. Zudem müssen der Anhang und der Lagebericht für das letzte Geschäftsjahr im Emissionsprospekt enthalten sein. Hieraus ergibt sich in vielen Fällen die Notwendigkeit der Aufstellung von sogenannten Als-Ob Abschlüssen. Diese Abschlüsse sollen eine vergleichbare Entwicklung des Unternehmens darstellen, wie es zum Zeitpunkt der Prospekterstellung besteht. Unter Umständen müssen z. B. wenige Wochen vor dem Börsengang erworbene Tochterunternehmen fiktiv in den Konzernabschluss der Vorjahre einbezogen werden. Andererseits sind vor dem Börsengang verkaufte oder eingestellte Geschäftsbereiche auch schon für die Vorjahre zu eliminieren, um eine vergleichbare Unternehmensentwicklung des Emittenten zeigen zu können. In jedem Fall werden die "Als- Ob Abschlüsse" dazu rückwirkend erstellt. Die Trennung von Aufwendungen und Erträgen sowie der entsprechenden Bilanzposten nach Geschäftsbereichen kann im Nachhinein zu großen Problemen führen. Häufig ist das erforderliche Datenmaterial, z. B. aufgrund einer mangelhaften Kostenrechnung, im nachhinein nicht generierbar.

In einigen Fällen kann der Emittent eine solche Rechnung schon deshalb nicht vorlegen, weil das Unternehmen in der Form erst seit kurzem existiert. Diese Problematik ergibt sich insbesondere bei den Wachstumswerten am Neuen Markt recht häufig.

5.3.5 Analyse der Planungsrechnungen

Die Planungsrechnungen sind von ganz besonderem Interesse für das Emissionshaus und für den Emittenten und als der wichtigste Untersuchungsgegenstand der Due Diligence anzusehen[77]. Sie sind wesentliche Grundlage der Unternehmenswertermittlung durch die Research-Abteilungen der Banken und bilden damit auch die Basis für die Festlegung des Emissionspreises der Aktien. Die Planungsrechnungen müssen mit den Analysen und Einschätzungen aus der Commercial Due Diligence übereinstimmen. Der Planungshorizont sollte fünf Jahre betragen. Bei

---

[76] Vgl. Abschnitt 4.1.8 Abs. 1 der Zulassungsbedingungen für den "Neuen Markt", Stand 1. Juli 2000.

[77] So auch ZACHARIAS (2000), S. 252.

den vorgelegten Planungen sollte es sich um ein integriertes Planungsmodell handeln, bei dem die Einzelpläne (Planung der Gewinn- und Verlustrechnung, Bilanz, Cashflow-Rechnung) miteinander verknüpft sind. Den Planungen sollten dabei detaillierte Teilpläne (Personalplanung, Investitionsplan, Werbeplanung, Dividendenplanung...) zu Grunde liegen. Für Planungszwecke sind Planungstools käuflich zu erwerben, in einer Vielzahl der Fälle planen die Unternehmen aber auf der Basis von Tabellenkalkulationsprogrammen. Wichtig ist hierbei, dass sich die Variablen einfach ändern lassen, um eine Szenariorechnung durchführen zu können. Mit Hilfe dieser Rechnungen können die Chancen und Risiken bei Abweichungen von den ursprünglichen Annahmen simuliert werden und das Risiko- und Chancenpotential bei Planabweichungen lässt sich leichter rechnen[78]. Das Modell sollte auf den Ist-Zahlen der Vergangenheit basieren und es z. B. auch ermöglichen, dass Planzahlen durch Ist-Zahlen überschrieben werden können. Die Plausibilitätsbeurteilung wird idealerweise schon durch systemimmanente Rechnungen erleichtert. Zum Beispiel können relative Aufwands-, Ertrags-, und Bilanzrelationen in gesonderten Spalten anzeigt werden, um die Entwicklungen im Zeitablauf darzustellen. Zudem sollte das Modell bestimmte Kennzahlen und Relationen automatisch rechnen, um größere Unplausibilitäten sofort erkennen zu können. Änderungen am Planungsmodell sollten mit Datumsangabe dokumentiert werden. Insbesondere sollte aber auch der Grund der veränderten Planannahmen nachvollziehbar sein. Häufige und/oder mangelhaft begründete Änderungen werden recht bald die Aufmerksamkeit des externen Prüfers auf sich ziehen.

Die Grundannahmen der Planung sollten klar ersichtlich und dokumentiert sein. Dazu gehören zunächst volkswirtschaftliche Rahmendaten (Inflationsrate, Zinsniveau), aber auch die speziellen Annahmen des Unternehmens.

Der Prüfer wird sich zunächst mit der Frage befassen, wer die vorgelegten Pläne erstellt hat, wie bei der Planung vorgegangen wurde (z. B. bottum-up oder top-down-approach) und ob die Planersteller vielleicht eine optimistische Grundeinstellung haben bzw. aufgrund eigener Vorteile aus dem Börsengang zu einer überoptimistischen Darstellung neigen. Wenn die Planung und deren Annahmen auch

---

[78] Vgl. dazu auch FREY(1999), S. 140.

mit den übrigen Mitarbeitern des Unternehmens abgestimmt ist (z. B. darin gegebene Umsatzziele auch von den Vertriebsmitarbeitern als Zielvorgabe anerkannt sind - auch mit entsprechenden Konsequenzen für Provisionszahlungen bei Nichterfüllung der Planungen) gewinnt sie automatisch schon an Glaubwürdigkeit[79]. Ein weiteres Beurteilungskriterium ist der Detaillierungsgrad der Planungen. Eine detaillierte Planung mit Szenarienbetrachtungen deutet auf eine intensive Auseinandersetzung mit der Thematik hin und hinterlässt einen positiven Eindruck.

Der Plausibilitätsprüfer sollte insbesondere darauf achten, dass die Planungen mit den Annahmen und Prognosen von externen Marktstudien und Analysten übereinstimmen. Häufig wird er sich dabei auf Studien von externen Marktforschungsinstituten, teilweise aber auch auf öffentlich verfügbare Planungen von Konkurrenzunternehmen stützen können. Größere Wirtschaftsprüfungsgesellschaften verfügen zur speziellen Marktanalyse über eigene Experten, zusätzlich muss gegebenenfalls externes Know-how angefordert werden. Eine intensive Auseinandersetzung mit den Produkten und den Märkten des Unternehmens ist Kernbestandteil der Unternehmensanalyse durch einen qualifizierten Prüfer.

In vielen Fällen haben die Emittenten in den Vorjahren keine vergleichbaren Planungsrechnungen durchgeführt. Eine erste Plausibilitätsprüfung durch die Analyse von Soll-Ist-Abweichungen der Vergangenheit scheidet daher als Indikator aus.

Auf eine Reihe von kritischen Punkten ist ganz besonders zu achten. Häufig unterschätzt das Management von stark wachsenden Unternehmen den Einfluss des Wachstums auf die Mittelbindung im Umlaufvermögen[80]. Mit einer Zunahme der Produktvielfalt und einem Wachstum in verschiedenen Märkten wachsen die Forderungen und Vorräte oft deutlich überproportional. Dies gilt umso mehr, als bei den Wachstumsunternehmen das Rechnungswesen und Controlling schnell an seine Grenzen stößt. Zum Management des Wachstums sind zusätzliche (personelle) Ressourcen vorzusehen. In vielen Planungen wird allerdings davon ausgegangen, dass sich lediglich in den Bereichen Verkauf und Entwicklung ein starker

---

[79] Grundsätzlich dazu auch BREBECK/BREDY (1999), S. 226.
[80] Gleicher Auffassung FREY (1999), S. 140.

Personalbedarf ergibt, weniger aber im Bereich der Organisation. Bei der Planung der Personalkosten ist zu berücksichtigen, dass die notwendige schnelle Rekrutierung von viel hochqualifiziertem Personal nur bei entsprechend hoher Bezahlung möglich ist und die Durchschnittsvergütung der Vergangenheit hier kaum mehr als ein Anhaltspunkt sein kann. Speziell im Hochtechnologiebereich ist kritisch zu prüfen, ob im geplanten Umfang überhaupt Arbeitskräfte am Markt verfügbar sind. Allein der Prozess der Personalakquisition und die damit zusammenhängenden Aufwendungen werden häufig unterschätzt. Gleiches gilt für die Aufwendungen, die mit der Rechtsform der Aktiengesellschaft und der Börsennotierung in Verbindung stehen (Kosten für Geschäfts- und Quartalsberichte, Investor Relations, Kosten der Hauptversammlung...). Häufig ergibt sich eine erhebliche Mehrbelastung durch ein erhöhtes Anspruchsdenken der Mitarbeiter nach dem Börsengang und man tendiert dazu, in seinem Geschäftsbereich sowohl in Hinblick auf eigene finanzielle Forderungen, aber auch in Hinblick auf Abteilungsgrößen Nachholbedarf zu sehen. Der externe Prüfer kann diese Entwicklungen sicherlich nicht im Detail vorhersehen, er sollte allerdings darauf achten, dass die Planungen den zunehmenden administrativen Aufwand bei stark wachsenden Unternehmen berücksichtigen.

Bei Planungen auf Konzernebene steigt der Schwierigkeitsgrad weiter. Zunächst erhöht sich die Anzahl der vorzubereitenden Teilpläne, dann müssen diese auch noch in eine Summen- und schließlich in eine Konzernplanung überführt werden. Dabei sind auch die Konsolidierungsbuchungen der Zukunft vorauszusehen (Abschreibungen auf den Goodwill, konzerninterne Lieferungen). Bei einer häufig sehr erheblichen Datenmenge steigert sich die Gefahr von Fehlern im Modell. Die Anzahl der Verprobungen und notwendigen Annahmen erhöht sich (Ausgleich der konzerninternen Forderungen und Verbindlichkeiten, Summe der unrealisierten Zwischengewinne in den Vorratsbeständen...).

Bei den Planungen ist allerdings das Stichtagsprinzip zu beachten. Es dürfen grundsätzlich nur die Unternehmen in die Planungen einbezogen werden, die zum Zeitpunkt der Planung bereits Tochtergesellschaft sind.

Von besondere Bedeutung ist eine Analyse der Sensitivitäten und Risikofaktoren. Zu den üblichen Risiken bei stark wachsenden Unternehmen zählen zum Beispiel die Abhängigkeit des Unternehmenserfolges von wenigen Einzelpersonen, die Gefahr der technischen Überalterung oder aber auch besondere Schwierigkeiten bei der Generierung von zusätzlichen Absatzpotenzialen (Auslandsmärkte, Key Account Geschäfte etc.). Andere Risiken ergeben sich häufig aus rechtlichen und steuerlichen Fragestellungen (Risiken aus Betriebsprüfungen, Entzug von Genehmigungen, Lizenzen und Zulassungen, Rechtsstreitigkeiten mit Kunden und Lieferanten) oder auch aus potenziellen Umweltrisiken. Kritisch ist auch die Abhängigkeit von einzelnen Kunden oder Lieferanten zu sehen.

5.3.6 Grenzen der Due Diligence Prüfung

Gerade auch bei den zahlreichen Due Diligence Prüfungen bei Emissionskandidaten für den Neuen Markt erweisen sich die Beurteilung des Business Plans und die Einschätzung der Planungsrechnungen als äußerst schwierig. Dies hat mehrere Gründe: Die Unternehmensstrategie und das Geschäftsfeld sind häufig neu, es fehlt an zuverlässigen Marktdaten, ein Urteil über die Zukunftsaussichten und über die Fähigkeiten zum Wachstumsmanagement ist kaum möglich. Eine Abschätzung der zukünftigen Vermögens-, Finanz- und Erfolgszahlen aufgrund einer Trendextrapolation von Vergangenheitsdaten, welche bei etablierten Unternehmen noch Anhaltspunkte für die Unternehmensbewertung bieten, scheidet bei den Wachstumsunternehmen praktisch selbst dann aus, wenn sie über eine Unternehmenshistorie verfügen[81]. Von besonderer Bedeutung ist daher die Frage nach der Qualität des Managements.

Übertriebener Optimismus hinsichtlich der Planung kann den Wirtschaftsprüfer ebenso in Erklärungsnöte bringen wie ein übertriebener Pessimismus[82]. Ein Vorsichtsprinzip gilt hier, wie auch bei der Unternehmensbewertung, nicht. Die Einschätzungen des Emittenten sollten aber im Rahmen des vom Prüfer für möglich

---

[81] Vgl. TIED (2000), S. 609.

[82] In der Praxis hat es durchaus zahlreiche Fälle gegeben, in denen sich die Einschätzungen des Wirtschaftsprüfers als zu kritisch herausstellten (mit den entsprechenden Auswirkungen auf den Emissionserlös und den Mittelzufluß beim Emittenten).

gehaltenen Schätzintervalls liegen. Die Schwierigkeit der Einschätzung nimmt dabei mit zunehmenden Planungszeitraum zu.

Die eigentliche Festlegung des Emissionspreises der Anteile erfolgt durch die beauftragen Emissionsinstitute[83]. Allerdings werden die aus der Due Diligence resultierenden Chancen- und Risikoanalysen und die Ergebnisse der Analysen der Planungsrechnungen sich entscheidend auf die Unternehmensbewertung auswirken.

---

[83] Zu den modernen Methoden der Bewertung von Wachstumsunternehmen siehe z. B. SCHÄFER/SCHÄSSBURGER (2000), S. 586 ff.

Literaturverzeichnis

BERENS, Wolfgang / BRAUNER, Hans U. (1999): Due Diligence bei Unternehmensakquisitionen, 2. überarbeitete und erweiterte Auflage, Stuttgart 1999

BERENS, Wolfgang / STRAUCH, Joachim (1999): Herkunft und Inhalt des Begriffs Due Diligence, in: Berens/Brauner (Hrsg.): Due Diligence bei Unternehmensakquisitionen, 2. überarbeitete und erweiterte Auflage, Stuttgart 1999, S. 3-19

BRAUNER, Hans U. / FRITZSCHE, Michael (1999): Due Diligence aus rechtlicher Sicht, in: Berens/Brauner (Hrsg.): Due Diligence bei Unternehmensakquisitionen, 2. überarbeitete und erweiterte Auflage, Stuttgart 1999, S. 269-288

BREBECK, Franz / BREDY Jörg (1999): Due Diligence aus bilanzieller und steuerlicher Sicht, in: Berens/Brauner (Hrsg.): Due Diligence bei Unternehmensakquisitionen, 2. Überarbeitete und erweiterte Auflage, Stuttgart 1999, S. 221-249

BUSS, Fanz-Josef / WITTE, Judith (1999): Due Diligence beim Börsengang, in: Berens/Brauner (Hrsg.): Due Diligence bei Unternehmensakquisitionen, 2. überarbeitete und erweiterte Auflage, Stuttgart 1999, S. 347-358

FREY, Lutz G (1999): Der Business Plan, in: Going Public, Sonderausgabe Praxis, S. 138-141

HAARMANN, Wilhelm (2000): Bilanzierungsfragen bei der Vergütung durch Stock Options in Deutschland, in: Achleitner/Wollmert (Hrsg.), Stock Options: Finanzwirtschaft, Gesellschaftsrecht, Bilanzierung, Steuerrecht, Unternehmensbewertung, Stuttgart, S. 113-132

HAYN, Marc (2000): Bewertung junger Unternehmen, 2. stark überarbeitete Auflage, Herne/Berlin 2000

KOCH, Wolfgang / WEGMANN, Jürgen (1999): "Gut geprüft ist halb gewonnen", in: Going Public, Sonderausgabe Praxis, S. 25-27

MARTEN, Kai-Uwe / KÖHLER, Annette G. (1999): Due Diligence in Deutschland - Eine empirische Untersuchung, in: Finanz Betrieb, S. 337-348

OSTROWSKI, Markus / SOMMERHÄUSER, Hendrik (2000): Wirtschaftsprüfer und Going Public - Eine explorative Studie über die Dienstleistungen von Wirtschaftsprüfern bei Börseneinführungen, in: Die Wirtschaftsprüfung, S. 961-970

SCHÄFER, Henry / SCHÄSSBURGER, Bernd (2000): Realoptionsansatz in der Bewertung forschungsintensiver Unternehmen – Anwendung am Beispiel eines Biotech-Start-up, in: Finanz Betrieb, S. 586-592

SULZBACH, Klaus / EHRSEN, Thomas (1999): Wirtschaftsprüfung und Going Public, in: Going Public, Sonderbeilage der Börsen-Zeitung vom 10. März 1999, S. B15-B16

TIED, Stefan (2000): Financial Due Diligence in der Technologie-Branche, in: Finanz Betrieb, S. 608-614

WISSMANN, Markus (1999): Due Diligence durch den Wirtschaftsprüfer beim Unternehmenskauf, in: Wirtschaftsprüferkammer – Mitteilungen, S. 143-153

WOLLMERT, Peter / MANTZELL, Judith (2000): Bilanzierung von Stock Options nach internationalen Grundsätzen (US-GAAP und IAS), in: Achleitner/ Wollmert (Hrsg.), Stock Options: Finanzwirtschaft, Gesellschaftsrecht, Bilanzierung, Steuerrecht, Unternehmensbewertung, Stuttgart 2000, S. 133-151

ZACHARIAS, Erwin (2000); Börseneinführung mittelständischer Unternehmen-Rechtliche und wirtschaftliche Grundlagen sowie strategische Konzepte bei der Vorbereitung und bei der Durchführung des Going Public, 2. überarbeitete und wesentlich erweiterte Auflage, Bielefeld 2000

6 Technische Due Diligence – Vorbereitung des Börsengangs bei Technologieunternehmen

6.1 Rahmenbedingungen für Technologieunternehmen in Deutschland

6.1.1 Technologieunternehmen und Neuer Markt

Mit Einführung des Neuen Marktes im Frühjahr 1997 wurde für junge erfolgreiche Technologieunternehmen eine Plattform für einen Börsengang geschaffen, die infolge der vermeldeten Erfolgsstories maßgeblich zu einer Aufbruchstimmung in Technologiefeldern wie der Informations- und Kommunikationstechnik, Biotechnologie oder Life Science beitrug. Wurden in 1997 zunächst nur 15 Unternehmen am Neuen Markt gelistet, so waren es ein Jahr später immerhin schon 57 und Ende 2000 bereits über 320. Mit dem rapiden Anstieg von erfolgversprechenden Neuemissionen in Zukunftsmärkten und den entsprechenden Kursentwicklungen hat sich der Neue Markt, trotz der zum Teil erheblichen Kursschwankungen, zum führenden Marktplatz Europas für Chancenkapital entwickelt und ist zunehmend ins Rampenlicht von ökonomischen und politischen Diskussionen gerückt. Prognosen zufolge wird sich die Zahl der Börsengänge am Neuen Markt bis zum Jahr 2002 gegenüber dem heutigen Stand verdoppelt haben. Von politischer Bedeutung sind insbesondere die Beschäftigungsszenarien, die bis zum Jahr 2010 die Schaffung von 750.000 neuen Arbeitsplätzen in der "New Economy" vorhersagen und damit die beschriebene Wachstumsdynamik unterstreichen.

Abb. 8: Entwicklung gelisteter Unternehmen am Neuen Markt

Zeitpunkt	Anzahl
Mrz 97	2
Jan 98	13
Aug 98	39
Jan 99	59
Aug 99	145
Jan 00	197
Aug 00	305
Nov 00	332
Jan 02	650

* Schätzung: Studie Roland Berger 2000

Die Aussicht auf einen erfolgreichen Börsengang hat in Deutschland zu einem stetigen Anstieg von Neugründungen in unterschiedlichen Technologiebereichen geführt. Von den ca. 500 neu gegründeten Technologieunternehmen pro Jahr überstehen allerdings nur ca. 60% die ersten drei Jahre, lediglich 50% die ersten fünf Jahre nach Gründung. Neben dem innovativen Leistungsspektrum und einem überzeugenden Management kommt dabei vor allem der ausreichenden Kapitalausstattung eine wesentliche Bedeutung zu, um die unterschiedlichen Wachstumsphasen erfolgreich zu meistern.

6.1.2 Kapitalbedarf und Kapitalangebot

Für Technologieunternehmen gestaltet sich die Kapitalbeschaffung vornehmlich in den Phasen vor und während der Gründung (Seed- und Start-up-Phase), in den Wachstumsphasen und vor dem Börsengang schwierig. Dabei können Art, Höhe und Zeitpunkt des Kapitalbedarfs unternehmensspezifisch von der jeweiligen Wachstumsdynamik und den entsprechenden Branchenerfordernissen abgeleitet werden.

In der ersten Finanzierungsrunde werden durchschnittlich zwei bis fünf Millionen DM in das junge Technologieunternehmen investiert, ehe zu einem späteren Zeitpunkt Venture Capital Fonds einen Kapitalbedarf von durchschnittlich fünf bis fünfzehn Millionen DM bereitstellen. In einer dritten Runde wird idealtypisch der Börsengang vorbereitet, wobei der Finanzierungsumfang maßgeblich von der Unternehmensstrategie und den vorhandenen Wachstumsaussichten beeinflusst wird. Unternehmen, die Venture Capital in Anspruch nehmen, wachsen gemessen am Umsatz doppelt bis dreifach so schnell wie ihre Konkurrenten, die ihr Wachstum ausschließlich über Bankdarlehen oder öffentliche Förderungen finanzieren.

Zwischen der Firmengründung und dem Börsengang vergeht in der Regel ein Minimum von drei Jahren. Allerdings gibt es auch hier beachtliche Unterschiede zwischen den Branchen. Zwar werden generell immer jüngere Unternehmen in immer kürzer werdenden zeitlichen Abständen an den Aktienmarkt herangeführt, doch die Unterschiede zwischen den Branchen sind beträchtlich. So erreichen beispielsweise Internetfirmen die Börsenreife in einem Bruchteil der Zeit von Biotechnologiefirmen.

Mit dem neuen Gründergeist und den anhaltend hohen Nettorenditen (zwischen 30 bis 50%) erfolgreicher Fonds wuchs seit Mitte der 90 Jahre auch der Markt der Venture-Capital-Gesellschaften. Während noch vor einigen Jahren junge Technologieunternehmen große Mühe bei der Suche nach ergiebigen Finanzierungsquellen hatten, hat sich das Verhältnis mittlerweile umgekehrt. Anders als vor wenigen Jahren legen Investoren vor dem Hintergrund hoher Gewinnerwartungen ihre Risikoscheu sukzessive ab und es werden immer höhere Finanzressourcen für Technologieinvestments zur Verfügung gestellt. Ein weiterer Grund für diese Entwicklung ist auch die Tatsache, dass der deutsche Markt nun allgemein als reifer eingestuft wird, denn um die Gründer herum hat sich ein Umfeld spezialisierter Berufe von Unternehmensberatern und Patentanwälten angesiedelt.

Kapital ist mittlerweile im Überfluss vorhanden. Von den rund 13 Milliarden €, die auf erfolgversprechende Investments warten, werden in 2000 allenfalls 8 Milliarden € investiert. Wagniskapital kommt dabei nicht nur von den rund 200 ordentlichen und assoziierten Mitgliedern des Bundesverbands Deutscher Kapitalbeteiligungsgesellschaften (BVK), sondern auch von Venture-Capital-Gesellschaften aus Übersee, über Corporate Venture Capital großer Konzerne oder aus Finanzhilfen von Business-Angels. Die wachsende Kapitaldecke erhöht zugleich den Anlagedruck der Fondsmanager und es liegt die Vermutung nahe, dass zukünftig auch nicht so lukrative Investments eingegangen werden und die Gewinnmargen deutlich sinken. Statistiken von Venture-Capital-Gesellschaften verweisen bislang jedoch noch darauf, dass bei ca. 100 Anfragen lediglich in weniger als 5 dieser Unternehmen investiert wird und somit noch eine hinreichende Selektion stattfindet. Bislang gilt die Faustregel, dass von 10 Investments lediglich zwei Spitzenrenditen erzielen müssen, um die Verluste der Flops und der Unternehmen, die kein beschleunigtes Ertragswachstum aufweisen, kompensieren zu können.

6.2 Due Diligence von Technologieunternehmen

6.2.1 Technische Due Diligence und Neuer Markt

So wie die Euphorie am Neuen Markt die Kurse vor allem in den Anfangsmonaten geradezu explodieren ließ, so ernüchternd waren die ersten Negativ-Meldungen über Produktfehlschläge, Analystenrückstufungen und die ersten Firmeninsolvenzen der noch jungen Wachstumsbörse. Damit verbunden sind Forderungen von Schutzvereinigungen und Aktionären an Banken, die Neuemissionen besser und nachhaltiger zu prüfen. Vor allem die systematische Suche nach Risiken im Rahmen der Due Diligence, einer Prüfung "mit der gebührenden Sorgfalt" vor dem Börsengang gerät somit wieder verstärkt in den Blickpunkt. Übliche Due-Diligence-Prüfungen erstrecken sich über finanzielle, steuerliche oder marktbedingte Risiken und Chancen (Financial, Tax oder Market Due Diligence). Unter Berücksichtigung der Besonderheiten von Technologieunternehmen macht es Sinn, Notwendigkeiten einer technischen Due Diligence näher zu erläutern.

6.2.2 Bedeutung der technischen Due Diligence

Bei einer technischen Due Diligence werden durch einen neutralen Gutachter alle entscheidungsrelevanten technischen Einflussfaktoren ermittelt sowie Informationen systematisch beschafft und aufbereitet mit dem Ziel, ein Stärken- und Schwächen-Profil des Unternehmens abzubilden, das eine zukunftsgerichtete fundierte Chancen-/Risikobewertung zulässt. Damit kann beim Börsengang, unter Berücksichtigung aller Faktoren, der Emissionskurs bestätigt werden und eine Minimierung des Haftungsrisikos von Vorstand und Aufsichtsrat erfolgen (auch unter Berücksichtigung des KonTraG - Gesetz zur Kontrolle und Transparenz im Unternehmensbereich). Die Ergebnisse der Due Diligence können ferner im Emissionsprospekt veröffentlicht werden und die Investor Relations Aktivitäten des Unternehmens unterstützen.

Die Gesellschaft hat durch die Ergebnisse der Prüfung durch einen unabhängigen, kompetenten Dritten die Möglichkeit, strategische, betriebswirtschaftliche oder technologische Defizite noch vor dem Börsengang zu bereinigen. Dieses betrifft insbesondere die Einschätzung der Plausibilität von Planungsunterlagen, die vor einer möglichen Veröffentlichung korrigiert werden können. Über die Verbindung mit einem externen Gutachter fließen auch Informationen in das Unternehmen zurück und ein Prozess des Matchens findet statt. Die Geschäftsführer bzw. der zukünftige Vorstand haben die Möglichkeit, in intensiven Gesprächen mit einem Analysten, in der Regel einem Brancheninsider, Produkte, Arbeitsprozesse oder Internationalisierungsstrategien zu erörtern. Durch den "Blick über den eigenen Tellerrand" können neue Anregungen gegeben bzw. Einschätzungen bestätigt werden.

6.2.3 Besonderheiten der technischen Due Diligence

In der Regel werden Emissionsbanken externe Gutachter bestimmen, die das betriebliche Umfeld, die rechtliche oder steuerliche Entwicklung in Verbindung mit der Plausibilität der Planungsunterlagen und die Zukunftsaussichten des Börsenaspiranten analysieren. Bei dem breiten Spektrum an möglichen Einzelanalysen ist es sinnvoll, ein ganzes Team von Spezialisten zu nutzen. Während für die üblichen Schwerpunkte einer Due Diligence Steuerberater, Wirtschaftsprüfer oder Unternehmensberater eingesetzt werden, erfordert eine technische Due Diligence eine hohe Fachkompetenz im zu beurteilenden Technologiebereich.

Da bei den noch recht jungen Unternehmen nicht mit den üblichen Methoden Vergangenheitszahlen extrapoliert werden können, ist ein besonderes Verständnis des Zielunternehmens und der Branche nötig. Das bedeutet auch, dass die überdurchschnittlich hohen Wachstumserwartungen plausibel in den Rahmen des Gesamtkonzeptes gestellt und interpretiert werden müssen.

Zwar sind junge Technologieunternehmen einerseits durch hohe Entwicklungspotentiale gekennzeichnet, andererseits tritt im Vergleich zu anderen Unternehmen auch der Risikoaspekt stärker in den Vordergrund. Dieser ist allerdings nicht immer leicht zu identifizieren und in jedem Fall abhängig vom Zeitpunkt der Prüfung. Vor allem bei der technischen Due Diligence wird deutlich, dass jegliche Due-Diligence-Prüfung nur eine Statusaufnahme zu einem bestimmten Zeitpunkt darstellt. Gerade die teilweise rasanten technologischen Veränderungen fordern ein hohes Maß an Beweglichkeit und Anpassungsfähigkeit der Unternehmen. Bei einer Fehlorientierung kann innerhalb kürzester Zeit der Bestand des Unternehmens gefährdet sein, obwohl zum Zeitpunkt der Durchführung der technischen Due Diligence ein bestimmtes Kriterium nicht als Risikofaktor aufgetreten ist und auch nicht Gegenstand einer tiefergehenden Betrachtung war. Dieses sollte als Tatsache nicht die Durchführung von Due Diligences bei Technologieunternehmen gänzlich in Frage stellen. Vielmehr ist vor dem Hintergrund einer gezielten Risikoüberwachung, und somit auch unabhängig von einem Börsengang, die Durchführung der technischen Due Diligence in regelmäßigen Abständen als Präventivmaßnahme als ratsam anzusehen. Abb. 9 stellt den Zusammenhang von Wachstumspotential und Risiko für verschiedene Technologiebereiche und Unternehmensphasen dar.

Abb. 9: Wachstumspotential und Risiko

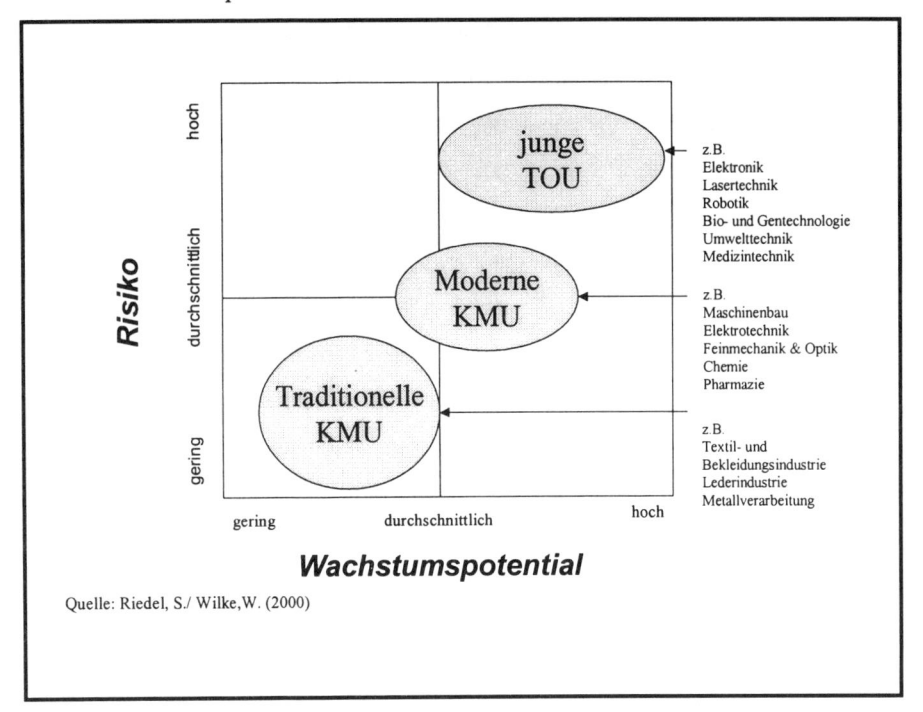

[Figur: Matrix mit Achsen "Risiko" (gering/durchschnittlich/hoch) und "Wachstumspotential" (gering/durchschnittlich/hoch). Positionen: "junge TOU" (hoch/hoch) → z.B. Elektronik, Lasertechnik, Robotik, Bio- und Gentechnologie, Umwelttechnik, Medizintechnik; "Moderne KMU" (durchschnittlich/durchschnittlich) → z.B. Maschinenbau, Elektrotechnik, Feinmechanik & Optik, Chemie, Pharmazie; "Traditionelle KMU" (gering/gering-durchschnittlich) → z.B. Textil- und Bekleidungsindustrie, Lederindustrie, Metallverarbeitung.]

Quelle: Riedel, S./ Wilke, W. (2000)

6.3 Inhalte der technischen Due Diligence

6.3.1 Allgemein

Die Inhalte einer technischen Due Diligence können nicht unabhängig vom jeweiligen Unternehmen bestimmt werden. Zu groß sind die Unterschiede zwischen verschiedenen Technologiebereichen und damit beispielsweise die Fragen, die einem IT-Unternehmen im Vergleich zu einem Unternehmen der Bio- oder Gentechnologie zu stellen sind. Zwar können Checklisten hier einen groben Rahmenplan der Prüfung geben, aber durch das Abfragen eines sehr umfangreichen Katalogs wird letztlich eine Scheingenauigkeit suggeriert, die in dieser Form nicht zutrifft. Hauptaufgabe ist es vielmehr, durch gezielte Informationssammlung und Analyse von Unternehmensdaten und relevanten Umfeldbereichen genau die Kernpositionen herauszuarbeiten, die ein erhöhtes Risikopotential aufweisen. Dies können u. U. nur einige wenige sein, die es intensiv zu beurteilen gilt.

Die technische Due Diligence muss sich in ihrer Durchführung einerseits auf die Analyse der Dimension "Technologie" per se beziehen. So muss z. B. bei Prüfung eines Software-Systems besonderes Augenmerk auf Faktoren wie Qualität der Systemarchitektur und Programmierung, Replikation, Konfiguration, Möglichkeit der Anbindung an andere Systeme oder den Nachahmungsschutz gelegt werden. Andererseits geht die technische Due Diligence in ihrem Betrachtungshorizont und dem ganzheitlichen technologieorientierten Ansatz darüber hinaus. In der Regel werden in der Beurteilung zusätzlich die Dimensionen "Markt" und "Management" explizit diskutiert, da der Erfolg bzw. Misserfolg einer Technologie in besonders starkem Maße auch durch diese Faktoren bestimmt wird. Zudem finden sich Technologieaspekte auch in den Bereichen Markt und Management wieder. Abb. 10 vergleicht die Bewertungsverfahren, die für die Beurteilung eines Technologieengagements in Frage kommen.

Abb. 10: Vergleich der Bewertungsverfahren

	Etablierung in Deutschland	Abbildung der Dimension Technologie	Informationskomprimierung im Ergebnis	Relation Kosten zum Aufwand der Erstellung	Standardisierungsgrad	Ganzheitliche Unternehmensbetrachtung	Breite des Nutzerkreises	Verbreitung / Zugang
Technologiegutachten	+	++	-	--	-	-	o	-
Credit-Rating	++	--	++	++	++	-	--	--
Technology-Rating	-	++	++	+	++	+	++	++
Technische Due Diligence *)	++	++	-	-	o	+	o	+

*) im Rahmen eines Going Public
Bewertungsskala : ++ / + / o / - / --
In Anlehnung an Riedel, Wilke (2000)

6.3.2 Dimension Technologie

Die Analyse der Dimension "Technologie" im Rahmen der Due-Diligence-Prüfung setzt umfassende Fachkenntnisse des zu beurteilenden Technologiebereichs voraus. Die Due-Diligence-Prüfung, die im Vorfeld bereits per Review-Letter vom Analysten vorzubereiten ist, muss den Besonderheiten des Unternehmensgegenstandes Rechnung tragen. Da Fragestellungen, die beispielsweise bei einem reinen IT-Unternehmen maßgeblich sind, bei einem produzierendem Unternehmen der Medizintechnik unter Umständen vernachlässigt werden können, haben die folgenden Ausführungen eher exemplarischen Charakter.

Zunächst ist das Leistungsspektrum des Technologieunternehmens in den Mittelpunkt der Analyse zu stellen. Der Analyst muss die vorhandenen Produkte, Produktgruppen oder Verfahren in ihrer Leistungsbreite und - tiefe beurteilen. Von zentraler Bedeutung sind Fragen nach der grundsätzlichen Eignung des Produktes für die Problemlösung, die Analyse der Produktionsanlagen, der Schutz der Technologie vor Nachahmung, die Unternehmensaktivitäten im Bereich Forschung und Entwicklung und die Existenz besonderer technologischer Risiken. Ein mögliches Raster von Bewertungsfaktoren kann für die Dimension "Technologie" folgendermaßen aussehen:

Leistungsangebot

- Produkte, Produktgruppen, Verfahren und ihre Eignung zur Problemlösung
- Technischer Entwicklungsstand, Marktreife, Aufstellung eines Technologieportfolios
- Innovationsgrad der Produkte/ Verfahren im Vergleich zum internationalen Stand der Technik
- Prüfungen, Zulassungen, Zertifizierungen

Produktionsverfahren

- Bewertung der Fertigungsinfrastruktur, Neuigkeitsgrad der Produktionsanlagen, Effizienz im Vergleich zu anderen Realisationsverfahren, Möglichkeiten der Rationalisierung, Einschätzung der Produktionsressourcen und Erweiterungsmöglichkeiten
- Qualitätssicherung
- Beachtung gesetzlicher Vorschriften

Nachahmungsschutz

- Schutz des Produkts / Verfahrens-Know-how
- Vorhandensein eigener Schutzrechte / Patente (Auflistung aller angemeldeten bzw. erteilten Patente, Lizenzen, Warenzeichen)
- Vorhandensein oder Planung von Schutzrechten/Patenten Dritter, Überprüfung von möglichen gezielten Patentstrategien und deren Auswirkung

Forschung und Entwicklung

- Forschung und Entwicklung - Strategie
- Forschung und Entwicklung - Budget
- Liste von Forschungsverträgen, Vereinbarungen über öffentliche Förderungen
- Ideengewinnung, Informationsaufnahme und Kommunikation

Risiken

- Technologische Risiken
- Risiken aufgrund fremder Schutzrechte.

6.3.3 Markt

Die Marktbeurteilung im Rahmen der technischen Due Diligence gewinnt zunehmend an Bedeutung. Dabei rückt vor allem die zukünftige Position des Unternehmens am Markt in den Mittelpunkt der Betrachtung. Nur wenn das Unternehmen deutliche Wettbewerbsvorteile aufgebaut hat, der Markt tragfähig genug ist und nachhaltig wächst, das Unternehmen in der Lage ist, sein Angebot zum richtigen Zeitpunkt, im richtigen Umfang und mit der richtigen Kundenansprache zu platzieren, können die oftmals anspruchsvollen Umsatzerwartungen realisiert werden.

Aufgabe des Analysten ist es, die in der Regel vom Unternehmen vorgelegten sehr umfangreichen Markt- und marketingrelevanten Daten durch eigene Kenntnisse und Recherchen hinsichtlich ihrer Plausibilität und Validität zu überprüfen. Der Marktrecherche kommt hier erhebliche Bedeutung zu, da sie insbesondere den Zukunftsaspekt in den Vordergrund rückt.

Die Informationsgewinnung erfolgt hauptsächlich über sekundärstatistisches Datenmaterial führender Marktforschungseinrichtungen, die Auszüge von Marktstudien zum Teil bereits unentgeltlich im Internet zur Verfügung stellen. Vielfach wird das Analystenteam, in Abhängigkeit von Zeitrahmen und Budget, allerdings auch Primärbefragungen bei Kunden, Nicht-Kunden oder bei direkten Konkurrenzunternehmen durchführen.

Im Mittelpunkt der Marktanalyse stehen die Einschätzung der Marktattraktivität, der Wettbewerbssituation und die Vermarktungsfähigkeiten des Unternehmens. Eine Marktanalyse kann exemplarisch folgende Punkte berücksichtigen:

Marktattraktivität

- Beschreibung der derzeitigen Marktsituation
- Beurteilung des Markttrends
- Einschätzung des Marktvolumens / Absatzpotentiale im relevanten Markt

Wettbewerbsanalyse

- Technische Lösungen der Wettbewerber/ Identifikation der Erfolgsfaktoren der Wettbewerber
- Wettbewerbsstruktur/ Marktmacht der Wettbewerber im allgemeinen und im relevanten Marktsegment
- Derzeitige und zukünftig absehbare Wettbewerbsstrategien/Mögliche Reaktionen des Wettbewerbs
- Neue potentielle Wettbewerber/ Eintrittsbarrieren

Marktstellung

- Alleinstellungsmerkmale/ Wettbewerbsvorteil im Vergleich zu alternativen Lösungen und Dauerhaftigkeit
- Erkennbarer Kundennutzen
- Möglichkeiten der Nutzung in unterschiedlichen Anwendungsgebieten
- Konstanz der Nachfrage
- Beurteilung der Preisstrategie

- Beurteilung der Marktkommunikation, der Öffentlichkeitsarbeit, des Image
- Beurteilung des Vertriebs und der Vertriebsstrategie

Marktrisiken

- Zulieferengpässe/ Zuliefermarkt mit monopolistischen Abhängigkeiten/ Preisrisiko
- Risiko Substitutionsprodukte
- Risiken durch verfrühte bzw. verspätete Markteinführung.

6.3.4 Management

Bei der zu verzeichnenden Wachstumsdynamik von Technologieunternehmen verwundert es kaum, dass Venture-Capital-Gesellschaften bei ihren Beurteilungen eine Beteiligung in hohem Maße von der Qualität des Managements abhängig machen. Zwar wird eine Stellungnahme zur Qualifikation des Managements im Rahmen einer technischen Due Diligence in der Regel nicht explizit abgegeben, jedoch fließt der Managementaspekt hier oftmals in Form einer Beurteilung der Unternehmensstruktur und der strategischen Planung ein. Da die Mitarbeiteranzahl innerhalb kürzester Zeit oftmals große Wachstumssprünge verzeichnet, erfordert insbesondere der Aufbau einer funktionierenden Unternehmensorganisation größtes Fingerspitzengefühl. Einerseits sind die Einbindung einer Vielzahl neuer Mitarbeiter, die stärkere Spezialisierung und eine Zunahme der Delegation zur Implementierung formaler Arbeitsprozesse notwendig, andererseits dürfen ursprüngliche Unternehmensstärken wie Anpassungsfähigkeit und schnelle Reaktionsfähigkeit auf mögliche Marktveränderungen nicht verloren gehen. Gelingt es dem Management nicht, die auftretenden Wachstumsbarrieren zu überbrücken, so können die anspruchsvollen, oftmals auf frühzeitige Internationalisierung ausgerichteten Strategien schnell in den Hintergrund treten.

Aspekte, die exemplarisch den Managementaspekt einer technischen Due Diligence wiedergeben, sind im folgenden aufgeführt:

Unternehmensstruktur und Organisation

- Angemessenheit der Organisationsstruktur im Hinblick auf die Unternehmensgröße
- Planung und Gestaltung der zukünftigen Organisationsstruktur (Einbindung von ggf. in- und ausländischen Niederlassungen, Beteiligungen)
- Aufbau von Verantwortlichkeiten/ Ausbau von Delegationen
- Schaffung von Informationssytemen und Kommunikationsmöglichkeiten
- Frühzeitige Schaffung notwendiger Standards (z. B. Abschlüsse nach International Accounting Standard IAS)
- Schaffung eines effizienten und zeitnahen Controlling/ Rechnungswesens

Strategie

- Prüfung der Einbindung der Einzelstrategien in ein integratives Gesamtkonzept (Marketingstrategie, Finanzstrategie, etc.), grobe Plausibilisierung von Einzelplänen (Finanzplanung, Personalplanung, etc.)
- Beurteilung der Vorbereitung zur Internationalisierung
- Vorstellung über den Kapitaleinsatz und die zukünftige Unternehmensentwicklung nach dem Börsengang (z. B. Kauf von strategischen Beteiligungen).

Des Weiteren fließen auch "weiche" Managementfaktoren in die Beurteilung mit ein, wie z. B.

- Technische und kaufmännische Qualifikationen des Managements (Erfahrung und Ausbildung)
- Zusammensetzung des Management-Teams
- Führungspotential/ Fähigkeit zur Motivation
- Fähigkeit zur Schaffung von Netzwerken
- Fähigkeit zur Antizipation von Umwelt-/Markttendenzen und zur rechtzeitigen Durchsetzung von Veränderungen im Unternehmen
- Qualifikation der Mitarbeiter, Know-how-Träger

6.4 Anforderung an die Durchführung einer technischen Due Diligence

Es ist sinnvoll, dass zwischen dem Auftraggeber und den Analysten Vorabsprachen getroffen werden. So ist nicht nur das Ergebnis der technischen Due Diligence in Form eines Stärken-/ Schwächenprofils festzulegen, das eine fundierte Risiko-/ Chancen-Einschätzung des Unternehmens im Marktumfeld und seiner zukünftigen Entwicklung erlaubt. Vielmehr sind die inhaltlichen Dimensionen der Due Diligence a priori zu definieren, um Überschneidungen mit anderen Gutachten zu vermeiden. Es bietet sich ferner im Sinne der ganzheitlichen Unternehmensanalyse an, einen Analysten zu benennen, der die möglicherweise unterschiedlichen Sondergutachter moderiert.

Dem Analysten sind das Unternehmen, die Produkte und die Planungen in Präsentationen vorzustellen. Dabei sind alle das Unternehmen bzw. die Marktsituation betreffenden Unterlagen übersichtlich in einem Datenraum bereit zu stellen. Häufig werden dem Analysten bereits im Vorfeld der eigentlichen Due Diligence Unterlagen zur Verfügung gestellt, anhand derer er sich eine Übersicht für den Datenraum als Orientierung verschaffen kann.

Ist die erste intensivere Informationsaufnahme abgeschlossen, sollten regelmäßige Treffen zwischen Geschäftsführung und Analyst erfolgen, um Zwischenergebnisse zu präsentieren und Schwerpunktthemen detaillierter zu diskutieren. Darüber hinaus ist es ratsam, dem Gutachter über den gesamten Zeitraum einen kompetenten Ansprechpartner zur Verfügung zu stellen (u. a. auch, um weitere Unterlagen zusammenzustellen).

Bei der Auswahl des Beraters gilt es, möglichst einen Branchenkenner zu beauftragen. Mit den steigenden Anforderungen der High-Tech-Märkte ist ein zunehmender Trend zur Spezialisierung festzustellen. In der Regel wird ein Analystenteam mit der Begutachtung beauftragt werden, um unterschiedlichen Fachthemen (z. B. ein Team aus einem Ingenieur und einem Diplom-Kaufmann) gerecht zu werden, aber auch, um Kosten zu sparen (Einsatz eines Junior-Auditors für Research-Aufgaben). Das Ergebnis der Technischen Due Diligence hängt in hohem Maße von der Kompetenz und der Erfahrung der Analysten ab. Nur wenn diese in der Lage sind, ihre fachspezifische Expertise in Verbindung mit den in der Regel recht umfangreichen Research-Ergebnissen in den ganzheitlichen Due-Diligence-Rahmen einzubinden, werden Risiken und Chancen deutlich identifiziert.

Literaturverzeichnis

EVERLING, O. / RIEDEL, S. / WEIMERSKIRCH, P. (Hrsg.) (2000): Technology Rating, Wiesbaden

7 Prozessmanagement eines IPO

7.1 Rolle des Vorstands

Im Rahmen des Prozessmanagements eines IPO steht die Koordination der humanen Ressourcen (unternehmensintern und -extern) im Vordergrund[84]. Hierbei geht es auch um die für viele Vorstände grundlegende Frage, in wie weit sie selbst in den Going Public-Prozess mit eingebunden sind bzw. sein müssen und in welcher Form dieses dann ihr operatives Tagesgeschäft berührt.

Grundsätzlich sollte der Vorstand einer Gesellschaft, die an die Börse strebt, in erster Linie als Projektmanager tätig sein. Er koordiniert die externen Dienstleister wie z. B. Emissionsberater, Wirtschaftsprüfer, Rechtsanwälte, die die in der Abbildung 11 dargestellten Bereiche inhaltlich zum Teil bewältigen. Darüber hinaus benötigen diese jedoch auch den qualifizierten Input durch das Topmanagement, um die vom Unternehmen gewünschten Ausrichtungen in einem Bankenexposé oder beispielsweise in der mittel- und langfristigen Unternehmensplanung umzusetzen.

---

[84] Die im nachfolgenden beschriebenen Schritte eines Börsengangs werden im Detail in den jeweiligen Kapiteln dieses Buches dargestellt.

Abb. 11: Projektmanagement eines IPO

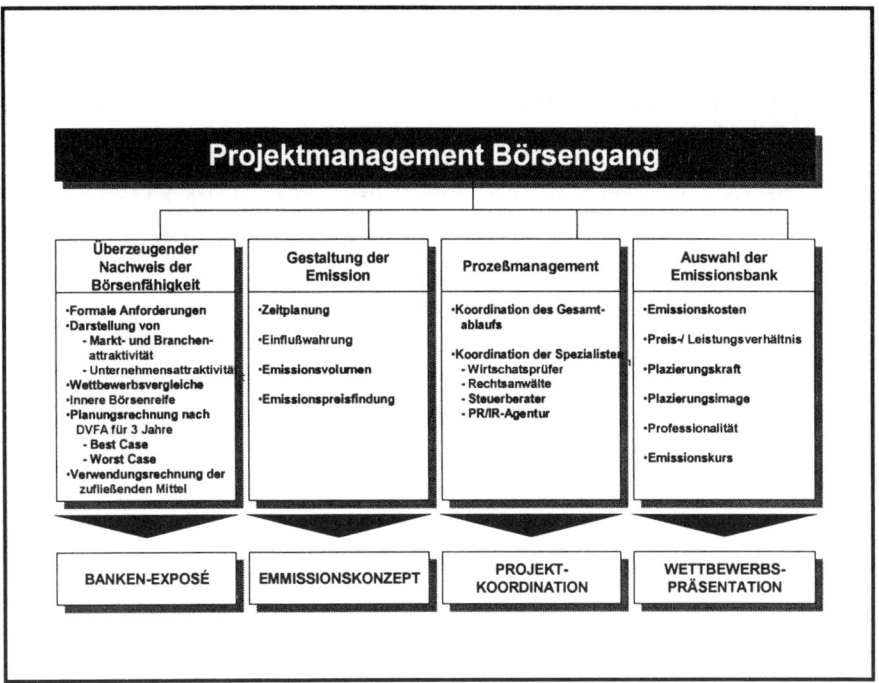

Projektmanagement Börsengang

Überzeugender Nachweis der Börsenfähigkeit
- Formale Anforderungen
- Darstellung von
  - Markt- und Branchenattraktivität
  - Unternehmensattraktivität
- Wettbewerbsvergleiche
- Innere Börsenreife
- Planungsrechnung nach DVFA für 3 Jahre
  - Best Case
  - Worst Case
- Verwendungsrechnung der zufließenden Mittel

Gestaltung der Emission
- Zeitplanung
- Einflußwahrung
- Emissionsvolumen
- Emissionspreisfindung

Prozeßmanagement
- Koordination des Gesamtablaufs
- Koordination der Spezialisten
  - Wirtschatsprüfer
  - Rechtsanwälte
  - Steuerberater
  - PR/IR-Agentur

Auswahl der Emissionsbank
- Emissionskosten
- Preis-/ Leistungsverhältnis
- Plazierungskraft
- Plazierungsimage
- Professionalität
- Emissionskurs

| BANKEN-EXPOSÉ | EMMISSIONSKONZEPT | PROJEKT-KOORDINATION | WETTBEWERBS-PRÄSENTATION |

Quelle: Eigene Darstellung

Aufgrund der Vielzahl der Aufgaben im Rahmen eines IPO sollte sich das Management auf diejenigen fokussieren, die zu den Erfolgsfaktoren für den Börsengang gezählt werden müssen. Hierzu gehören z. B. die im Vorfeld zu führenden Gespräche mit Banken innerhalb eines potentiellen Konsortiums[85]. Die hier vereinbarten Beurteilungsmaßstäbe fließen mit einer unternehmensindividuellen Gewichtung in die Ergebnisse der Wettbewerbspräsentation ein. Auch müssen die grundsätzlichen Prämissen der Unternehmensplanung (sowohl in der finanzwirtschaftlichen als auch in der allgemeinen strategischen Ausrichtung) vom Topmanagement mit erarbeitet werden und sich in der Planung und der anschließenden

---

[85] Emissionsberater sehen ihre große Stärke darin, für das Unternehmen diese Verträge so auszuhandeln, dass die Kosten eines Emissionsberaters allein aus niedrigeren Bankprovisionen amortisiert werden. Doch kann sich dieses kontraproduktiv in der Betreuungsintensität und –qualität im Rahmen des Börsengangs niederschlagen. Mit den Konsortialbanken auch eine vertragliche Konstellation zu finden, bei der nicht in erster Linie ein massives Preisdumping im Vordergrund steht und statt dessen eine Win-Win-Situation für Emittent und Konsortialbank entsteht, wird sich mit einer hohen Wahrscheinlichkeit positiv auf die Emission auswirken.

Präsentation gegenüber Banken, Finanzanalysten, Fondsmanagern und Privatanlegern wiederfinden[86].

Die Delegation des IPO-Managements an die zweite Managementebene innerhalb des Unternehmens bzw. an externe Dienstleister entlastet den Vorstand nur um den Preis von Zugeständnissen bei Qualität und Zeitdauer des IPO. Sie bringt neben inhaltlichen Verlusten in der Kommunikation zwischen Konsortialbanken und Emittenten erhebliche zeitliche Einbußen mit sich, denn die vom Vorstand beauftragten Führungskräfte bzw. externen Dienstleister sind auf die Absprachen und Freigaben dieses Gremiums angewiesen. Gerade in der durch ein intensives Zeitmanagement geprägten Phase des Börsengangs ist eine reibungslose Kommunikation mit den maßgeblichen Entscheidern und Verantwortlichen unabdingbar.

7.2 Dauer der Vorbereitung des Börsengangs

Abbildung 12 zeigt die durchschnittliche Dauer der Vorbereitung und die Mitarbeiterzahl von Unternehmen, die an die Börse gegangen sind. Gemessen wird hier die Vorbereitungsdauer als Zeitraum zwischen der Aufnahme von erstem Venture Capital bis zur ersten offiziellen Börsennotiz. In den letzten Jahren hat sich diese Vorbereitungsphase bei den hier befragten US-Unternehmen stark verkürzt. Die Mitarbeiterzahl beim Börsengang ist dagegen deutlich gestiegen. Die oftmals stark wachsenden Unternehmen hatten offensichtlich Gelegenheit, zwischenzeitlich die personellen Ressourcen für den Börsengang zu rekrutieren sowie ein weiterhin stark steigendes Tagesgeschäft zu bewältigen.

---

[86] Hierbei ist es von untergeordneter Bedeutung, ob das Unternehmen einen Top-down oder Bottom-up Ansatz zur Ermittlung der Planungswerte zugrunde legt.

Abb. 12: Durchschnittliche Dauer der Vorbereitung auf und Mitarbeiteranzahl bei Börsengang

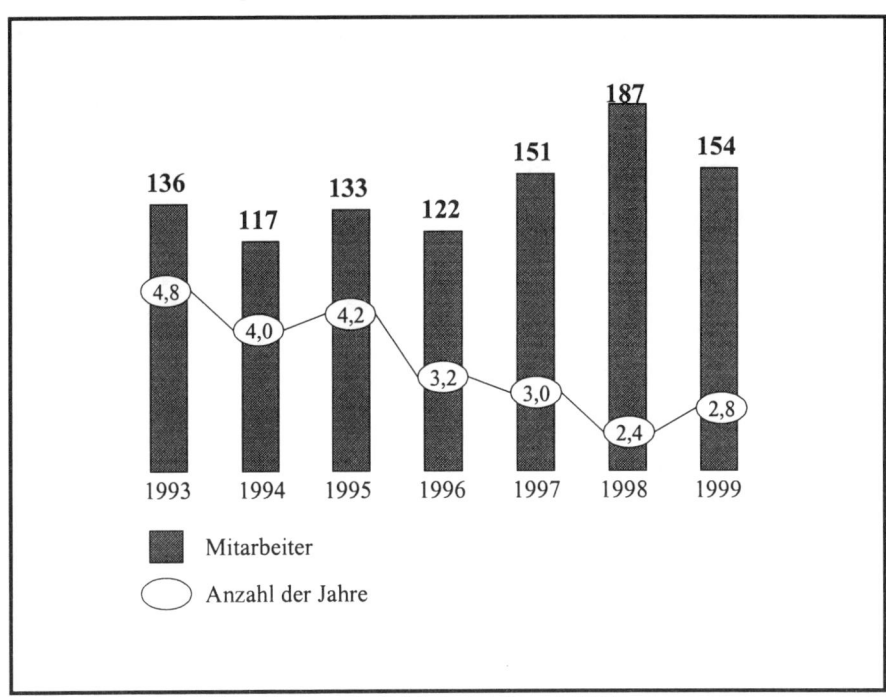

Jahr	Mitarbeiter	Anzahl der Jahre
1993	136	4,8
1994	117	4,0
1995	133	4,2
1996	122	3,2
1997	151	3,0
1998	187	2,4
1999	154	2,8

Quelle: Early Bird (1999), Venture Capital Industry Report 1999

Noch deutlicher wird die Zunahme der Geschwindigkeit bei Betrachtung des Zeitraumes zwischen Beauty-Contest und der tatsächlichen Notierungsaufnahme. Wurde bei Gründung des Neuen Marktes im Jahr 1997 von den Banken für einen Börsenkandidat ein Zeitraum von 12 bis 15 Monaten für die Vorbereitung kalkuliert, so werden Börsengänge heute in einem Zeitraum von 3 bis 6 Monaten realisiert. Es gilt hierbei allerdings zu bedenken, dass ein massives Kürzen der Zeiträume auch zu Lasten der professionell Vorbereitung einer Emission geht. Investoren (hier vor allem die institutionellen Investoren) werden ein Unternehmen, welches sich noch nicht richtig für den Börsengang und für das Business nach dem Going Public aufgestellt hat, nicht in ihr Portfolio aufnehmen.

7.3 Zeitlicher Ablauf der Platzierung

Der zuvor genannte Zeitraum von 3 bis 6 Monaten kann als Abstand zwischen Auswahl der Syndikatsmitglieder ("Beauty-Contest") und der Erstnotiz der Neuemission verstanden werden.

Generell sollten die Going-Public-Zeitpläne der Konsortialbanken kritisch hinterfragt werden und evtl. Zeitpuffer für unvorhergesehene oder nicht von Emittent und Konsortialbank zu beeinflussende Ereignisse berücksichtigt werden, z. B. durch Aufstellen von zeitlichen Best-Case und Worst-Case-Szenarien. Ebenso sollte sich der Emittent über den Point-of-no-return Gedanken machen. Ist das einmal angestoßene Börsenzulassungsverfahren auch in der Öffentlichkeit bekannt, gibt es nur sehr wenige Gründe, die eine Platzierung zum späteren Zeitpunkt erlauben bzw. die einen Rückzug ohne erheblichen Imageverlust des Unternehmens ermöglichen[87]. Die nachfolgende Abbildung 13 zeigt die einzelnen Schritte des gesamten Platzierungsverfahrens im Detail.

Abb. 13: Zeitlicher Ablauf der Platzierung

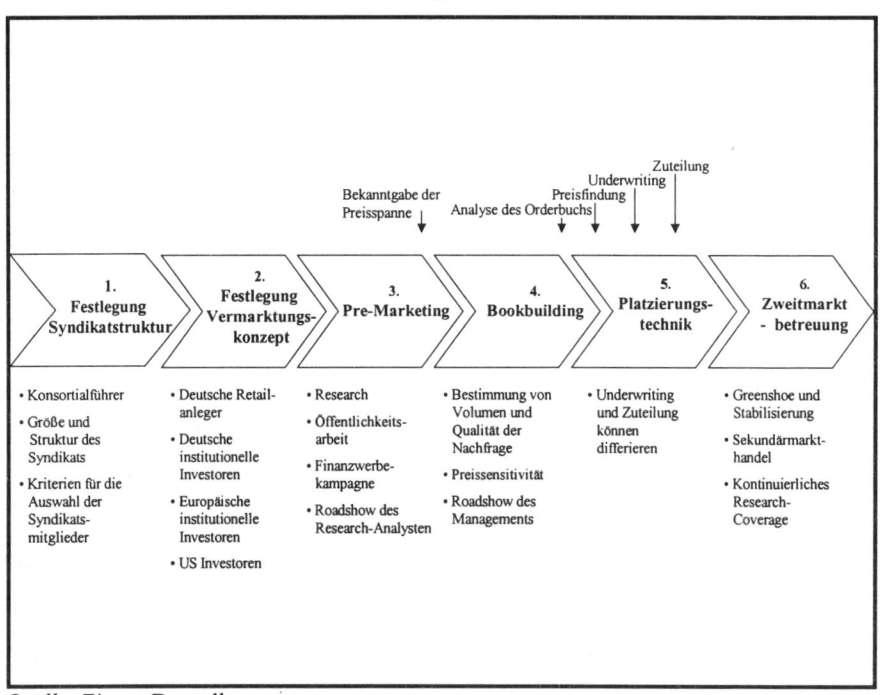

	Bekanntgabe der Preisspanne	Analyse des Orderbuchs	Preisfindung	Underwriting	Zuteilung
1. Festlegung Syndikatstruktur	2. Festlegung Vermarktungskonzept	3. Pre-Marketing	4. Bookbuilding	5. Platzierungstechnik	6. Zweitmarkt - betreuung
• Konsortialführer • Größe und Struktur des Syndikats • Kriterien für die Auswahl der Syndikatsmitglieder	• Deutsche Retailanleger • Deutsche institutionelle Investoren • Europäische institutionelle Investoren • US Investoren	• Research • Öffentlichkeitsarbeit • Finanzwerbekampagne • Roadshow des Research-Analysten	• Bestimmung von Volumen und Qualität der Nachfrage • Preissensitivität • Roadshow des Managements	• Underwriting und Zuteilung können differieren	• Greenshoe und Stabilisierung • Sekundärmarkthandel • Kontinuierliches Research-Coverage

Quelle: Eigene Darstellung

---

[87] Zu den wenigen Gründen, die ein Verschieben der Platzierung durch den Emittenten rechtfertigen können ohne dass dieser größeren Imageschaden nimmt, gehört z. B. ein nicht vom Unternehmen zu beeinflussendes kurzfristig verschlechtertes Börsenklima. Die ursprünglich zugrunde gelegten Bewertungsgrundlagen berücksichtigen auch die generelle Börsensituation (sowohl im nationalen als auch im internationalen Umfeld).

7.4 Kritische Erfolgsfaktoren

Für eine erfolgreiche Durchführung des Börsengangs können die folgenden kritischen Erfolgsfaktoren identifiziert werden, die im Einzelnen im Rahmen dieses Kapitels detailliert dargestellt werden:

- Zeitpunkt der Platzierung
- Frühzeitiger Aufbau von Management Kapazitäten
- Realistische Prognosen
- Professionelle Investor Relations Arbeit
- Einbindung der Mitarbeiter in den Börsengang

Zeitpunkt der Platzierung

Die Entscheidung über den Zeitpunkt der Platzierung ist immer schwierig, gilt es doch, den idealen Zeitpunkt für den Börsengang zu finden, der eine hohe Aufmerksamkeit von institutionellen und privaten Anlegern garantiert.

Wichtig ist, den allgemeinen Emissionskalender aller platzierungswilligen und -fähigen Unternehmen frühzeitig im Auge zu behalten. Während der Platzierung von Großemissionen oder während Kapitalerhöhungen von etablierten Unternehmen ist es tendenziell wesentlich schwieriger, als kleinere oder mittlere Emission die Aufmerksamkeit der Finanzgemeinde zu erhalten. Ein weiterer relevanter Aspekt ist die generelle Situation an den Wertpapiermärkten. Positive und negative Stimmungen können hier den Zeitpunkt des Börsengangs ebenfalls beeinflussen. Hierbei ist die Einflussnahme eines einzelnen Unternehmens als sehr gering zu betrachten. Gerade aufgrund dieses zweiten Aspektes ist es daher sehr schwierig, allgemeingültige Aussagen über den richtigen Zeitpunkt zu treffen. Die populäre Anlegerphilosophie "Sell in May and go away" hat in den vergangenen Jahren oft zu den Zyklen an den Börsen gepasst, doch gibt es immer wieder positive antizyklische Ausnahmen für den "idealen" Zeitpunkt einer Emission.

Frühzeitiger Aufbau von Managementkapazitäten

Die rechtzeitige Besetzung der strategisch relevanten Positionen im Unternehmen ist von elementarer Bedeutung und kann nicht erst kurz vor dem geplanten Börsengang erfolgen. Viele Unternehmen gerade am Neuen Markt hatten oder haben den gleichen Engpass: Zwar ist das Unternehmen aus der Unternehmenshistorie heraus oftmals in den beiden Ursprungsfeldern, also in der Entwicklung einer Technologie und deren Vermarktung und Vertrieb, durch die Unternehmensgründer personell hervorragend aufgestellt, dafür ist häufig der Aufgabenbereich eines CFO, des Chief Financial Officers (Finanzvorstand), bei Start der Börsenaktivitäten vakant.

Neben der Besetzung der Position des CFO ist es ebenfalls sinnvoll, einen Investor Relations Manager frühzeitig in den Ablauf des Börsengangs einzubinden. Diese Position benötigt die unmittelbare Nähe zum Topmanagement sowie die intensive Auseinandersetzung mit den Kommunikationselementen und strategischen Ausrichtungen des Unternehmens. Die Einarbeitung in diese Aufgaben bedarf eines zeitlichen Vorlaufs, der bei der Planung des Börsengangs berücksichtigt werden muss.

Die Inhaber dieser beiden Funktionen sowie die aller weiteren Positionen, die im Rahmen des Börsengangs Kontakt mit Analysten, Fondsmanagern, Bankenvertretern etc. haben, müssen neben den fachlichen Voraussetzungen auch ein hohes Maß an humaner Kompetenz für diese Tätigkeit mitbringen. Neben dem reinen "Verkaufen von Finanzdaten" müssen sie in der Lage sein, dem zuvor genannten Personenkreis die Wachstumspotenziale nicht nur an Hand eines Business-Forecasts aufzuzeigen, sondern auch die Vision und die Phantasie eines dann notierten Wertes zu vermitteln.

Mit Beginn der Going-Public-Aktivitäten ist - nicht nur für die Dauer des Börsengangs – der reibungslose Ablauf des operativen Tagesgeschäftes der Vorstandsmitglieder trotz der Belastung aus dem Projekt "Börsengang" sicherzustellen. Eine existierende Managementstruktur, die über den Vorstandsbereich hinausgeht, ist eine weitere zwingende Voraussetzung für den erfolgreichen Gang an die Börse. Ist gerade das Topmanagement mit der Vorbereitung der Equity Story, der Überarbeitung und Aktualisierung der Finanzplanungen für die kommenden Jahre oder mit der Vorbereitung und Realisierung der Roadshow stark eingebunden, so muss trotzdem gewährleistet sein, dass die originären Geschäftsaktivitäten von einer Back-up-Management-Crew mit höchster Intensität weiterverfolgt werden.

Realistische Planungen

Die geplante Entwicklung des Unternehmens hat starken Einfluss auf die Höhe des Emissionspreises. Unternehmensplanungen sollten trotzdem nicht zu optimistisch, sondern eher realistisch gehalten werden[88]. Es gilt auch nach dem Börsengang, den von den Anlegern erhaltenen Vertrauensvorschuss aufrecht zu erhalten und dem Erwartungsdruck der Finanzgemeinde auf Quartalsebene stand zu halten. Dieser Vertrauensvorschuss wird bei Nichterreichen von Planzahlen entzogen, was zur Folge hat, dass ein mühsam "aufgebauter" Aktienkurs in kürzester Zeit in sich zusammenbricht. Bei Aufstellung und Präsentation der Unternehmensplanung sollte vielmehr ein Puffer berücksichtigt werden, welcher dem Unternehmen die Möglichkeit bietet, die ohnehin schon hoch gesteckten Ziele und häufig noch höheren Erwartungen noch zu übertreffen[89].

Professionelle Investor Relations Arbeit

Professionelle IR(Investor Relations)-Arbeit ist auf die Zielgruppen Fondsmanager, Analysten, Finanzjournalisten, Rating-Unternehmen sowie Privatinvestoren ausgerichtet. Die Vorgehensweise sowie die Form der Kommunikation unterscheidet sich gegenüber der herkömmlichen PR (Public Relation), bei der die Werbung und Verkaufsunterstützung von Produkten und Dienstleistung im Vordergrund steht, deutlich. Im Vordergrund des IR-Managements steht das "Aktienmarketing". Hierbei hat das IR-Management die Aufgabe, die Finanzgemeinde über die strategische Positionierung und Ausrichtung des Unternehmens zu informieren, Zahlenprognosen zu interpretieren und zu deuten, sowie die Phantasie für positive Kursaussichten bei den Anlegern zu beflügeln. Hierbei ist es lt. Nölting das Ziel "...über eine glaubwürdige und aktive Informationspolitik den eigenen

---

[88] Vgl. auch: PALAN, Dieter (2000): Wer einmal lügt..., in: Manager Magazin 3/00, S. 212-222; BETZ, Rolf Michael / GERK, Michaela (2000): Ein Börsengang ist kein Spaziergang - Der Erfolg hängt von vielen Faktoren ab, in: Finance, Juli 2000

[89] Der Druck der Finanzgemeinde lässt sich an vielen Beispielen von Neuer Markt-Unternehmen darstellen. Haben Unternehmen eine Steigerung von Umsatz und Ergebnis von beispielsweise 100% prognostiziert und tatsächlich nur 95% realisiert, reagiert der Markt hierauf sehr kurzfristig mit drastischen Kursabschlägen. Wird das angekündigte Ergebnis allerdings um 10% übertroffen, so wird hier nicht mit starken Kurssprüngen zu rechnen sein, denn dieses ist aus Sicht der Finanzgemeinde im aktuellen Kurz-Gewinn-Verhältnis (K-G-V) bereits berücksichtigt.

Börsenwert zu steuern."[90] Eine einmal enttäuschte Finanzgemeinde von der Seriosität der eigenen Unternehmensplanungen zu überzeugen und als Anleger zu gewinnen ist ein schwieriges, wenn nicht gar unmögliches Unterfangen. Die Besetzung des IR-Managements sollte diesen Anforderungen Rechnung tragen.

Auch die von vielen Unternehmen im Vorfeld diskutierte Frage, ob ein eigenes IR-Management aufgebaut oder eine professionelle IR-Agentur verpflichtet werden soll, bietet bei näherer Betrachtung keine echte Alternative. Vielmehr ist es von Bedeutung, die Langfristigkeit der IR-Aktivitäten im Auge zu haben. Hierbei soll nicht ein einmaliges "IR-Feuerwerk" zum Börsengang gezündet werden, sondern eine nachhaltige aktive Kommunikation mit der Finanzgemeinde im Vordergrund stehen. Die Frage nach einem eigenen IR-Management im Unternehmen stellt sich somit nicht mehr, sondern vielmehr die Frage, in wie weit die rekrutierte Person in der Lage ist, die gerade in der Phase des Börsengangs anfallende IR-Arbeit zu bewältigen. Als unterstützendes Element sollte dann über die parallele und zeitlich begrenzte Begleitung durch eine IR-Agentur nachgedacht werden. Darüber hinaus hat der Aufbau eines eigenen IR-Managements gegenüber dem Einsatz einer IR-Agentur den Vorteil, dass im Falle von Unstimmigkeiten mit der IR-Agentur bei der Kommunikationsstrategie keinerlei Abhängigkeiten entstehen und es somit zum reinen Know-how-Transfer aus der Agentur zum Unternehmen kommt (für den die IR-Agentur im übrigen bezahlt wird).

Einbindung der Mitarbeiter in den Börsengang

Ein Aspekt, der im Eifer des "Börsengefechts" schnell außer Acht gelassen wird, ist die Einbindung der Mitarbeiter in den Börsengang "ihres" Unternehmens. Die Anspannung in den Monaten vor und während des Going-Public ist für viele Beteiligte am Prozess ein nervlicher Hochseilakt. Eine verstärkte interne Kommunikation hilft, die intensive Doppelbelastung verschiedener Mitarbeiter durch das Tagesgeschäft sowie durch temporäre Einbindung in Vorbereitungsaktivitäten zum Börsengang, die Zeiträume und die Meilensteine transparenter zu machen und damit Verständnis für die allgemeine Belastung zu wecken.

---

[90] NÖLTING (2000): Die neue Supermacht Börse – Wie die Fondsmanager unsere Welt verändern, S. 110-111

Zur internen Unternehmenskommunikation gehört auch das frühzeitige Erklären von Mitarbeiterbeteiligungsprogrammen[91], die heute von einer Vielzahl von Unternehmen am Neuen Markt zum Einsatz gebracht werden. Jeder Mitarbeiter, der mit Stock-Options oder Wandelschuldverschreibungen oder sonstigen Modellen der Mitarbeiterbeteiligung stärker an das Unternehmen gebunden werden soll, hat ein berechtigtes und nachhaltiges Interesse zu wissen, welche Schritte "sein" Unternehmen gehen will und inwieweit der Mitarbeiter selbst hiervon profitieren kann. Allerdings ist es hierbei auch von besonderer Bedeutung, schon frühzeitig die Mitarbeiter über die Verschwiegenheitspflichten (gerade im Hinblick auf den geplanten Börsengang) zu informieren und gleichzeitig die Weichen für eine zukünftig hohe Sensibilität bei der Beachtung der Compliance-Regeln zu stellen[92].

---

[91] Hierbei ist zwischen verschiedenen Gestaltungsmöglichkeiten zu differenzieren (so stehen derzeitig sog. Stock-Option- oder Wandelschuldverschreibungsprogramme in der Gunst der Emissionskandidaten). Diese sollten allerdings aufgrund der rechtlichen und steuerlichen Komplexität durch entsprechende Experten (mit-) entwickelt werden.

[92] Die Compliance-Regeln dienen der Sicherung der Chancengleichheit zwischen Unternehmensmitgliedern und den Anlegern bei der Nutzung von unternehmensrelevanten Informationen. Niemand soll aufgrund eines Wissensvorsprungs (sog. Insider) einen wirtschaftlichen Vorteil erhalten. In diesem Zusammenhang sind die Regelungen zu sog. Insidergeschäften im Rahmen der §§ 14, 16, 38 WpHG (Wertpapierhandelsgesetz) sowie die Pflicht zur Ad-hoc-Publizität nach § 15, 39 WpHG zum 1. Januar 1995 in Kraft getreten.

Literaturverzeichnis

BETZ, Rolf Michael / GERK, Michaela (2000): Ein Börsengang ist kein Spaziergang - Der Erfolg hängt von vielen Faktoren ab, in: Finance, Juli 2000, S. 30-31

Early Bird (1999) Venture Capital Industry Report 1999

NÖLTING (2000): Die neue Supermacht Börse - Wie die Fondsmanager unsere Welt verändern, Hamburg, S. 110-111

PALAN, Dieter (2000): Wer einmal lügt.., in: Manager Magazin 3/00, S. 212-222

8 Mitarbeiterbeteiligung durch Aktienoptionen

8.1 Ziele einer Mitarbeiterkapitalbeteiligung

Um zum Unternehmenserfolg beitragen zu können, muss die Beteiligung der Mitarbeiter am Kapital des arbeitgebenden Unternehmens einem klar definierten Unternehmensziel zugeordnet werden. Auch Ausgestaltung und Kommunikation des Beteiligungsmodells nach innen und außen werden maßgeblich von der Ausgangssituation des Unternehmens und seinen Zielen geprägt. Man unterscheidet dabei personalwirtschaftliche Ziele wie Mitarbeitergewinnung und -bindung oder Stärkung des unternehmerischen Denkens von finanzwirtschaftlichen Zielen wie Steigerung des Unternehmenswertes, Flexibilisierung der Personalkosten oder Schonung der Liquidität[93]. In der Praxis der Mitarbeiterbeteiligung dominieren bei nicht börsennotierten Unternehmen die personalwirtschaftlichen Zielsetzungen. Dagegen beteiligen finanzschwache Neugründungen, die ihre Liquidität schonen oder die Personalkosten flexibilisieren müssen und daher nicht mit dem Gehaltsniveau etablierter Unternehmen konkurrieren können, zum Ausgleich die Mitarbeiter an der Entwicklung des Unternehmenswertes[94]. Nach einer Börsennotierung, die die kontinuierliche Messung des Unternehmenswertes am Markt erlaubt, orientiert sich die Unternehmenssteuerung zunehmend am "Shareholder Value" - Gedanken[95]. Kapitalgeber sehen es häufig schon vor der Börsennotierung gerne, wenn ihre Interessen und die der Führungskräfte durch ein am Unternehmenswert orientiertes Entlohnungssystem angeglichen werden[96]. Ein Unternehmen, das den Gang an die Börse plant, strebt daher mit Hilfe einer Mitarbeiterbeteiligung überwiegend eines oder mehrere der folgenden Ziele an:

---

[93] Ein Überblick über die Ziele gibt MCKINSEY & CO (Hrsg.) (1998), S. 13 ff.

[94] Vgl. z. B. SCHERER (2000), S. 62 f.

[95] Vgl. PELLENS/CRASSELT/ROCKHOLTZ (1998), S. 4.

[96] Die Trennung von Eigentum und Kontrolle führt aufgrund unterschiedlicher Präferenzen von Eigentümern und angestellten Führungskräften zu Konflikten, die in der Literatur als Principal-Agent-Problematik diskutiert werden; vgl. z. B. KRAFT/REICHLING (2000), S. 151 ff.

- Mitarbeitergewinnung und - bindung: das Beteiligungsmodell muss gewährleisten, dass die Mitarbeiter den Barwert der unsicheren Beteiligungserträge subjektiv höher einschätzen als eine alternative Barlohnzahlung[97].

- Ausrichtung der Mitarbeiter auf das Ziel "Steigerung des Unternehmenswertes": das Beteiligungsmodell soll insbesondere den Führungskräften einen Anreiz geben, dieses wichtige Eigentümerziel bei ihren Entscheidungen zu berücksichtigen und sich als "Unternehmer im Unternehmen" zu betätigen.

- Liquiditätsschonung: Mitarbeiter erhalten anstelle von Gehaltszahlungen einen Anspruch auf Teilnahme am zukünftigen Wertzuwachs des Unternehmens, der jedoch in der meist angespannten Liquiditätslage vor einem Börsengang nicht zu Auszahlungen führen darf[98].

Wie bei vielen Gestaltungsaufgaben im Unternehmen ist auch hier die steuerliche Optimierung der Mitarbeiterbeteiligung eine Nebenbedingung. Von zwei im gleichen Maße zielführenden Entlohnungsmodellen wird das mit der geringeren Steuerbelastung gewählt.

Materielle Anreize wie die Mitarbeiterbeteiligung nutzen sich als Motivationsinstrument schnell ab, wenn sie nicht in eine leistungsfördernde Unternehmenskultur eingebettet sind. Materielle Mitarbeiterbeteiligung liefert dort den höchsten Zielbeitrag, wo sie durch eine immaterielle Beteiligung, die dem Mitarbeiter Informations- und Mitsprachemöglichkeiten einräumt, flankiert wird[99].

---

[97] Nach SCHERER (2000), S. 63 kann eine Mitarbeiterbeteiligung auch als Selektionsmerkmal für Risikobereitschaft und Erfolgsorientierung neuer Mitarbeiter dienen.

[98] Auszahlungen fallen bei virtuellen Aktienprogrammen ("virtual stock options", ""stock appreciation rights") an, die keine gesellschaftsrechtliche Beteiligung sondern eine Gehaltszahlung in Abhängigkeit von der Kursentwicklung einer Aktie vorsehen.

[99] Zu den immateriellen Aspekten siehe SCHNEIDER/ZANDER (1993), S. 57 ff.

8.2 Übersicht über die Formen der Mitarbeiterbeteiligung am Kapital

Unternehmen in der Rechtsform der Aktiengesellschaft unterliegen beim Börsengang hinsichtlich des Beteiligungsmodells keinen speziellen Restriktionen, so dass die Auswahl sich an den Zielen des Unternehmens orientieren kann.

Die Kapitalbeteiligung kann nach schuldrechtlichen ("Fremdkapital") und gesellschaftsrechtlichen ("Eigenkapital") Beteiligungen unterschieden werden. Bei schuldrechtlichen Beteiligungen stellen die Mitarbeiter verzinsliches und rückzahlbares Fremdkapital in Form von Mitarbeiterdarlehen zur Verfügung. Die Verzinsung des Mitarbeiterdarlehens kann erfolgsabhängig sein, eine Verlustbeteiligung oder eine Beteiligung an der Entwicklung des Unternehmenswertes ist jedoch ausgeschlossen. Die stille Gesellschaft[100] und Genussrechte[101] sind gesellschaftsrechtlich und steuerlich Fremdkapital. Betriebswirtschaftlich können sie Eigenkapitalcharakter haben, da eine Verlustbeteiligung möglich ist. Eine Beteiligung an der Wertentwicklung (stille Reserven, Liquidationserlös) kann zwar vereinbart werden, löst bei Mitarbeitern aber i. d. R. die steuer- und sozialversicherungsrechtliche Mitunternehmerschaft aus und ist daher nicht anzustreben. Aus der Sicht eines Börsenaspiranten sind Modelle der Fremdkapitalbeteiligung wenig zielführend. Die Beteiligung am Wertzuwachs des Unternehmens ist ausgeschlossen, bei den praktizierten Modellen mit erfolgsabhängiger Verzinsung wird aufgrund der geringen durchschnittlichen Beträge eine Flexibilisierung der (Personal-) Kostenbasis nicht erreicht[102].

---

[100] Die stille Gesellschaft tritt als Gesellschaftsverhältnis nach außen nicht in Erscheinung. Die Rechtsgrundlagen (§§ 230 bis 237 HGB und §§ 705 ff. BGB) lassen einen gewissen Gestaltungsspielraum hinsichtlich der Gewinn - und Verlustbeteiligung und der Kontrollrechte des stillen Gesellschafters zu. Detailliert siehe z. B. KIENBAUM (Hrsg.) (2000), S. 89 ff

[101] Genussrechte sind gesetzlich nicht definiert. Sie sind reine Vermögensrechte, die vertraglich einen sehr großen Gestaltungsspielraum für Gewinn - und Verlustbeteiligung und Kontrollrechte zulassen; vgl. z. B. KIENBAUM (Hrsg.) (2000), S. 99 ff.

[102] Viele Modelle in mittelständischen Unternehmen sind auf die Anlagemöglichkeiten nach dem 5.VermBG zugeschnitten. Bei einem Beteiligungsvolumen von meist weniger als DM 1.000 pro Jahr und Mitarbeiter und begrenzter Laufzeit sind die einzelnen Mitarbeiter durchschnittlich mit nur wenigen Tausend DM am Unternehmenskapital beteiligt.

Eigenkapitalbeteiligungen geben Mitarbeitern Miteigentümerrechte, die in wichtigen Details von der Rechtsform bestimmt werden. Häufig haben börsennotierte Unternehmen ursprünglich in der Rechtsform der GmbH firmiert. Die Beteiligung von Mitarbeitern bereits am Stammkapital einer GmbH gestaltet sich jedoch als schwierig. Zum einen ist für jede Abtretung von Geschäftsanteilen die notarielle Form vorgeschrieben (§ 15 Abs. 3 GmbHG), zum anderen haben GmbH - Gesellschafter ein unabdingbares Recht auf Auskunft und Einsicht in die Bücher (§ 51 a GmbHG) und damit auch in die Gehaltsstrukturen und Kundenverbindungen. Beide Regelungen bremsen in der Praxis die Bereitschaft mittelständischer Unternehmen dieser Rechtsform erheblich, Dritte einschließlich der Mitarbeiter am Eigenkapital zu beteiligen.

Der rechtliche Rahmen für Aktiengesellschaften ist vom Gesetzgeber dagegen auf einen größeren, sich ständig verändernden Eigentümerkreis zugeschnitten worden. Mitarbeiter können über den Erwerb von Aktien oder Optionen auf Aktien am Eigenkapital beteiligt werden. Mit dem Abschluss des Börsengangs einer Aktiengesellschaft sind vier wesentliche Barrieren beseitigt, die in vielen Unternehmen eine Mitarbeiterbeteiligung verhindern:

- Die Alteigentümer haben sich zur Öffnung des Eigentümerkreises entschlossen.
- Die Rechte eines Aktionärs sind enger gefasst als die des GmbH-Gesellschafters, die direkte Einsichtnahme in die Bücher gehört nicht dazu.
- Die Unternehmensbewertung, die zwangsläufig bei jeder Beteiligung am Eigenkapital erfolgen muss und ein häufiger Streitpunkt ist, wird aus anderem Anlass von Dritten und später fortlaufend von der Kursbildung an der Börse übernommen.
- Die Mitarbeiter haben einen liquiden Sekundärmarkt, der ihnen die Veräußerung ihrer Anteile erlaubt.

Von den Unternehmen, die in den letzten Jahren ihre Aktien erstmals an der Börse notieren ließen, verfügen insbesondere die Unternehmen am Neuen Markt mehrheitlich über ein Modell der Mitarbeiterbeteiligung. Im Vordergrund stehen dabei Aktienoptionspläne, die dem Mitarbeiter ein Recht auf den Aktienerwerb zu festgelegten Bedingungen einräumen[103]. Die direkte Beteiligung am Aktienkapital erfolgt über die bevorrechtigte Zuteilung bei Börsengang ("Friends & Family - Programme") und nur selten über Belegschaftsaktien bzw. Aktienkaufpläne[104].

8.3 Aktienoptionspläne

8.3.1 Grundlagen

Im Rahmen von Aktienoptions- oder Stock-Option-Programmen erhält ein Mitarbeiter das Recht aber nicht die Pflicht, eine festgelegte Zahl von Aktien des arbeitgebenden Unternehmens zu einem festgelegten Basispreis innerhalb einer definierten Zeitspanne zu beziehen. Steigt der Aktienkurs und liegt bei Ausübung über dem Basispreis, so erzielt der Mitarbeiter einen Ertrag in Höhe der Differenz. Liegt der Aktienkurs unter dem Basispreis, wird er sein Ausübungsrecht nicht nutzen.

Beispiel: Die Mitarbeiter der NM AG erhalten beim Börsengang Aktienoptionen, die sie zum Bezug der Aktien zum Emissionskurs von 25 € berechtigen. Nach zwei Jahren dürfen die Optionen erstmals ausgeübt werden, der Börsenkurs liegt jedoch bei nur 20 €. Der Kauf der Aktie an der Börse ist daher billiger und kein Mitarbeiter wird die Option ausüben. In den Folgemonaten werden zwei neue Produkte erfolgreich am Markt eingeführt, der Kurs steigt auf 40 €. Ein Mitarbeiter, der jetzt die Option ausübt, erwirbt die Aktie zu 25 € und kann sie entweder sofort für 40 € an der Börse verkaufen oder in sein Aktiendepot übernehmen. In beiden Fällen realisiert er einen Ertrag von 15 € je Aktie, der sein Vermögen steigert. Im ersten Fall hat er ihn sofort realisiert, im zweiten ist die Entwicklung des Vermögens weiterhin von der Kursentwicklung der NM AG abhängig.

---

[103] Eine Untersuchung von 37 Unternehmen, die im Herbst 1999 Teil des Börsenindex NEMAX 50 waren, ergab bei 34 Unternehmen insgesamt 50 praktizierte Beteiligungsmodelle, davon 25 Aktienoptionspläne, 14 bevorrechtigte Zuteilungen und nur drei Aktienkaufpläne; in acht Fällen wurden Wandelschuldverschreibungen genutzt; vgl. BÖRNER / KOLLMEIER (2000), 55 f.

[104] Hierauf greifen eher langjährig bestehende, börsennotierte Aktiengesellschaften zurück um einer Vielzahl von Mitarbeitern die Möglichkeit zur Teilnahme an der Wertsteigerung des Unternehmens zu geben.

Der Besitz einer Option bietet somit eine einseitige, "risikolose" Chance, für die der Erwerber einen entsprechenden Gegenwert bezahlt hat[105]. Eine explizite Bezahlung durch die Mitarbeiter ist jedoch unüblich. Als Bestandteil eines Gehaltspaketes sind Aktienoptionen Teil der Gesamtentlohnung, deren Höhe und Zusammensetzung sich aus den Anforderungen des Marktes ergibt. Zwischen den einzelnen Komponenten bestehen Substitutionsbeziehungen, implizit hat der Mitarbeiter für die Optionen daher "bezahlt", indem er auf andere Gehaltsbestandteile verzichtet hat[106].

Aktienoptionspläne haben durch das Gesetz zur Kontrolle und Transparenz im Unternehmensbereich (KonTraG) von 1998, das die Beschaffung der Aktien vereinfachte, einen deutlichen Aufschwung erfahren und werden in Deutschland mittlerweile von einer dreistelligen Zahl von Unternehmen praktiziert. Für jeden Aktienoptionsplan sind vor dem Hintergrund des Unternehmenszieles (siehe Abschnitt 1 dieses Kapitels) drei Kernfragen zu klären:

1. Wer wird (in welcher Höhe) beteiligt?

2. Wie werden die Aktien, die bei Ausübung der Option den Mitarbeitern zustehen, beschafft?

3. Was sind die wertbestimmenden Merkmale der Option?

---

[105] Zum Zahlungsprofil von Optionen siehe ausführlich z. B. BETSCH/GROH/LOHMANN (1998), S. 119 ff.

[106] Zur Frage des Entgeltcharakters betrieblicher Zusatzleistungen siehe ausführlich BALZ (1994), S. 60 ff.

8.3.2 Modellgestaltung und rechtliche Aspekte

8.3.2.1 Kreis der Beteiligten

Die Frage nach dem "Wer?" wird in der Praxis mehrheitlich zugunsten der ausschließlichen Einbeziehung von Vorständen und Führungskräften beantwortet, nur etwa jeder fünfte Plan umfasst alle Mitarbeiter[107]. Dabei ist zu beobachten, dass in Großunternehmen, in denen nur Führungskräfte durch ihre Tätigkeit die Entwicklung des Unternehmenswertes beeinflussen können, die Programme auch auf diese beschränkt sind. In kleineren Wachstumsunternehmen, die die Bindung des einzelnen an das Unternehmen stärken oder die Liquidität schonen wollen, partizipieren dagegen alle Mitarbeiter an einem Aktienoptionsplan[108]. Die Verteilung der Optionen folgt dem Prinzip, dass für Führungskräfte ein höherer variabler Anteil an der Gesamtvergütung gelten sollte als für andere Mitarbeiter. Sie ist daher i. d. R. progressiver als die Gehaltsverteilung, d.h. ein Mitarbeiter einer Funktionsebene mit dem doppelten Gehalt eines anderen wird mehr als das Doppelte der Aktienoptionen erhalten.

Bei der Gestaltung des Aktienoptionsprogramms ist das geltende Arbeitsrecht[109], insbesondere der Gleichbehandlungsgrundsatz zu beachten. Dieser untersagt dem Arbeitgeber, bei gruppenbezogenen Regelungen einzelne Arbeitnehmer ohne sachlichen Grund zu benachteiligen. Die Beschränkung der Teilnahme auf bestimmte Hierarchieebenen ist zulässig. Eine Differenzierung innerhalb einer Hierarchiegruppe setzt jedoch voraus, dass die individuelle Leistung z. B. im Rahmen von Zielvereinbarungen honoriert wird[110].

---

[107] Nach einer unveröffentlichten Studie der Unternehmensberatung Fides aus dem Jahre 2000 waren von 129 untersuchten Optionsplänen 55% auf Vorstand und Führungskräfte beschränkt, nur 20% der Pläne berücksichtigten alle Mitarbeiter.

[108] Vgl. SCHERER (2000), S. 63.

[109] Vgl. detailliert BUSCH (2000), S. 1294 ff.

[110] Vgl. KIENBAUM (Hrsg) (2000), S. 24 f.

8.3.2.2 Beschaffung der Aktien

Für das "Wie?" der Beschaffung bietet das Gesellschaftsrecht vier Möglichkeiten, die bedingte[111] Kapitalerhöhung, den Erwerb eigener Aktien, die ordentliche Kapitalerhöhung und die Schaffung genehmigten Kapitals. Die beiden letzteren kommen in der Praxis jedoch nicht vor. Gegen die ordentliche Kapitalerhöhung spricht, dass die Anzahl der über Optionen tatsächlich bezogenen Aktien bereits bei Beschluss feststehen müsste[112]. Genehmigtes Kapital ist auf maximal 5 Jahre befristet (§ 202 Abs. 1 AktG) und erfordert, dass in Abhängigkeit von der noch unbekannten Optionsausübung jedes Mal einzelne Handelsregistereintragungen vorgenommen werden. Die in der Praxis häufigste Variante, die bedingte Kapitalerhöhung zur Ausgabe selbständiger Optionsrechte ("nackte Optionsscheine")[113], wurde erst 1998 mit der Neufassung des § 192 AktG durch das KonTraG zulässig.

Bis zu 10% des Grundkapitals bei Beschlussfassung können als bedingtes Kapital zur Bedienung der Optionsrechte von Arbeitnehmern und Mitgliedern der Geschäftsführung der Gesellschaft oder eines verbundenen Unternehmens bereitgestellt werden. Voraussetzung ist ein Hauptversammlungsbeschluss, für den in § 193 Abs. 2 AktG Beschlussinhalte festgelegt werden, u.a. der Basispreis, der Kreis der Bezugsberechtigten und die Aufteilung der Bezugsrechte auf Arbeitnehmer und Vorstand, Erfolgsziele, Erwerbs - und Ausübungszeiträume und die Wartezeit bis zur erstmaligen Ausübung (Minimum 2 Jahre). Der Beschluss schließt automatisch die Bezugsrechte der Altaktionäre aus.

Der Erwerb und die Weitergabe eigener Aktien wurden ebenfalls durch das KonTraG deutlich vereinfacht (§ 71 Abs. 1 Nr. 8 AktG). Der Vorstand kann von der Hauptversammlung für die Dauer von 18 Monaten ermächtigt werden, bis zu einer Höchstgrenze von 10% des Grundkapitals eigene Aktien zurückzukaufen. Die anschließende Haltezeit ist nicht begrenzt, die Höhe der anderen Gewinnrücklagen muss jedoch die Umbuchung in Höhe des Kaufpreises in eine Rücklage für

---

[111] Bei einer bedingten Kapitalerhöhung hängt die Durchführung der Kapitalerhöhung vom Eintritt einer Bedingung, hier der Ausübung der Option durch die Berechtigten, ab.

[112] Vgl. WEIß (1998), S. 195f.

[113] In allen 25 in einer Stichprobe untersuchten Aktienoptionsprogrammen von Unternehmen am Neuen Markt wurden die Aktien durch eine bedingte Kapitalerhöhung beschafft; vgl. BÖRNER/KOLLMEIER (2000), Anhang 3.

eigene Aktien zulassen. Eine Verwendung dieser Aktien für Mitarbeiterbeteiligungsprogramme ist möglich, wenn die Hauptversammlung einen entsprechenden Beschluss fasst, der die gleichen Beschlussinhalte wie bei der bedingten Kapitalerhöhung nennen muss. Durch den Rückkauf eigener Aktien wird eine Verwässerung des Anteils der Altaktionäre vermieden. Der hierdurch ausgelöste Liquiditätsabfluss kann allerdings der Zielsetzung des Unternehmens widersprechen. Problematisch ist ferner, dass aufgrund des Charakters einer Option weder der Zeitpunkt der Ausübung noch die tatsächlich benötigte Zahl der Aktien feststehen.[114]

8.3.2.3 Ausstattungsmerkmale der Optionen

Das "Was?" bestimmt durch Festlegung der Merkmale Basispreis, Erfolgsziele, Warte - bzw. Sperrfristen und Übertragbarkeit den Wert einer Aktienoption[115]. Basispreis und Erfolgsziele sind dabei streng zu trennen. Während ein Erfolgsziel eine Hürde darstellt, deren Überwindung Voraussetzung für die Ausübung der Optionen ist, gibt der Basispreis den Gegenwert an, den der Optionsinhaber für die Aktie hingeben muss.

Der Basispreis kann ein fester oder ein indexierter Wert sein. In einfach gehaltenen Modellen wird der Basispreis bei Ausgabe der Option als absoluter Preis festgelegt. z. B. in Höhe des Emissionskurses bzw. des Börsenkurses zum Zeitpunkt der Optionsausgabe. Sobald der Aktienkurs den Basispreis übersteigt und die Optionen ausgeübt werden können, können die Optionsberechtigten so einen Gewinn in Höhe der Differenz erzielen.

Der Basispreis kann aber auch indexiert sein. Bei allen indexierten Basispreisen wird der tatsächliche Ausübungspreis erst zeitnah zum Beginn der Ausübungsfrist in Abhängigkeit von der Indexentwicklung festgelegt. Der Wert der Option für den Inhaber hängt ausschließlich von der relativen Performance des Aktienkurses

---

[114] Vgl. KAU/LEVERENZ (1998), S. 2274.

[115] Die heute gängigen Verfahren zur Optionsbewertung gehen auf die Arbeiten von BLACK/SCHOLES (1973), S. 637 ff. zurück. Siehe ausführlich BETSCH/GROH/LOHMANN (1998), S. 120 ff. oder HOLLAND (2000), S. 9 ff.

im Vergleich zum gewählten Index ab. Die Unternehmen können für die Indexierung zwischen einem eng abgegrenzten, spezifischen Konkurrenzindex oder weiter gefassten Branchen - oder Gesamtmarktindizes wählen[116]. Die Entscheidung muss für jedes Unternehmen individuell getroffen werden und hängt u.a. von der Unternehmensgröße, Branche und der Struktur der am Optionsplan teilnehmenden Mitarbeiter ab. Spezifische Konkurrenzindizes haben den Vorteil, leichter verständlich und akzeptierter zu sein. Da sie individuell zusammengestellt werden, verursachen sie jedoch höhere Kosten und können, wenn nur aus wenigen Unternehmen bestehend, stark von der Entwicklung einzelner Aktien beeinflusst werden.[117]

Modelle mit einem Basispreis in der Nähe des Kurses bei Ausgabe der Option werden in der Literatur kritisiert[118] und sind in einzelnen Fällen Gegenstand von Anfechtungsklagen (z. B. Daimler Benz) gewesen. Hauptkritikpunkt ist die unzureichende Berücksichtigung des Eigentümerinteresses nach Steigerung des Unternehmenswertes. Der durch die allgemeine Börsenentwicklung ausgelöste Anstieg des Aktienkurses lässt bei den Mitarbeitern Gewinne entstehen, auch wenn die Wertentwicklung unter der des Gesamtmarktes bzw. vergleichbarer Unternehmen liegt. Umgekehrt wird bei einem allgemein fallenden Markt eine auf gute Unternehmensleistungen zurückzuführende relativ bessere Entwicklung nicht honoriert. Der Gesetzgeber hat daher in § 193 Abs. 2 Nr. 4 AktG für die Durchführung einer bedingten Kapitalerhöhung[119] zur Ausgabe von Optionen die Festlegung von Er-

---

[116] Die bereits erwähnte Fides-Untersuchung zeigt, dass von 50 Optionsplänen mit Indexierung des Basispreises 38 (76%) einen deutschen Gesamtmarktindex verwenden. Selbst definierte Indizes setzen nur drei (6%) der Unternehmen ein.

[117] Die Lufthansa AG verwendet mangels geeigneter Branchenindizes einen spezifischen Konkurrenzindex mit einer Gewichtung von 50% British Airways, 30% KLM und 20% Swissair; vgl. OTT (1998), S. 123. Die z.Zt. laufenden Fusionsgespräche zwischen British Airways und KLM, die den Kursverlauf der beiden Aktien beeinflussen, verdeutlichen die Problematik eng gefasster Konkurrenzindizes.

[118] Vgl KLEMUND (1999), S. 72.; SCHWETZLER (1999), S. 339

[119] Da der Hauptversammlungsbeschluss zum Erwerb eigener Aktien für Zwecke von Aktienoptionsprogrammen die gleichen Inhalte wie bei Aktienbeschaffung durch eine bedingte Kapitalerhöhung enthalten muss, ist auch hier die Setzung von Erfolgszielen notwendig.

folgszielen vorgesehen, deren Erreichen die Voraussetzung für das Ausüben der Optionen ist.

Erfolgsziele können sowohl aktienkurs - als auch kennzahlenbasiert sein. Aktienkursbasierte Erfolgsziele werden in absolute (z. B. 12% Kurssteigerung p.a.) oder relative Erfolgsziele (z. B. Kursanstieg höher als der eines Index) unterschieden. Für kennzahlenbasierte Erfolgsziele sollten Größen verwendet werden, die eine enge Korrelation mit der Wertentwicklung am Markt aufweisen. Genannt werden hier vor allem Economic Value Added, Discounted Cashflow oder Return on Equity bzw. Capital Employed[120], die in der wertorientierten Unternehmensführung Verwendung finden. Da bei börsennotierten Unternehmen allerdings die Entwicklung der internen Größen nicht zwingend mit Aktienkurssteigerungen verbunden sein muss, können die Interessen der Mitarbeiter und der Aktionäre daher bei Nutzung interner Erfolgsziele auseinanderlaufen.

Die Ausübung einer Option ist nur innerhalb eines im Voraus festgelegten Zeitraums möglich. Der Gesetzgeber sieht für "nackte Optionen" eine Wartezeit bis zur ersten Ausübung von mindestens zwei Jahren vor (§ 193 Abs. 2 AktG). In der Praxis haben sich Modelle durchgesetzt, die die Ausübungsrechte in Tranchen unterteilen mit frühester Ausübung der ersten Tranche nach zwei - bis dreijähriger Sperrfrist[121]. Weitere Tranchen werden in meist einjährigem Abstand fällig. Die Gesamtlaufzeit und damit der Zeitraum bis zur spätesten Ausübung beträgt überwiegend fünf Jahre. Zum Schutz außenstehender Aktionäre und zur Vermeidung von Insidergeschäften ist die Ausübung der Optionen auch nach Ablauf der Sperrfrist nicht zu jedem Zeitpunkt möglich, sondern nur innerhalb sogenannter Handelsfenster. Diese können grundsätzlich dann geöffnet werden, wenn der Informationsstand interner und externer Aktionäre gleich ist. Typische Regelungen sehen sog. "Ausübungsfenster" in den ein bis vier Wochen nach Bekanntgabe von Quartalsergebnissen vor bzw. schließen als "Blockperiods" die Ausübung in Phasen

---

[120] Vgl. KRAMARSCH (2000), S. 165 ff. Zu den Kennzahlen wertorientierter Unternehmenführung siehe für viele BÜHNER (2000), S. 35 ff.

[121] Von den 25 Aktienoptionsplänen einer Stichprobe von 37 Unternehmen des NEMAX 50 hatten 10 eine Wartezeit von zwei Jahren, die übrigen meist drei Jahre; vgl. BÖRNER/KOLLMEIER (2000), S. 55f.

unterschiedlicher Informationsstände von internen und externen Aktionären, z. B. in den vier Wochen vor Veröffentlichung der Quartalsergebnisse, aus[122].

Um die angestrebte langfristige Motivations- und Bindungswirkung zu erzielen, sind Mitarbeiteroptionen im Gegensatz zu börsennotierten Optionen meist weder handel- noch abtretbar. Die Optionsausübung ist an das Fortbestehen des Arbeitsverhältnisses geknüpft[123].

8.3.2.4 Steuerliche und bilanzielle Behandlung

Die steuerliche Betrachtung muss sowohl die begünstigten Mitarbeiter als auch die Unternehmen berücksichtigen. Aktienoptionen für Mitarbeiter sind Bestandteil eines Entgeltpaketes und daher als Arbeitslohn lohnsteuer - und sozialversicherungspflichtig. Besteuert wird beim Arbeitnehmer der Wert im Zeitpunkt des Zuflusses, für den nach den in der Literatur vertretenen Ansichten grundsätzlich sowohl der Tag der Einräumung der Optionsrechte durch den Arbeitgeber als auch der Tag der Ausübung der Optionen in Frage kommen können[124]. Das sonst bei Gestaltungsspielräumen im Steuerrecht angestrebte Ziel, Erträge zwecks Steuerstundung möglichst spät anfallen zu lassen, ist bei Aktienoptionen ein zweischneidiges Schwert. Bei sehr positivem Kursverlauf kann der bei Ausübung zu versteuernde Betrag als Differenz aus aktuellem Aktienkurs und Basispreis ein Vielfaches des Wertes der Option zum Zeitpunkt der Einräumung sein. Nach der gängigen Ansicht in der Rechtsprechung sind nur frei handelbare bzw. marktfähige Optionsrechte zum Zeitpunkt der Einräumung zu besteuern[125]. Gerade Mitarbeiteroptionen unterliegen jedoch einer Sperrfrist, so dass nach dem derzeitigen Stand der Diskussion beim Arbeitnehmer zum Zeitpunkt der Optionsausübung die Differenz aus Aktienkurs und Bezugspreis besteuert wird.

---

[122] Vgl. KRAMARSCH (2000), S. 68 f.

[123] Ausnahmen werden häufig bei Tod (Vererbung) oder Berufsunfähigkeit gemacht.

[124] Siehe z. B. KRAMARSCH (2000), S. 70 ff und JACOBS/PORTNER (2000), S. 182 ff. und die dort angegebene Literatur.

[125] Vgl. JACOBS/PORTNER (2000), S. 182 f., die allerdings eine Besteuerung im Zeitpunkt der Gewährung favorisieren.

Nach einer Kapitalerhöhung mit Bezugskurs für die neuen unterhalb des Börsenkurses der alten Aktien liegt der rechnerische Kurs einer Aktie unter dem der alten Aktien. Dieser "Verwässerungseffekt" wird bei den Altaktionären steuerlich nicht berücksichtigt[126]. Insofern wäre zu erwarten, dass als Gegenstück zur Besteuerung beim Arbeitnehmer das Unternehmen in gleicher Höhe Betriebsaufwand geltend machen kann. Dies trifft aber nur zu, wenn die Optionsrechte aus zunächst vom Unternehmen erworbenen Aktien befriedigt werden. In diesem Fall ist eine Teilwertabschreibung möglich[127], die bei Erwerb im Zeitpunkt der Optionsausübung ihrer Höhe nach der Differenz zwischen Anschaffungspreis durch das Unternehmen und Basispreis entspricht[128]. Dagegen entstehen bei Beschaffung der Aktien im Wege einer bedingten Kapitalerhöhung keine Betriebsausgaben. Hier wird darauf abgestellt, dass alle Vorgänge gesellschaftsrechtlicher Natur sind und das Betriebsvermögen des Unternehmens nicht berühren[129].

Die Bilanzierung von Aktienoptionen auf Basis bedingter Kapitalerhöhungen in der Handelsbilanz ist noch nicht abschließend geregelt. In Analogie zur Behandlung nach US-Generally Accepted Accounting Principles (US-GAAP)[130] wird für die Zusage von Aktienoptionen eine Buchung "Personalaufwand an Kapitalrücklage" vorgeschlagen, die dann bei Ausübung die Buchung "Kasse an Gezeichnetes Kapital/Kapitalrücklage" auslöst[131]. Begründet wird diese Vorgehensweise mit einer wirtschaftlichen Betrachtungsweise, die auf den Entlohnungscharakter der

---

[126] Dies gilt zumindest für den Streubesitz. Bei Großaktionären ist dagegen auch außerhalb der Spekulationsfrist der Vermögenszuwachs bei Veräußerung einkommensteuerpflichtig, der Verwässerungseffekt "entlastet" daher eingeschränkt und zeitlich verzögert auch von der Einkommensteuer.

[127] Vgl. ACHLEITNER/WICHELS (2000), S. 22

[128] Vgl. KIENBAUM (2000), S. 63.

[129] Vgl. HERZIG (1998), S. 184 ff.

[130] Zu den Vorschriften und Gestaltungsmöglichkeiten der US-GAAP unter dem Blickwinkel börsennotierter deutscher Aktiengesellschaften siehe ausführlich KUNZI/HASBARGEN/KAHRE (2000), S. 285 ff.

[131] Diese Ansicht wird insbesondere von PELLENS/CRASSELT (1998), S. 140 ff. vertreten. Siehe ausführlich zu Bilanzierungsfragen von Aktienoptionen HAARMANN (2000), S. 113 ff. und HOLLAND (2000), S. 47 ff.

Aktienoptionen und den Einsatz der Arbeitsleistung im Prozess der betrieblichen Leistungserstellung abstellt, der den Ansatz von Personalaufwand erfordert[132].

8.3.3 Eignung von Aktienoptionsplänen

Die Eignung eines Instruments kann unter zwei Aspekten diskutiert werden: Beitrag zur Zielerreichung und Kosteneffizienz. Aktienoptionspläne können grundsätzlich ein Mittel zur Erreichung der in Abschnitt 1 genannten Ziele sein. Sie werden von Unternehmen sehr unterschiedlicher Größe und Branchenzugehörigkeit ebenso zur Gewinnung und Bindung von Fach - und Führungskräften[133] wie als wertorientierter Bestandteil eines Entlohnungssystems eingesetzt[134]. Als Instrument der Personalakquisition können sie den Mitarbeitern Aussicht auf erhebliche Zusatzeinkommen bieten[135] Als Vergütungselement setzen sie direkt am Unternehmenswert an und können so die Mitarbeiter- an den Eigentümerinteressen ausrichten. Werden die Aktien über eine bedingte Kapitalerhöhung beschafft, wird die Liquidität des Unternehmens von der Optionsausgabe nicht belastet und die Personalkosten können durch Ausgabe von Optionen anstelle von Barlohn flexibilisiert werden.

Voraussetzung für eine Motivations- und Bindungswirkung ist aus rein monetärer Sicht jedoch, dass die Mitarbeiter subjektiv den Erwartungswert des Vermögenszuwachses höher einschätzen als den alternativer Entgeltformen. Bei vielen, insbesondere noch nicht börsennotierten Unternehmen muss häufig erst einmal eine Wissensbasis für das Verständnis dieser Instrumente gelegt werden, bevor der Mitarbeiter ihren Wert überhaupt einschätzen kann. In der Literatur wird die Be-

---

[132] Vgl. PELLENS/CRASSELT (1998), S. 141 f. Anderer Ansicht NAUMANN (1998), S. 1430, der durch die Gewährung einer Option die Vermögenssphäre der Gesellschaft nicht berührt sieht und daher auch keinen bilanzierungsfähigen Geschäftsvorgang anerkennt.

[133] SCHERER (2000), S. 62 f. geht auf die Bedeutung für junge Wachstumsunternehmen ein. Die SAP AG begründete die Einführung ihres Aktienoptionsprogrammes 2000, für die eine außerordentliche Hauptversammlung einberufen wurde, mit dem Wettbewerb um Führungskräfte und Leistungsträger.

[134] Vgl. z. B. PELLENS/CRASSELT/ROCKHOLTZ (1998), S. 7 ff.

[135] Anfang 2000 wurden in der Wirtschaftspresse Fragen wie die nach der Motivierbarkeit von Mitarbeiter-Millionären diskutiert. Vorübergehend waren etwa ein Drittel der 30.000 Microsoft-Beschäftigten Beteiligungsmillionäre.

deutung der Ausstattungsmerkmale Basispreis, Wartezeit und Erfolgsziele für die Zielkongruenz eines Aktienoptionsplanes hervorgehoben[136]. Aus Sicht der Aktionäre scheinen zunächst alle Merkmale geeignet zu sein, die eine Ausübung der Optionen verzögern (z. B. Sperrfristen), den Mitarbeitern ambitionierte Erfolgsziele vorgeben (z. B. Indexierung) oder sie mit eigenem Vermögen in das Risiko nehmen (z. B. Mindesthaltedauer für Aktien nach Optionsausübung). Durch die Festlegung von Bedingungen, deren Erfüllung Voraussetzung für eine Ausübung der Option ist, sinkt der Optionswert[137]. Diese finanzmathematische Betrachtung wird intuitiv auch von den Mitarbeitern nachvollzogen werden und ein als "wertlos" erachteter Gehaltsbestandteil wird nicht nur keine positiven sondern u. U. sogar negative Auswirkungen auf die Ziele haben. Letztlich muss daher jeder Aktienoptionsplan einen vernünftigen Kompromiss zwischen den Interessen der Optionsberechtigten und denen der Aktionäre herbeiführen. Dabei ist von der Situation des jeweiligen Unternehmens auszugehen. Ein Modell mit komplexen Erfolgszielen (z. B. Orientierung an internen Kennzahlen wie EVA) kann für die oberste Führungsebene eines börsennotierten Unternehmens sinnvoll sein. Für ein Programm, das alle Mitarbeiter eines kleineren Unternehmens auf dem Weg zur Börse einbeziehen soll, ist es das sicherlich nicht[138]. Einmal tragen diese Mitarbeiter häufig ein höheres Arbeitsplatzrisiko[139] und ein dauerhafter Wert wird erst mit dem Börsengang und den dadurch erschlossenen neuen Finanzierungsmöglichkeiten geschaffen. Zum anderen ist bei einem auf alle Mitarbeiter angelegten Programm es wesentlich wichtiger, dass dieses den Mitarbeitern einfach zu kommunizieren ist.

Aktienoptionsprogramme können auch dann problematisch hinsichtlich der Motivations- und Bindungswirkung werden, wenn sie zu großen Entgeltunterschieden

---

[136] Vgl. z. B. ACHLEITNER/WICHELS (2000), S. 18 ff.; KRAMARSCH (2000), S. 157 ff.

[137] Zur Auswirkung von Ausstattungsmerkmalen einer Option auf ihren Wert siehe HOLLAND (2000), S. 19 ff.

[138] Vgl. VOGEL (2000), S. 938 f., der aus dem Regelungszweck des Gesetzgebers ableitet, dass es der Hauptversammlung nicht börsennotierter Aktiengesellschaften freistehen sollte, auf das Festlegen von Erfolgszielen zu verzichten.

[139] Vgl. SCHERER (2000), S. 65.

zwischen Mitarbeitern mit nur leicht abweichenden Arbeitsplatzmerkmalen, z. B. Eintrittsdaten in das Unternehmen, führen[140]. Auch fiel die Einführung der meisten Programme in Deutschland in eine Phase stark steigender Aktienkurse. Die subjektive Wertschätzung durch viele Mitarbeiter kann durch überzogene Kurserwartungen überhöht sein. Ihren wesentlichen Test müssen Aktienoptionen noch bestehen, wenn in Phasen sinkender Kurse die begünstigten Mitarbeiter erwarten, dass innerhalb der Laufzeit der Aktienkurs den Basispreis nicht mehr überschreitet. In diesen Fällen schwindet die Bindungswirkung, da der monetäre Anreiz entfallen ist[141].

Die Kosteneffizienz von Aktienoptionsplänen kann nur unter Einbeziehung der steuerlichen Regelungen beurteilt werden. Die geltenden Regelungen treiben einen "Steuerkeil"[142] in die Vergütungsentscheidung, denn Aktienoptionen werden als Gehaltsbestandteil schlechter gestellt als andere Vergütungselemente, bei denen der Steuerpflicht der Mitarbeiter Betriebsaufwand beim Unternehmen gegenübersteht. Um aus Sicht der Unternehmen effizient zu sein, muss die höhere Motivations- und Bindungswirkungen einer Gehaltszahlung in Form von Aktienoptionen die steuerliche Benachteiligung überkompensieren. Ob dies gelingt, hängt neben exogenen Faktoren wie der Kapitalmarktsituation, die die subjektiven Erwartungen der Mitarbeiter beeinflusst, stark von der Fähigkeit der Unternehmensspitze ab, das Programm sinnvoll mit einer immateriellen Komponente zu

---

[140] In dieser Situation sind eine Reihe von Unternehmen am Neuen Markt, die im Zeitpunkt des Börsenganges großzügige Aktienoptionsprogramme für die vorhandenen Mitarbeiter auflegten, die jedoch nicht oder nur zu deutlich schlechteren Konditionen (z. B. höherer Basispreis nach Kursexplosion) auf Neueintritte ausgeweitet wurden.

[141] Die Großaktionäre des Systemhauses NSE AG, dessen Aktie Anfang 2000 nach einer deutlichen Verfehlung der Pläne für 1999 auf etwa die Hälfte des Emissionskurses fiel, schenkten den 330 Mitarbeitern ca. 3% der Aktien des Unternehmens im Marktwert von ca. 4 Mio. €. Anlass war die angesichts der Unternehmenssituation gestiegene Fluktuation am Standort München. Amerikanische Unternehmen gehen in dieser Situation häufig dazu über, den Basispreis auf niedrigerem Niveau neu festzusetzen. Prominentestes Beispiel ist wohl Microsoft, die nach dem Kursverfall ihrer Aktie in Folge der Antitrustprozesse zu diesem Mittel griff, um die Mitarbeiter weiterhin zu binden. Deutschen Unternehmen ist die Preisadjustierung untersagt.

[142] Zur Wirkung steuerlicher Vorschriften auf Entgeltentscheidungen siehe am Beispiel der betrieblichen Altersversorgung BALZ (1994), S. 140ff. und die dort angegebene Literatur.

verknüpfen[143]. Nur wenn sie über genügend Informationen verfügen und (im Rahmen ihrer Kompetenzen) in Unternehmensentscheidungen einbezogen werden, können Mitarbeiter sich entsprechend der Zielsetzung der Optionsprogramme verhalten und die Steigerung des Unternehmenswertes als ein Ziel ihrer Arbeit sehen.

Aus gesellschaftspolitischer Perspektive ist zu kritisieren, dass die in den Aktienoptionsprogrammen steckende Chance, Arbeitnehmer in größerem Umfang als bisher zu Aktionären zu machen, durch die geltenden Steuervorschriften stark gemindert wird. Will sich ein Mitarbeiter durch Ausübung der Option und Halten der Aktien am Unternehmen beteiligen, dann muss er neben dem Basispreis für den Bezug der Aktie noch die Steuerzahlung auf die Differenz zwischen aktuellem Aktienkurs und Basispreis aufbringen. Gerade bei positiver Entwicklung des Aktienkurses ist der Kapitalbedarf für die Steuerzahlung häufig höher als der für den Bezug der Aktien zum Basispreis.

8.4 Ausblick

Die Beteiligung der Mitarbeiter über Aktienoptionspläne ist für deutsche Unternehmen eine recht neue Entwicklung. Die Möglichkeiten und Risiken dieses Instruments der Unternehmensführung sind weder aus betriebswirtschaftlicher noch aus rechtlicher Sicht vollends geklärt. Da Optionspläne international jedoch zu einem Standardbestandteil von Entgeltpaketen für Fach- und Führungskräfte geworden sind, werden sie auch für deutsche Unternehmen keine nur vorübergehende Erscheinung sein, sondern im Zuge der Internationalisierung der Arbeitsmärkte weiterhin eingesetzt werden müssen. Virtuelle Options- oder Wertzuwachsmodelle sind zumindest heute kein Ersatz, wie das Beispiel der SAP AG zeigt[144]. Mit dem Auslauf der Sperrfristen für die ersten Optionsmodelle und dem Durchlaufen

---

[143] Vgl. zu den Erfolgsvoraussetzungen SCHNEIDER/ZANDER (1993), S. 62 f.

[144] Die SAP AG hatte erstmals 1998 ein virtuelles Aktienoptionsprogramm aufgelegt, das den Mitarbeitern eine Zahlung in Abhängigkeit von der Kurssteigerung der SAP - Vorzugsaktie garantierte. Neben der Notwendigkeit, die erheblichen tatsächlichen Zahlungen und nicht nur den Gegenwert von Optionen als Personalaufwand zu buchen, wurde die zusätzliche Einführung eines Optionsprogrammes auf der außerordentlichen Hauptversammlung am 18. Januar 2000 vor allem mit der fehlenden Attraktivität virtueller Optionen im internationalen Personalwettbewerb begründet.

unterschiedlicher Phasen eines Börsenzyklusses wird die Erfahrung im Umgang mit diesem Instrument steigen. Insbesondere heute noch umstrittene Aspekte der Merkmale von Optionsplänen könen dann empirisch überprüft werden. Aus betriebswirtschaftlicher Notwendigkeit und durch Änderungen in den rechtlichen Rahmenbedingungen wird es dabei immer wieder zu neuen Modellvarianten kommen. Die rechtlichen Rahmenbedingungen sind durch das KonTraG zwar deutlich verbessert worden, an Nachteilen bleiben neben der steuerlichen Behandlung die Anforderungen an die Inhalte des Hauptversammlungsbeschlusses zur bedingten Kapitalerhöhung bestehen. Insbesondere die Festschreibung von Erfolgszielen und die Begrenzung des bedingten Kapitals bzw. des Rückkaufumfanges auf 10% des Grundkapitals bei Beschlussfassung sind nicht für alle Unternehmen sinnvoll[145]. Als größtes Manko gerade im internationalen Wettbewerb ist die höhere Steuerbelastung von Aktienoptionsplänen in Deutschland zu sehen. Die steuerliche Behandlung ist daher schon längst nicht nur Gegenstand der Fachdiskussion sondern auch ein Thema politischer Lobbyarbeit geworden. Wenn es hier zu einer Verbesserung kommen sollte, dann wird diese eher bei der Anerkennung als Betriebsaufwand beim Unternehmen zu erwarten sein als bei - steuersystematisch auch nur schwer zu begründenden - Freibeträgen oder niedrigeren Steuersätzen für Mitarbeiter.

---

[145] Vgl. SCHERER (2000), S. 64 f.

Literaturverzeichnis

ACHLEITNER, Ann-Kristin / WICHELS, Daniel (2000): Stock Option-Pläne als Vergütungsbestandteil wertorientierter Entlohnungssysteme, in: Achleitner/Wollmert (Hrsg.): Stock Options, Stuttgart, S. 1 - 25

BALZ, Ulrich (1994): Betriebliche Altersversorgung - der staatliche Einfluss auf soziale Sicherung und Kapitalbildung, Frankfurt

BUSCH, Ralf (2000): Aktienoptionspläne - arbeitsrechtliche Fragen, in: Betriebs-Berater, 55. Jg., S. 1294 - 1297

BETSCH, Oskar / GROH, Alexander / LOHMANN, Lutz (1998): Corporate Finance, München

BLACK, Fischer / SCHOLES, Myron (1973): The Pricing of Options and Corporate Liabilities, in: Journal of Political Economy, Vol. 81, S. 637-654

BÖRNER, Thorsten / KOLLMEIER, Jenny (2000): Chancen und Risiken einer Mitarbeiterbeteiligung bei Unternehmen am Neuen Markt, Diplomarbeit, Fachhochschule Münster

BÜHNER, Rolf (2000): Mitarbeiter mit Kennzahlen führen - Der Quantensprung zu mehr Leistung, 4. Aufl., Landsberg

HAARMANN, Wilhelm (2000): Bilanzierungsfragen bei der Vergütung durch Stock Options in Deutschland, in: Achleitner/Wollmert (Hrsg.): Stock Options, Stuttgart 2000, S. 113 - 132

HERZIG, Norbert (1998): Steuerliche Konsequenzen von Aktienoptionsplänen (Stock Options), in: Pellens (Hrsg.): Unternehmenswertorientierte Entlohnungssysteme, Stuttgart 1998, S. 161 - 191

HOLLAND, Susanne (2000): Aktienoptionspläne, Frankfurt

JACOBS, Otto H. / PORTNER, Rosemarie (2000): Die steuerliche Behandlung von Stock Option-Plans in Deutschland, in: Achleitner/Wollmert (Hrsg.): Stock Options, Stuttgart, S. 173 - 211

KAU, Wolfgang M. / LEVERENZ, Niklas (1998): Mitarbeiterbeteiligung und leistungsgerechte Vergütung durch Aktien-Optionspläne, in: Betriebs-Berater, 53. Jg., Heft 45, S. 2269 - 2276

KIENBAUM (Hrsg.) (2000): Mustervertrag Nr. 20, Gummersbach

KLEMUND, Michael (1999): Stock Option Plans - Ein Anreizsystem zur langfristigen Steigerung des Shareholder Value, Frankfurt

KRAFT, Holger / REICHLING, Peter (2000): Prinzipal - Agent - Beziehung: First best, second - best and third - best, in: Kredit und Kapital, 33. Jg., S. 151 - 181

KRAMARSCH, Michael H. (2000): Aktienbasierte Managementvergütung, Stuttgart

KUNZI, Daniel / HASBARGEN, Ulrike / KAHRE, Burkhard (2000): Gestaltungsmöglichkeiten von Aktienoptionsprogrammen nach US-Gaap, in: Der Betrieb, 53. Jg., S. 285 - 288

MCKINSEY & CO. (Hrsg.) (1998): Mitarbeiterbeteiligung - ein Konzept mit Zukunft, Düsseldorf

NAUMANN, Thomas (1998): Zur Bilanzierung von Stock Options - Erwiderung zu dem Beitrag von Pellens/Crasselt, in: Der Betrieb, 51. Jg., S. 1428 - 1431

OTT, Markus (1998): Mitarbeiterbeteiligung und Aktienoptionen im Lufthansa Konzern, in: Pellens (Hrsg.): Unternehmenswertorientierte Entlohnungssysteme, Stuttgart, S. 115 - 124

PELLENS, Bernhard / CRASSELT, Nils (1998): Aktienkursorientierte Entlohnungsinstrumente im Jahresabschluss, in: Pellens (Hrsg.): Unternehmenswertorientierte Entlohnungssysteme, Stuttgart, S. 125 - 160

PELLENS, Bernhard / CRASSELT, Nils /ROCKHOLTZ, Carsten (1998): Wertorientierte Entlohnungssysteme für Führungskräfte - Anforderungen und empirische Evidenz - in: Pellens (Hrsg.): Unternehmenswertorientierte Entlohnungssysteme, Stuttgart, S. 1 - 28

SCHERER, Mirko (2000): Aktienoptionen in Wachstumsunternehmen, in Achleitner/Wollmert (Hrsg.): Stock Options, Stuttgart, S. 61 - 68

SCHNEIDER, Hans J. / ZANDER, Ernst (19993): Erfolgs - und Kapitalbeteiligung der Mitarbeiter in Klein - und Mittelbetrieben, 4. Aufl., Freiburg

SCHWETZLER, Bernhard (1999): Shareholder Value Konzept, Managementanreize und Stock Option Plans, in: Die Betriebswirtschaft, 59. Jg., Heft 3, S. 332 - 350

VOGEL, Frank (2000): Aktienoptionsprogramme für nicht börsennotierte AG - Anforderungen an Hauptversammlungsbeschlüsse, in: Betrienbs-Berater, 55. Jg., S. 937 - 940

WEIß, Daniel M. (1998): Aktienoptionspläne für Führungskräfte, Köln

9 Erfolgreiche Vermarktung eines IPO

9.1 Selbst- oder Fremdemission

Zu Beginn eines IPO-Prozesses muss der Emittent in Zusammenarbeit mit dem IPO- Berater zuerst einmal klären, ob die Emission im Rahmen einer Selbst- oder Fremdemission auf dem Markt platziert werden soll.

Bei der Selbstemission ist der Emittent für den gesamten Prozess alleine verantwortlich. Dieser beginnt mit der technischen Abwicklung und geht über die Information der potentiellen Anleger nach den Vorschriften des Verkaufsprospektgesetzes, die Abrechnung und das Inkasso der Kaufaufträge bis hin zur Lieferung der Wertpapiere bzw. deren Einbuchung in die Depots.

Die in der Realität nicht sehr häufig umgesetzten Selbstemissionen werden in Fällen versucht, in welchen die Kapitalmarkt- und Börsenreife noch nicht gegeben ist, gleichwohl aber das Unternehmensrisiko bzw. die -chance auf eine breite Aktionärsbasis ausgedehnt werden soll. Ein populäres Beispiel hierfür sind die ersten Emissionen der Cargolifter AG, die auf diesem Wege die Vorfinanzierung des Projektes bis zum IPO im Jahr 2000 realisiert hat.

Die am stärksten verbreitete Art der Emission ist die Fremdemission, bei der sich mehrere Banken bei dem Emittenten um das Emissionsmandat bewerben. Bei der Wahl der richtigen Banken hilft ein sogenannter Beauty-Contest, bei welchem ausgewählte Banken ihre Emissionskonzeption sowie die indikative Wertableitung vorstellen. Basierend auf den Präsentationen der Banken wird ein Konsortium ausgewählt, welches den gesamten IPO-Prozess umsetzt. Die im Syndikat vertretenen Banken bilden eine Gesellschaft bürgerlichen Rechts, deren Leitung in der Regel eine Konsortialbank, der sogenannte Lead Manager, hat.

Alle im Konsortium vertretenen Banken nutzen für die Platzierung der Emission ihre spezialisierten Vertriebssysteme, die sich sowohl an Privatanleger als auch an nationale wie internationale institutionelle Anleger richten. Des weiteren bereiten die Banken mit den Emittenten die Transaktionen möglichst umfassend vor, um so den bestmöglichen Erfolg der Emission zu erreichen.

9.2 Platzierungsverfahren

9.2.1 Das Festpreisverfahren

Im Rahmen des Going-Public müssen die Unternehmen sich schon sehr frühzeitig mit ihren Konsortialbanken auf ein geeignetes Platzierungsverfahren einigen. Bei dem Prozess der Emissionspreisfindung müssen die Banken die konträren Standpunkte des Emittenten, der einen möglichst hohen Emissionspreis wünscht, und der Investoren, die an einem relativ niedrigen Emissionspreis interessiert sind, austarieren und in die Preisfindung so integrieren, dass für eine langfristige positive Performance der Aktie am Kapitalmarkt die Grundlage gelegt ist.

Mit der stark steigenden Zahl der Neuemissionen, auch Initial Public Offering (IPO) genannt, wurde die Erlangung von Führungsmandaten für die Banken immer imageprägender und lukrativer. Ein für den Erhalt des Mandats nicht zu unterschätzendes Kriterium ist die Bewertung des Unternehmens aus Kapitalmarktsicht, da diese im Rahmen der Platzierung realisiert werden soll. In diesem Zusammenhang wurde das bis 1995 gängige Festpreisverfahren kritisch gesehen, da sich die begleitenden Banken immer mehr dem Vorwurf ausgesetzt sahen, bei der Festlegung des Emissionspreises die Emittenteninteressen deutlich vor die Kapitalmarktinteressen zu stellen.

Bei diesem Festpreisverfahren ist es üblich, dass auf Basis einer umfassenden Unternehmensbewertung, die normalerweise mit einer exakten Plausibilitätsprüfung der Planzahlen einhergeht, der Emissionspreis festgelegt wird. Diese Plausibilitätsprüfung, die auch Financial Due Diligence genannt wird, wird i. d. R. von externen spezialisierten Wirtschaftsprüfern vorgenommen.

Parallel zur fundamentalen Unternehmensbewertung fließen in die Preisfeststellung aber auch die Kapitalmarkt- und Wettbewerbersituation ein. Hierbei kommt es aber selten zur optimalen Marktanalyse, da es im Gegensatz zum Bookbuilding-Verfahren keine Pre-Marketing-Phase, bei der ein Feedback von Investorenseite geholt wird, gibt. Nach Festlegung des Emissionskurses gibt es für potentielle Investoren bei diesem Verfahren nur zwei Möglichkeiten, sich mit dem Emissionspreis auseinanderzusetzen: Entweder er zeichnet zum vorgegebenen Preis oder eben nicht.

Ein Vorteil für den Emittenten ist das beim Festpreisverfahren übliche Übernahmekonsortium, bei dem die Konsortialbanken eine Übernahme des gesamten Emissionsvolumens bereits im Vorfeld der Platzierung zum festgelegten Emissionspreis garantieren. Durch diese feste Übernahmestruktur seitens der verschiedenen Konsorten werden allerdings die einzelnen Platzierungsleistungen und -bemühungen nicht berücksichtigt. Außerdem sind die Banken nicht verpflichtet, Qualität und Umfang der einzelnen Investoren zu publizieren. Dies bedeutet insbesondere, dass die Investoren dem Konsortialführer und dem Emittenten nicht transparent gemacht werden, und damit über die Qualität, und die "echte" Nachfrage keine Einschätzungen gemacht werden können. Nachteilig ist ebenfalls, dass der Emittent sowie die Investmentbank keine Möglichkeiten haben, auf Marktveränderungen während der Zeichnungsfrist einzugehen.

Eine schlechte oder nicht vollständig platzierte Emission wird in der Regel zu einer Belastung des Sekundärmarktes führen, da diese Bestände häufig in den ersten Wochen in den Sekundärmarkt zurückfließen und so die Performance der Aktie beeinträchtigen. Diese Entwicklung ist weder im Interesse des Emittenten noch der Konsortialbanken, da im "worst case" die Emission als misslungene Börseneinführung gewertet wird, oder nur durch aufwendige Umplatzierungsmaßnahmen gestützt werden kann. Aufgrund der oben genannten Nachteile hat das Festpreisverfahren im Rahmen eines IPO praktisch keine Bedeutung mehr und wird nur noch bei Kapitalerhöhungen mit Bezugsrechten angewandt, wobei es auch hier schon alternative Vorgehensweisen gibt.

9.2.2 Das Bookbuilding-Verfahren

Das Bookbuilding-Verfahren ist mittlerweile am weitesten verbreitet. Dieses Verfahren, das seine Wurzeln in den USA hat, ist aufgrund seiner hohen Kapitalmarkteagibilität eine gute Alternative zum Festpreisverfahren. In Deutschland wurde das Bookbuildinging erstmals bei dem IPO der Lufthansa (ausmachendes Volumen von 1,7 Mrd. DM) angewandt. 1995 wurden die Aktien der Adidas AG und der Merck KGaA, dem bis dato größten IPO der Nachkriegszeit, mit Hilfe des

Bookbuilding-Verfahrens platziert. Das erste Mal der breiten Öffentlichkeit vorgestellt wurde das Bookbuilding-Verfahren 1996 bei der ersten Tranche der Deutschen Telekom AG, die mit einem enormen Marketingaufwand sehr erfolgreich an den Markt gebracht wurde.

Alle oben genannten Transaktionen hatten das Charakteristikum, die Aufnahmekraft des deutschen Kapitalmarktes zu übersteigen. Um aber dennoch das gesamte geplante Emissionsvolumen platzieren zu können, war es wichtig, die Platzierung ebenfalls auf den internationalen Kapitalmärkten vorzunehmen. Zur erfolgreichen Umsetzung dieses Zieles war es erforderlich, dass das den internationalen, zumeist angelsächsischen Investoren geläufige Bookbuilding-Verfahren eingesetzt wurde. Bei diesem Verfahren entsteht der Preis aus der Nachfragefunktion, die im sogenannten Pre-Marketing mit den potentiellen Investoren eruiert wurde. Einer der wesentlichen Vorteile des Bookbuilding-Verfahrens besteht somit darin, dass die langfristig erforderliche Performance zur Erhaltung der Nachfrage am Sekundärmarkt bereits stärker in die Preisfindung integriert ist, als bei herkömmlichen Verfahren.

Das Kernstück des Bookbuilding-Verfahrens ist das Orderbuch, das dem Verfahren auch seinen Namen verleiht. Dieses Orderbuch ist eine EDV-gestützte Sammelstelle, in die alle Zeichnungswünsche der jeweiligen Interessenten mit Menge und Preis eingetragen werden. Die buchführende Bank (Bookrunner) ist die Konsortialführerin, die von den anderen Konsorten die Zeichnungswünsche elektronisch übermittelt bekommt. Soweit es sich um institutionelle Zeichnungen handelt, werden diese auch namentlich genannt und in ihr Buch verdichtet.

Das Orderbuch bietet zwei Vorteile: Aufgrund seiner hohen Transparenz erhalten die Banken und der Emittent einen sehr guten Überblick über das Nachfrageverhalten und die Preissensitivitäten. Es ermöglicht darüber hinaus auch eine qualitative Steuerung, denn Zuteilungen können aufgrund der Qualität der jeweiligen Order vorgenommen werden. Maßgebliches Kriterium für die Einschätzung der Investoren ist unter anderem die durchschnittliche Haltedauer der Aktien, da es für den Emittenten immens wichtig ist, Anleger zu haben, die ihm langfristig den Rücken stärken und nicht nur auf die in den vergangenen Jahren häufig vorzufindenden kurzfristigen Zeichnungsgewinne aus sind.

Um die bereits oben angesprochene wichtige langfristig positive Performance am Sekundärmarkt zu erzielen, ist es essentiell, den richtigen Investorenmix beim IPO zu finden, wobei nationale wie internationale Komponenten, aber auch die Anlagepolitik der jeweiligen Investoren eine wichtige Rolle spielen.

Anders als beim Festpreisverfahren erhalten die Konsortialbanken nicht mehr automatisch ihre im Konsortium ausgehandelte Konsortialquote als Zuteilung. Dieses bedeutet, dass Aktien entsprechend der Salesleistung der einzelnen Bank bei der jeweiligen Transaktion an deren Kunden zugeteilt werden und somit sowohl nach oben als auch nach unten von der Konsortialquote im Rahmen der Zuteilung abgewichen werden kann.

9.2.3 Das Auktionsverfahren

Dieses in den USA teilweise angewandte Verfahren ist in Deutschland erst einmal bei einer sehr kleinen Emissionen zum Einsatz gekommen, bei der Trius AG im März 2000. Zwei spätere Versuche, Aktien im Auktionsverfahren zu platzieren sind wegen fehlendem Interesse gescheitert.

Bei diesem Verfahren veröffentlicht die Bank in dem jeweiligen Research Report eine indikative Unternehmensbewertung aus Kapitalmarktsicht, die zur Ermittlung der unteren Preisgrenze bei dem Bietungsverfahren dient.

In der darauffolgenden Zeichnungsfrist können die Investoren Angebote bezüglich Menge und Preis abgeben. Nachdem alle Angebote gesammelt worden sind, bekommen die Investoren, angefangen mit dem höchsten Gebot, solange eine Zuteilung, bis das gesamte Emissionsvolumen verteilt ist. Das niedrigste noch zur Zuteilung gelangte Gebot bestimmt den Preis, zu dem alle Aktien einheitlich zugeteilt werden.

Ein wesentlicher Nachteil dieses Verfahrens ist es, dass weder Bank noch Emittent Einfluss auf den Investorenkreis nehmen können, um eine gewünschte Anlegerstruktur zu erzielen. Andererseits kann das Auktionsverfahren für sich beanspruchen, dass das Pricing noch marktnäher und fairer als beim Bookbuilding-Verfahren erfolgt, und damit zu starkes Underpricing verhindert wird. Ferner dürften die reinen Spekulationskäufe unterbunden werden. Darüber hinaus ist davon auszugehen, dass sich die potentiellen Anleger besser über das Unternehmen informieren, um ein realistisches Angebot machen zu können. Da dieses Verfahren bislang bei institutionellen Investoren noch auf deutliche Zurückhaltung stößt, wird die Zukunft zeigen, ob es sich am Markt etablieren kann.

Bei der Transaktion Trius betrug der Anteil der institutionellen Investoren nur ca. 30 Prozent, was in Relation zu sonstigen Emissionen deutlich zu niedrig erscheint und zu einer höheren Volatilität führen kann. Dies mag gegebenenfalls aber auch an dem Emittenten selbst liegen, der die Marktteilnehmer nur begrenzt begeistern konnte.

9.2.4 Das Windhundverfahren

Das Windhundverfahren ist ein nicht sehr gebräuchliches Verfahren, bei dem die Zuteilung nach dem Prinzip "First come, first serve" erfolgt. Dieses Verfahren birgt allerdings die Gefahr, dass insbesondere Privatanleger aus Angst, zu spät zu zeichnen, sofort und damit gegebenenfalls ohne detaillierte Analyse zeichnen, um eine Zuteilung zu erhalten. Dieses bisher nur von Internetemissionshäusern propagierte Verfahren kann darüber hinaus bei zeitgleichem hohen Ansturm zu technischen Problemen in der Umsetzung führen.

9.3 Die Phasen der verschiedenen Platzierungsverfahren

Die folgenden Ausführungen konzentrieren sich auf das Bookbuilding-Verfahren und das Auktionsverfahren. Gedanklich lassen sich vier Phasen unterscheiden:

9.3.1 Phase I: Research-Phase

In der ersten Phase werden die Research-Analysten der Konsortialbanken zu einer detaillierten Unternehmenspräsentation eingeladen, bei der sie über die wirtschaftliche Lage, Produkte und/oder Dienstleistungen sowie die Perspektiven und Strategien des Unternehmens informiert werden und sich in einer Diskussion einen ausführlichen Überblick verschaffen können.

Auf Grundlage der hier erhaltenen Informationen und Daten, aber auch der fundamentalen Marktkenntnis der Analysten, schreiben diese dann ihre sogenannten Research Reports.

Diese beinhalten unter anderem:

- einen Überblick über das Unternehmen und die Aktien
- eine Stärken-Schwächen-Chancen-Risiken Analyse (SWOT-Analyse)
- Strategie und Intention des Börsengangs
- einen Überblick über das Unternehmensprofil
- einen Überblick über das Geschäftsmodell
- das Leistungsspektrum des Unternehmens
- die strategischen Erfolgsfaktoren
- das Marktumfeld
- die Wettbewerber
- die Finanzplanung

Darüber hinaus beziffert der Research Report im Bewertungsteil den aktuellen Marktwert aus Sicht des jeweiligen Analysten, der nach verschiedenen Verfahren, wie Ertragswert-, Discounted Cashflow-, DVFA/SG-(Multiplikatormethode), Vergleichswert-, Substanzwert, und Mittelwertverfahren ermittelt werden kann.

9.3.2 Phase II: Pre-Marketing

In der einwöchigen Pre-Marketing-Phase finden Meetings zwischen ausgewählten Investoren, der konsortialführenden Bank und ggf. dem Management des Emittenten statt. Bei diesen Gesprächen werden den potentiellen Investoren die Besonderheiten und Entwicklungsperspektiven des Unternehmens auf Basis der Research Reports dargestellt und näher erläutert, um von diesen schon ein Feedback hinsichtlich des Zeichnungsvolumens und erste Pricingaussagen zu erhalten. Hierzu setzen die Banken die in Phase I erstellten Research Reports sowie in komprimierter Form die sogenannte Equity Story ein, die die wesentlichen Besonderheiten des Emittenten herausstellt.

In dem heutigen Marktumfeld und bei der ständig steigenden Anzahl an IPOs ist deutlich festzustellen, dass es einen signifikanten Sinneswandel seitens der institutionellen Investoren gegeben hat. Während die Investoren vor einigen Monaten noch nahezu jeder Gesprächseinladung im Zuge des Börsengangs gefolgt sind, so selektieren sie mittlerweile im Vorfeld sehr detailliert, welcher Emittent in das Anlagekonzept passt und welcher nicht.

9.3.3 Phase III: Festlegung der Bookbuildingspanne bzw. der Preisuntergrenze (Auktionsverfahren)

Auf Grundlage der in Phase II gewonnenen Erfahrungen und der bereits im Vorfeld erstellten Unternehmensbewertung wird die Bookbuildingspanne, in der sich der Emissionspreis bewegt (bzw. die Preisuntergrenze beim Auktionsverfahren), festgelegt. Die Spanne im Bookbuilding-Verfahren beträgt in der Regel 10 bis 15%. Der endgültige Platzierungspreis und damit das daraus resultierende Volumen der Emission werden erst unmittelbar vor Zuteilung der Aktien und nach Auswertung der Zeichnungswünsche der Marktteilnehmer festgelegt. Man spricht hier von "Pricing", bei dem auch die endgültigen Zuteilungsquoten der Banken bestimmt werden.

Den Nukleus der Bookbuildingphase bilden die Roadshow und die One-on-ones (Einzelgespräche), die meistens mit einer Kick-Off-Veranstaltung in Form einer Unternehmenspräsentation, einer zentralen Pressekonferenz sowie einer DVFA/SG-Analystenkonferenz (Deutsche Vereinigung für Finanzanalyse und Asset Management e.V. /Schmalenbachgesellschaft) beginnen. Bei diesen Meetings werden die Analysten und Wirtschaftsjournalisten neben den Unternehmenskennzahlen auch über die strukturellen Rahmenbedingungen und erstmalig über die Preisspanne bzw. Preisuntergrenze informiert. Im Anschluss daran beginnt die Roadshow, bei der individuelle Unternehmenspräsentationen gehalten und One-on-one's mit institutionellen Anlegern druchgeführt werden. Die Länge der Bookbuildingphase und die Intensität sowie die internationale Ausdehnung der Roadshow hängen von der Höhe des Emissionsvolumens ab.

Parallel zu dieser ausgesprochen wichtigen Phase im gesamten IPO-Prozess werden die Verkaufsbemühungen der Sales-Mitarbeiter und Anlageberater der Banken besonders intensiviert. Im Laufe dieses Prozesses werden alle Kauforders in dem elektronischen Buch gesammelt. Hieraus lassen sich relativ schnell Erfolg bzw. Misserfolg oder das Interesse der Kapitalmarktteilnehmer an der Transaktion ableiten. Im Laufe dieses Prozesses haben die Banken die Chance, auf Markterfordernisse wie mangelnde Kaufbereitschaft oder extreme Überzeichnungsquoten zu reagieren.

Technisch erfolgt die Abgabe von Zeichnungswünschen gegenüber dem Konsortialführer auf speziellen Formularen, die nur für Zeichnungswünsche institutioneller Anleger ab einer gewissen Größenordnung auszufüllen sind. Das Formular enthält Informationen über Name und Nationalität des Anlegers, Investorentyp (z. B. Bank, Broker, Versicherungsgesellschaft, Investmentfonds), und die gewünschte Aktienanzahl inklusive der Preisvorstellung. Nachdem das Buch geschlossen ist, wird in den Pricingverhandlungen ermittelt, welche Stückzahl zu welchem Preis in welchen Ländern und Platzierungsregionen zugeteilt wird.

9.3.4 Phase IV: Preisfestsetzung und Repartierung

9.3.4.1 Bookbuilding-Verfahren

Am Ende der Bookbuildingphase, die je nach Bedeutung und Volumen von drei Tagen bis zu zwei Wochen dauern kann, werden auf Basis aller gesammelten Kauforders und nach abschließender Beurteilung nach den einzelnen Zuteilungskriterien der Emissionspreis, das platzierbare Volumen und die Investorenstruktur festgelegt. Durch die Zuteilungsstruktur ist es möglich, die gewünschte Ausrichtung in primär private bzw. institutionelle Investoren zu beeinflussen und die Platzierungsqualität und -leistung der verschiedenen Konsorten durch von der Konsortialquote abweichende Zuteilung zu honorieren. Direkt hieran anschließend erfolgt die Zuteilung, wobei die federführende Bank den Konsortialmitgliedern die jeweilige Einzelzuteilung zu Gunsten der institutionellen Investoren vorgibt, um die gewünschte Investorenstruktur zu erhalten. Dieser Prozess, den man als "direct allotment" bezeichnet, dient dazu, durch die optimierten Zuteilungsstrukturen aus einer Hand zusätzliche Nachfrage am Sekundärmarkt zu generieren und gleichzeitig eine möglichst geringe Volatilität zu erzielen.

Der nicht fest zugeteilte Teil wird den Konsortialbanken als "free retention" zugeteilt. Dieses ist der Teil, den die Banken zur freien Verfügung haben und der zur Befriedigung der Retailnachfrage oder zur zusätzlichen Zuteilung auf noch nicht oder nur gering berücksichtigte Zeichnungen institutioneller Nachfrager verwendet werden kann.

9.3.4.2 Auktionsverfahren

Beim Auktionsverfahren werden ebenfalls wie beim Bookbuilding-Verfahren alle Kauforders innerhalb einer Zeichnungsfrist, deren Länge von den bereits oben erwähnten Kriterien abhängt, gesammelt. Am Ende der Zeichnungsfrist beginnt man mit einer sehr schematischen Zuteilung, die nur über den Preis und in keiner Weise über die Qualität der Investoren oder einen gewünschten Investorenmix erfolgt. Angefangen mit dem höchsten Gebot bekommen solange alle Investoren eine Zuteilung, bis das gesamte Volumen verteilt ist. Der letzte zur Zuteilung gelangte Auftrag bestimmt den Preis, der dann für alle Investoren gleichermaßen gilt.

9.3.5 Greenshoe als Instrument für die Sekundärmarktperformance

Im Rahmen der besonderen Markt- und Nachfrageorientierung kommt dem Greenshoe eine besondere Bedeutung zu. Bei diesem Verfahren wird der Bank die Option eingeräumt, Leerverkäufe vorzunehmen, d.h. Überzuteilungen durch eventuellen Zugriff auf Aktien der Altaktionäre auszugleichen. Man spricht in diesem Zusammenhang von einem "Overallotment", das zu einer "künstlichen" Short-Position des Bookrunners führt, die durch Ausübung des Greenshoes geschlossen werden kann. In dem auf circa 30 Tagen befristeten Zeitraum nach der Emission führen notwendige Stabilisierungskäufe durch die federführende Bank nicht wie bisher zu Long-Positionen, sondern lediglich zur Glattstellung der Short-Position. Hierbei ist ein signifikantes Charakteristikum des Bookbuilding- bzw. des Auktionsverfahrens, dass im Gegensatz zum Festpreisverfahren mit einem flexiblen Emissionsvolumen operiert wird. Die Kombination Greenshoe und Overallotment ermöglicht dabei eine Ausrichtung der Platzierung am Nachmarkt und eine Stabilisierung der Aktienkursentwicklung. Die Ausnutzung des Greenshoes hängt in den folgenden Wochen von der Kursentwicklung der Aktien ab. Im Falle eines fallenden Aktienkurses wird die Bank die Aktien im Nachmarkt zurückkaufen, so die Short-Position schließen und den Kurs stabilisieren. Sollte der Kurs durch eine lebhafte Nachfrage beflügelt werden, wird der Bookrunner den Greenshoe ausüben, um so das zu platzierende Volumen noch zu erhöhen. Falls in der Greenshoe-Periode noch kein klarer Trend zu sehen ist, hat der Lead Manager auch die Möglichkeit, nur einen Teil des Greenshoes zur Feinjustierung auszuüben.

Aus Sicht der Anleger signalisiert die Ausübung des Greenshoes, dass kein Überhang unplatzierter Aktien mehr am Markt vorhanden ist.

Das Ziel der Konsortialbank ist es, den Greenshoe auszuüben. Für den Emittenten erhöht sich dann entsprechend das Platzierungsvolumen, wobei der Emissionspreis unverändert ist, da diese Aktien bereits bei der ersten Zuteilung mitplatziert wurden.

9.4 Auswirkungen der Verfahren auf die am IPO beteiligten Partner

Im folgenden soll darauf eingegangen werden, welche Auswirkungen das Bookbuilding-Verfahren, das aktuell bei 99% aller Platzierungen angewandt wird, für die Marktteilnehmer im Vergleich zu den anderen Verfahren hat.

Folgen für den Emittenten

Sowohl beim Bookbuilding als auch beim Auktionsverfahren bedarf es eines außerordentlich hohen Marketing- und PR-Aufwandes. Mit der zeitaufwendigen und sehr arbeitsintensiven Roadshow bzw. den One-on-ones kommt bei dem Auktions- und Bookbuilding-Verfahren ein sehr wichtiger Abschnitt auf das Unternehmen und insbesondere auf den Vorstand zu. Dieser hat die Aufgabe, den Analysten und besonders den nationalen wie internationalen institutionellen Investoren die Positionierung des Unternehmens in der Branche, aber auch die Visionen und Möglichkeiten klar darzulegen. Durch eine überzeugende Darstellung des Unternehmens kann der Vorstand wesentlichen Einfluss auf die Höhe und das Pricing der Zeichnung nehmen.

Die von Marktteilnehmern gewünschten One-on-ones ermöglichen dem Management, gute Kontakte zu Investoren zu knüpfen und so langfristig gute Investor Relations Beziehungen aufzubauen, die für eine nachhaltig positive Performance essentiell sind.

Folgen für die Konsortialbanken

Für die Konsortialbank stellt sich ebenfalls die Aufgabe, ihre Marketing- und Research-Aktivitäten sehr intensiv zu verfolgen. Dies resultiert primär aus der im Vergleich zur Vergangenheit stetig wachsenden Erwartungshaltung der Investoren bezüglich Qualität und Umfang des Informationsangebots, welches die Roadshows und One-on-ones ergänzt.

Neben den institutionellen Investoren haben die Privatanleger in den letzten Jahren, insbesondere seit der ersten Tranche der Deutschen Telekom sowie der Lufthansa-Restprivatisierung immer mehr an Bedeutung gewonnen. Das Interesse der Privatanleger ist bei den Platzierungen von Telekom II, Infineon oder t-online, die alle vielfach überzeichnet waren, noch viel deutlicher gestiegen, was sich auch in der kontinuierlich wachsenden Anzahl der Haushalte mit Aktienvermögen wiederschlägt. Mit dem zunehmenden Interesse der Privatanleger an den Zeichnungen und deren deutlich verbessertem Wissensstand geht auch ein immer tiefer gehender Informationswunsch einher, der in Verbindung mit einer sehr guten und imageprägenden Finanzkommunikation befriedigt werden kann.

Der Konsortialführer und Bookrunner hat im Vorfeld der Zuteilung die Aufgabe, eine Bewertung der verschiedenen Nachfrager nach qualitativen Gesichtspunkten vorzunehmen, wobei die Retailseite außen vor bleibt. Dieses erfordert zum einen eine leistungsfähige Software, zum anderen aber eine sehr genaue Marktkenntnis über nationale und internationale Investoren und deren Ausrichtung, um so die gewünschte Kursperformance am Sekundärmarkt zu erreichen. Darüber hinaus ist der Emissionserfolg für die Banken von entscheidender Bedeutung, da dieser als Qualifizierungsmerkmal für die auf sie entfallenden Zuteilungen und spätere Konsortialgeschäfte von entscheidender Bedeutung ist.

Folgen für institutionelle Anleger

Beim heutigen Marktumfeld, bei dem die institutionellen Investoren einer stetig steigenden Anzahl von IPOs und einer enormen Zunahme des gesamten Platzierungsvolumens gegenüber stehen, bedarf es eines erheblich größeren Engagements auch auf Seiten der Investoren, um die wachsende Zahl der Transaktionen überhaupt bewältigen zu können.

Darüber hinaus werden die Investoren stärker in die Emissionspreisfindung eingebunden. Dieses erfolgt sowohl beim Pre-Marketing als auch beim eigentlichen Bookbuilding, bei dem die Investoren, basierend auf einer fundamentalen Analyse, die zumindest bei den großen institutionellen Anlegern von Bewertungsspezialisten zur Entscheidungsreife gebracht wird, ihr Kaufangebot abgeben. Der für die Analyse erforderliche Mehraufwand wird zum Teil durch den verbesserten Informationsstand kompensiert.

Folgen für Privatanleger

Die Privatanleger beurteilen das Bookbuilding-Verfahren mittlerweile durchweg positiv, da die mögliche Mitbestimmung des Emissionspreises und damit die Einflussnahmemöglichkeit des Marktes – in gewissem Umfang – gegeben ist. Auch wenn ein Großteil der Privatanleger die Zeichnung unlimitiert ordert, vertrauen sie dennoch auf die Expertise der institutionellen Investoren, die durch ihre limitierten Kauforders den Emissionskurs deutlich beeinflussen können. In der Zeichnungspraxis entspricht das Zeichnen von neuen Aktien dem Aktienkauf am Sekundärmarkt, bei dem der Anleger entweder limitierte oder unlimitierte Orders einreichen kann.

Während die institutionellen Investoren bislang sehr vorsichtig bei Zeichnungen im Auktionsverfahren agieren, hat das Auktionsverfahren bei den Privatanlegern innerhalb sehr kurzer Zeit ein hohes Interesse erreicht, so dass es zu einer relativen Umverteilung bezüglich der Investorenstruktur vom institutionellen Anleger zu Gunsten der Retailnachfrage kam.

9.5 Beurteilung des Bookbuilding- und des Auktionsverfahrens

Im folgenden sollen Auktions- wie Bookbuilding-Verfahren bewertet werden.

Eine Errungenschaft des Auktionsverfahrens, bei dem die zukünftigen Aktionäre wesentlichen Einfluss auf die Emissionspreisfindung nehmen, ist sicherlich die absolute Marktnähe des Emissionspreises. Hierbei ist der vom Markt gezahlte Preis nahe an dem Unternehmenswert aus Kapitalmarktsicht, und hohe Zeichnungsgewinne der Aktionäre sollten ausbleiben. Darüber hinaus kann sich jeder Aktionär durch das wesentlich höhere Informationsangebot einen eigenen Eindruck vom Unternehmen verschaffen und darauf basierend ein Angebot mit gewünschtem Volumen und Preis abgeben. Sicherlich ist der zukünftige Erfolg dieses Verfahrens, bei dem Bank und Emittent auf die Investorenstruktur keinen Einfluss haben, von der Akzeptanz des Verfahrens bei den institutionellen Anlegern abhängig, da diese die dominanten Marktteilnehmer sind.

Ein wesentlicher Vorteil des Bookbuilding-Verfahrens, bei dem die zukünftigen Aktionäre ebenfalls Emissionskurs und -volumina mitbestimmen können, ist sowohl gegenüber dem Festpreisverfahren als auch dem Auktionsverfahren die Möglichkeit des Konsortialführers, durch eine weitgehende Transparenz eine quantitativ wie qualitativ optimierte Platzierung darstellen zu können. Dies geht einher mit einem deutlich erhöhten Marketingaufwand für den Emittenten und die beteiligten Banken, wobei dies für den nachhaltigen Emissionserfolg und den höheren Bekanntheitsgrad des Unternehmens nur von Vorteil sein kann. Das zentrale Element im Rahmen der Vermarktung ist die Equity Story. Sicherlich ist bei beiden Verfahren ein wesentlicher Unterschied gegenüber dem Festpreisverfahren, dass der tatsächliche Mittelzufluss erst nach Festlegung des Emissionspreises und des Volumens feststeht.

Um die qualitativ hochwertige Zuteilungsmöglichkeit und zugleich die absolute Kapitalmarktnähe möglichst gut miteinander verbinden zu können, ist aus dem Bookbuilding-Verfahren das "Modified Bookbuilding" weiterentwickelt worden. Bei diesem Verfahren sind Emittent und Banken nicht nur hinsichtlich des Emissionsvolumens flexibel, sondern es besteht darüber hinaus die Möglichkeit, die Bookbuilding-Spanne nach oben auszuweiten, um auf das Nachfrageverhalten reagieren zu können. In der Praxis findet man bei dem Modified Bookbuilding zwei divergierende Verfahrensweisen. Zum einen haben Bank und Emittent die Möglichkeit, eine wertmäßig unbezifferte Öffnung der Preisspanne vorzunehmen, zum anderen besteht die Alternative, zu Beginn der Zeichnungsfrist die Bookbuilding-Spanne, aber auch die prozentual mögliche Erhöhung zu nennen. Bei der im März 2000 platzierten Asclepion-Meditec AG hätte beispielsweise die Bank bei entsprechender Kapitalmarktsituation die obere Bookbuilding-Spanne um weitere 30% erhöhen können. Dieses modifizierte Bookbuilding-Verfahren bietet in Hochphasen und euphorischen Märkten sicherlich den Vorteil der besseren Anpassungsmöglichkeit an die erhöhte Nachfrage, steht aber gleichzeitig dem Problem der begrenzt existenten Preissensitivität der Nachfrager und der entsprechenden Vorbehalte der Investoren gegenüber.

Rechtlich ist es allerdings irrelevant, ob eine Preisöffnungsklausel vorliegt oder nicht, da die im Verkaufsprospekt veröffentlichte Aufforderung zur Abgabe eines Angebotes jederzeit widerrufbar ist und der entgültige Kaufvertrag erst durch die Zuteilung der Aktien zustande kommt.

9.6 Fallbeispiele

9.6.1 t-online - Ein Fallbeispiel zum Bookbuilding- Verfahren

Im April 2000 haben Dresdner Kleinwort Benson und Goldman Sachs die Emission der t-online Aktien im Rahmen eines Bookbuilding-Verfahrens als Joint Global Coordinators und gleichzeitige Bookrunner an den Neuen Markt begleitet.

Bei dem IPO, das bis auf den Greenshoe eine reine Kapitalerhöhung gegen Bareinlagen war, konnten bis zu 94 Mio. Aktien aus dem Angebot zur Platzierung gelangen, und bis zu max. 8 Mio. aus der Kapitalerhöhung bei Mitarbeitern im Zuge eines Mitarbeiterbeteiligungsprogrammes repartiert werden. Es durften insgesamt aber nicht mehr als 100 Mio. auf den Namen lautende Stückaktien zugeteilt werden. Darüber hinaus gab es aus dem Altaktionärsbesitz der Deutschen Telekom eine Mehrzuteilungsoption i.H.v. 14,1 Mio. Aktien. Das Listing der Aktie erfolgte am Neuen Markt Frankfurt. Zudem wurde in den USA eine Privatplatzierung geregelt nach SEC Rule 144 A vorgenommen.

Die Bookbuilding-Spanne wurde auf Grundlage eines sehr umfangreichen Pre-Marketings mit 26 bis 32 € veröffentlicht. Während der Bookbuilding-Phase wurde von Emittent und Konsortialführer eine weltweite Roadshow durchgeführt.

Unter Berücksichtigung des Markt- und Wettbewerbsumfelds wurde trotz einer 20fachen Überzeichnung der Emissionspreis bei 27 € festgelegt. Die Festlegung des Preises am unteren Ende der Bookbuilding-Spanne wurde mit der Zielsetzung, eine langfristig hohe Performance am Sekundärmarkt zu erreichen, vorgenommen.

Die erste Börsennotiz war 28,5 €. Der Kurs stieg dann innerhalb des ersten Tages schnell auf 47 €, so dass die Global Coordinators, wie bei diesen Transaktionen üblich, die Short-Position aus der Mehrzuteilung durch Ausübung des Greenshoes glattstellen konnten.

Charakteristisch für die sogenannten "Volksaktien" wie z. B. t-online ist ein prozentual sehr hoher Anteil an privaten Investoren. In diesem Fall machten die circa zwei Millionen Privatanleger rund 50% des Emissionsvolumens aus, was verglichen mit vielen anderen Neuemissionen ein sehr hoher Prozentsatz ist.

9.6.2 TRIUS AG - Ein Fallbeispiel zum Auktionsverfahren

Das seit März 2000 im Neuen Markt gehandelte Unternehmen Trius AG ist das bisher einzige Unternehmen, das seine Aktien im Rahmen des Auktionsverfahrens platziert hat.

Bei dem Börsengang TRIUS AG hat die Trigon Wertpapierhandelsbank AG sich verpflichtet, eine Millionen Stückaktien im Rahmen eines öffentlichen Angebots zu platzieren.

Der Mindestbietungspreis i. H. v. 28 € wurde im Handelsblatt sowie der Börsenzeitung am 21. bzw. 22. Februar 2000 veröffentlicht. Potentielle Investoren hatten anschließend zwischen dem 21. Februar und dem 03. März die Möglichkeit, ihre Kaufangebote (Stückzahl und Preis) abzugeben.

Am 04.März 2000 wurde, nach Analyse des Orderbuches, der Platzierungspreis, zu dem alle Aktien einheitlich verrechnet wurden, auf € 36,5 festgelegt.

Zwei weitere Börsengänge der Trigon AG, digiSite AG und 1Value.com AG, die im Rahmen des Auktionsverfahren hätten platziert werden sollen, wurden jeweils in der Zeichnungsfrist abgesagt, was aber auch an dem Kapitalmarktumfeld und evtl. an den betreffenden Unternehmen gelegen haben kann.

9.7 Alternative Konzepte: IPO-Platzierungen über das Internet

Wie bereits erwähnt, ist seit Einführung des Neuen Marktes eine erhebliche Zunahme der Aktienplatzierungen am deutschen Markt festzustellen. Diese stetig steigende Anzahl an Platzierungen mit dem primären Focus auf IT/Software, Internet, Media, Telecom BioTech/Life Science erfordert einen steigenden Informationsfluss zwischen den potentiellen Investoren und den Banken respektive Emittenten.

Um diesen steigenden Anforderungen und der schnellstmöglichen Informationsdistribution gerecht zu werden, wurden im Zuge des prosperierenden Internetmarktes Verfahren zur Finanzkommunikation und Aktienemission mittels Internet entwickelt. Dieses in Deutschland noch nicht sehr gängige Verfahren hat in den USA bereits Einzug gehalten. Hier werden bereits mehr als 25% aller Transaktionen via Internet vorgenommen. Die Umsetzung der Anforderungen, die aufgrund der Informationskultur und der höheren Transparenzvorgaben entstehen, können am sinnvollsten und schnellsten über die Internetverbreitung erfolgen.

Durch die zunehmende Sicherheit der Technik und den explosionsartigen Anstieg der Zahl der Nutzer hat sich das Internet in den letzten Jahren vom reinen Informations- und Kommunikationsmedium zu einem Transaktionsmedium weiterentwickelt. Diese Entwicklung, die mittlerweile in vielen Bereichen Einzug hält, hat aber speziell im Finanzwesen eine enorme Bedeutung. Bereits heute sind Finanzdienstleistungen wie Online-Banking, Online-Wertpapier-Dienstleistungen, Online-Finanzinformationen und ein direkter Kommunikationskanal zwischen den Emittenten und Investoren via e-mail, Board/Chat-Seiten oder Informationslinks auf den Internetseiten der Emittenten selbstverständlich.

Bei Internet-IPOs gibt es zwei Arten des Placements. Bei der ersten werden Aktienplatzierungen teilweise in sehr kleinem Umfang ohne die Einschaltung von Finanzintermediären vorgenommen. Bei der zweiten Platzierungsalternative werden, wie es sonst bei Aktienplatzierungen auch üblich ist, Finanzintermediäre eingeschaltet.

Unternehmen der ersten Variante ist oft gemein, dass sie zur Gruppe der Start-ups gehören, die keine Anteile an Venture-Capital-Gesellschaften verkaufen wollen oder für die sich keine Venture-Capital-Gesellschaften interessieren. Darüber hinaus ist häufig kein Finanzintermediär bereit, die Unternehmen an die Börse zu begleiten, so dass die Unternehmen nur eine Selbstemission zur Platzierung ihrer

Aktien vornehmen können. Diese von den Unternehmen direkt vorgenommene Aktienplatzierung wird in anderen Büchern teilweise auch als Privatplatzierung bezeichnet, was aber bei der teilweise sehr großen Anzahl von Aktionären nicht mit meiner Begriffsbestimmung konform geht.

Da diese Unternehmen i. d. R. sehr liquiditäts- und aufwandssensibel sind, sind bei diesen Aktienplatzierungen häufig ein nur sehr dürftiger Informationsfluss bzw. nur wenige Publikationen der Unternehmensentwicklung vorzufinden, was zur Folge hat, dass der Anleger sich nur sehr begrenzt einen Eindruck vom Unternehmen und der Perspektive bzw. der Markt- und Wettbewerbssituation machen kann.

Diese Placements leiden zudem unter einer oft nicht vorhandenen Aftermarket-Betreuung und einer darin begründeten schlechten Performance. Außerdem ist die Fungibilität nur rudimentär vorhanden, da die im Rahmen einer Eigen-Platzierung platzierten Aktien am Sekundärmarkt nur over the counter (OTC) im Freiverkehr gehandelt werden.

Neben diesen im Freiverkehr handelbaren Aktien gibt es zudem noch Eigenplatzierungen, die an keinem Marktsegment gehandelt werden und daher vor einem IPO nicht oder nur über die Gesellschaft bzw. freie Makler verkauft werden können. Die größte Eigenplatzierung dieser Art war die der Cargolifter AG, die in den drei Jahren vor dem IPO 140 Mio. DM bei 13.000 Aktionären platzieren konnte, bevor sie im Mai 2000 an den amtlichen Handel gegangen ist.

Es ist allerdings anzumerken, dass die Performance im Falle eines Exits über einen Börsengang sehr gut sein kann, da die Aktien aufgrund der oben erwähnten Nachteile bei Eigenplatzierungen desöfteren sehr günstig an die Investoren verkauft werden. In jedem Fall empfiehlt es sich, bei einem Investment in Aktien aus einer Eigenplatzierung die vorab verfügbar gemachten Dokumente (u. a. Verkaufsprospekt) genau zu lesen, um sodann selbst eine Bewertung der dargelegten Chancen und Risiken vornehmen zu können.

Bei der zweiten Variante der Internet-Platzierung handelt es sich häufig nicht um eine Privatplatzierung sondern um Teiltranchen einer Emission im herkömmlichen

Sinne. Hierbei wird das Internet als Medium genutzt, um über die traditionellen Käufergruppen hinaus Interesse an den Aktien zu generieren. Mit Hilfe des Internets kann die Platzierung – aber auch die Post-IPO-Kommunikation – sehr schnell und effektiv an große Interessentengruppen verbreitet werden.

Ein entscheidender Unterschied zu den in der ersten Gruppe genannte IPOs ist, dass wir hier primär Unternehmen vorfinden, die an die Börse, häufig den Neuen Markt, gehen und schon aufgrund dessen eine professionelle Strukturierung und Umsetzung der Emission, angefangen mit der Kommunikation über die Research Report-Erstellung bis hin zur Sekundärmarktbetreuung, haben.

Bei beiden Varianten der Internetplatzierung haben wir gegenüber den traditionellen Platzierungen enorme Vorteile bezüglich der sehr fokussierten Adressatengruppe. Darüber hinaus können interessierte Investoren identifiziert werden, so dass auch im After-Market eine optimale Aufrechterhaltung der Investor Relations-Beziehung möglich ist.

Im nächsten Schritt soll der Ablauf eines Internet-IPO anhand der wichtigsten Stationen dargestellt werden.

Zuerst stellt der Anbieter des IPO, der die Genehmigung als Wertpapierhandelsbank nach § 1 KWG haben muss, auf seiner Web-Site alle Informationen, die für den Prozess relevant sind, dar. Im Anschluss daran müssen die Retail-Anleger entweder via Electronic Debit Card oder via Post Identifikations-Verfahren identifiziert und lizenziert werden.

Auf die Lizenzierung folgen dann ausführliche Informationen über den Emittenten, angefangen mit der Bewertung über Markt- und Wettbewerbseinschätzungen, Planungen und die Equity Story. Diese Informationen erhält der potentielle Investor in Form von Research Reports, Pressemitteilungen, Internet-Videokonferenzen, Chatrooms oder Verkaufsprospekten.

Auf Basis dieses ausführlichen Datenmaterials hat der Anleger die Möglichkeit, sich ein detailliertes Bild des Unternehmens zu verschaffen, und bei Interesse kann er dann einen Online-Zeichnungsauftrag über die verschiedenen Bildschirmmasken des Anbieters abgeben. Zusätzlich zu dem Zeichnungsauftrag muss er dem Anbieter noch einen Abbuchungsauftrag erteilen. Nach Erhalt des Auftrages verständigt der Anbieter die Hausbank des Zeichners, so dass dann im Rahmen einer "Zug um Zug"-Abwicklung unter Einschaltung der DB-Clearing die Stücke in das Depot des Kunden bei der Hausbank eingebucht werden können, sofern der Kunde eine Zuteilung erhalten hat. Die Wertpapierhandelsbank als Anbieter übernimmt bei diesem Verfahren auch das sogenannte Underwriting gegenüber dem Emittenten, oder sie tritt als Agent des Konsortiums und als Anlage- und Abschlussvermittler auf.

Eine zukünftige Alternative zur Abwicklung mit dem Abbuchungsauftrag kann die Bezahlung durch ein E-cash System sein. Hierbei würde der Anleger Netzgeld im voraus an den Internet-IPO-Anbieter zahlen, so dass der Zeichnungsgegenwert von dem virtuellen Netzgeld abgebucht würde.

Im Rahmen der Internet-Platzierung haben wir bisher zwei übliche Repartierungsmodalitäten, die bereits im Laufe dieses Kapitals beschrieben wurden. Die erste Art der Zuteilung ist die Methode First Come / First Serve bei der die Zuteilung nach der Reihenfolge des Eingangs erfolgt. Das zweite übliche Verfahren ist das Auktionsverfahren, bei dem die Investoren evtl. noch nach Segmenten gegliedert werden, so dass eine Repartierung im Rahmen mehrerer kleiner Auktionen zugeteilt wird. Bei diesen Auktionspreisverfahren ist gem. BAWe allerdings eine Höchstgrenze, basierend auf dem von Wirtschaftsprüfern festgestellten Wert je Aktie, einzuhalten.

Durch diese kontrollierte und transparente Platzierung erreicht man eine kostengünstige und sehr zielgerichtete Ansprache der Internet Community mit der für sie relevanten Aufbereitung.

9.8 Stellungnahme zu verschiedenen Zuteilungsverfahren

Die Entwicklung am Neuen Markt hat gezeigt, dass, gemessen an der Differenz zwischen Emissionskurs und Erstnotiz, bei vielen Emissionen die stärksten Kurssprünge am ersten Tag stattfinden. Hierdurch ist bei vielen Anlegern das unbedingte Verlangen vorhanden, die Aktien direkt im Primärmarkt und nicht erst im Sekundärmarkt zu erhalten.

Bei den häufig sehr hohen Überzeichnungen gibt es aber bisher kein einheitliches Verfahren der Repartierung, was in vielen Fällen, speziell bei dem Losverfahren, welches z. B. beim IPO der Infineon AG angewandt wurde, zu großen Unstimmigkeiten hinsichtlich der Fairness der Auslosung führte. Hierbei entstehen die Unstimmigkeiten häufig durch die Intransparenz der Zuteilung, da für externe Beobachter keine Möglichkeit besteht, Einblicke in die Entscheidungskriterien der verschiedenen Konsorten zu nehmen und diese objektiv zu beobachten. Auch das "First come first serve" Verfahren, welches bei vielen IPOs via Internet genutzt wird, birgt die Gefahr für den Anleger, zu unüberlegtem Handeln gezwungen zu sein, um überhaupt eine Möglichkeit der Zuteilung zu erhalten. Andererseits gewährleistet dieses Verfahren eine objektive und transparente Zuteilung, welche besonders bei sehr großen Überzeichnungen sinnvoll sein kann.

Um diese ständigen Diskussionen über die Zuteilungsverfahren zu unterbinden, schlägt die Deutsche Schutzvereinigung für Wertpapierbesitz e.V. (DSW) den europäischen Börsen vor, sich einem gemeinsamen Kodex zu unterwerfen, der ein einheitliches Repartierungsverfahren beinhaltet. Ein nach Ansicht der DSW sinnvolles Verfahren könnte z. B. das bei der Deutschen Telekom zum Tragen gekommene Verfahren sein, bei dem jede Order, die innerhalb gewisser Mindest- und Höchstzahlen liegt, prozentual gleich berücksichtigt wird. Bei Emissionen mit einer hohen Überzeichnung könnte man zur Unterbindung einer Vielzahl von Kleinstaufträgen die Vorteile des Windhundverfahren nutzen, indem Kauforders, die bereits vor der Zeichnungsfrist abgegeben wurden, bevorrechtigt bedient werden.

Die Tendenz zu einem transparenten Zuteilungsverfahren ist offensichtlich, so dass davon auszugehen ist, dass mittelfristig alle Emissionsbanken nach Durchführung der Emission die Kriterien der Retail-Zuteilung offen legen.

9.9 Neuer Markt oder Nasdaq

Vor einem geplanten Börsengang müssen Emittent, Emissionsberater und gegebenenfalls der Lead Manager im Rahmen des Platzierungskonzeptes überlegen, wie die Ziele und damit auch die internationale Expansion des Unternehmens möglichst optimal erreicht werden können. Hierzu müssen einige grundlegende Dinge,

Erfolgreiche Vermarktung eines IPO 177

wie die Wahl der Heimatbörse, die Platzierungsmärkte, ein eventuelles Doppellisting etc. bereits sehr frühzeitig geklärt werden, um unter Berücksichtigung dieser Punkte ein sinnvolles Konsortium zusammenzustellen.

Sofern der Emittent eine internationale Platzierung oder sogar ein Doppellisting mit dem Neuen Markt und der Nasdaq anstrebt und ein entsprechendes Platzierungsvolumen zu erwarten ist, ist es unerlässlich, international renommierte Banken im Konsortium zu haben, um die entsprechenden Investoren zu erreichen. Im folgenden wird die Idee des Doppellistings exemplarisch am Fall der LHS Group AG dargestellt.

1995 gründete die LHS Group, die sich bereits in einem starkem Wachstumsprozess in Europa befand, ihre erste amerikanische Tochtergesellschaft. Schon damals war das Ziel, durch eine starke Marktpräsenz bei Telekommunikations-Dienstleistern einen weltweiten Standard vorzugeben. Um dieses ehrgeizige Ziel erreichen zu können, war es enorm wichtig, schnell einen hohen Bekanntheitsgrad zu erlangen, um die erforderliche Anzahl an IT-Spezialisten rekrutieren und neue Kunden akquirieren zu können. Diese Überlegung führte zu der Entscheidung, einen Börsengang zu machen.

Im Jahre 1997 entschloss man sich für den Gang an die amerikanische Technologiebörse Nasdaq. Diesem Börsengang ging aber zunächst einmal die Gründung einer amerikanischen Holding voraus, um den Erfolg am amerikanischen Markt zu sichern. Nur eine Woche nach dem Going-Public in Amerika folgte schon der IPO an der deutschen Wachstumsbörse Neuer Markt, die von der Mehrheit der Fachleute als die größte und wichtigste europäische Wachstumsbörse gesehen wird.

Zunächst ist festzuhalten, dass ein börsennotiertes Unternehmen in dem Land des IPO ein deutlich erhöhtes Medieninteresse bewirkt und damit die Popularität des Unternehmens stark steigert. Darüber hinaus erhält das Unternehmen durch das Duallisting evtl. einen höheren Liquiditätszufluss, da mehr Investoren erreicht werden können. Diese Cashposition kann das Unternehmen für den Ausbau seiner business units oder für die Akquisition neuer Unternehmen verwenden. Gerade die Akquisition anderer Unternehmen durch Aktientausch wird hierdurch wesentlich unterstützt, da durch ein Doppellisting zwei Währungen zum Tausch angeboten werden können. Ein anderer interessanter Gesichtspunkt ist die Mitarbeitergewinnung und -bindung, die durch Dollar denominierte Aktienoptionsprogramme in den Vereinigten Staaten wesentlich simplifiziert und dadurch interessanter für Spezialisten wird. Zu guter Letzt sollte man auch immer die Betrachtung des Unternehmens aus Kapitalmarktsicht im Auge behalten, bei der festzustellen ist, dass ausländische Unternehmen, die nicht an einer US-Börse gelistet sind, von den dortigen Analysten weitestgehend unberücksichtigt bleiben. Die Konsequenz hieraus ist, dass die eigene Aktie für institutionelle Investoren nicht interessant ist und so der Zugang zum größten und finanzstärksten Kapitalmarkt der Welt verwehrt bleibt. Darüber hinaus dürfen viele amerikanische Fonds die Aktien, solange sie nicht an einer amerikanischen Börse gelistet sind, gar nicht in ihr Portefeuille aufnehmen, so dass das eventuelle Doppellisting die Möglichkeit bietet, die Aktien einem wesentlich größeren Investorenkreis zugänglich zu machen.

Den Zugang zum amerikanischen Kapitalmarkt können nichtamerikanische Unternehmen aber neben dem Duallisting auch über ein Private Placement gemäß SEC Rule 144a erhalten. Im Rahmen dieser Platzierung wird es dem Emittenten ermöglicht, besondere ausgewählte Investoren in den Vereinigten Staaten anzusprechen und diesen Aktien zu verkaufen. Diese sogenannten qualified institutional buyers (QIB) können dann, wenn sie eine Lizenz haben, offshore accounts (Fonds die von QIBs außerhalb der Vereinigten Staaten in Steuerparadiesen wie den Bahamas aufgelegt werden) eröffnen, und die Aktie so einem breiten Publikum in den USA zugänglich machen.

Jedes Unternehmen sollte aber, bevor es mit dem Gedanken an ein Doppellisting spielt, sehr ausführlich Pro und Contra abwägen, da zum einen rechtliche Probleme wie die evtl. Gründung eines Holding-Sitzes ausgeräumt werden müssen und zum anderen der erhebliche finanzielle und zeitliche PR-Mehraufwand in die Gesamtbetrachtung einbezogen werden muss.

9.10 American depository receipts (ADR) oder ordinary shares

Es bieten sich verschiedene Möglichkeiten für ein Listing an den amerikanischen Börsen an, wobei in der Praxis überwiegend die ADRs und die ordinary shares zur Erschließung des amerikanischen Marktes genutzt werden.

Die einfachste Alternative ist die Begebung von ADRs. Diese Zertifikate, die es amerikanischen Investoren ermöglichen, sich an nicht amerikanischen Titeln zu beteiligen, werden i. d. R. von amerikanischen Banken begeben, wobei die Basispapiere in einer Depotbank im Heimatland des Unternehmens bleiben. Jedes dieser Zertifikate repräsentiert eine Anzahl der zugrundeliegenden Aktien und wird häufig durch eine US Bank am dortigen Aktienmarkt platziert. ADRs, die den gleichen Handels- und Abrechnungsmodalitäten wie amerikanische Aktien unterliegen, ermöglichen den amerikanischen Investoren den problemlosen Handel, ohne die tatsächlichen Stücke aus dem Heimatland transferieren zu müssen. Dieses führt auch dazu, dass Dividendenzahlungen und andere Abrechnungen direkt in US-$ vorgenommen werden.

Alternativ zu den ADRs können nichtamerikanische Unternehmen auch ordinary shares platzieren. Diese Art der Marktpräsenz wird häufig von Unternehmen gewählt, die ihren primären Absatzmarkt in den USA haben oder sich dort ein höheres Technologieverständnis erhoffen und aufgrund dessen ein Going-Public direkt in den USA vornehmen, ohne vorher einen IPO in ihrem Heimatland gemacht zu haben.

9.11 Auswahl des richtigen Börsenplatzes

Nicht jedes Unternehmen ist für jeden Markt prädestiniert. Um eine optimale Zielerreichung und Potentialausschöpfung zu gewährleisten, ist es von maßgeblicher Bedeutung für das jeweilige Unternehmen, den richtigen Börsenplatz und das richtige Marktumfeld zu finden.

Die Prüfung des richtigen Börsenplatzes kann nicht schematisch vorgenommen werden. Neben den verschiedenen Zulassungsvoraussetzungen müssen zusätzlich noch die jeweiligen Marktgegebenheiten genau analysiert werden. Diese können neben der Liquidität oder dem Handelsvolumen am jeweiligen Börsenplatz verschiedene, für das jeweilige Unternehmen relevante, Kennzahlen sein.

Über die oben aufgeführten Kriterien hinaus sollte der Emittent aber noch überlegen, wo er die beste Investor- und Customer-Relation aufbauen kann und wo besonders innovative und technologisch führende Märkte sind, die auch in den nächsten Jahren einen Führungsanspruch in dem jeweiligen Segment haben und für eine globale Expansion vorbereitet sind bzw. diese bereits forcieren.

Unter Berücksichtigung aller oben genannter Kriterien sollte der Emittent gemeinsam mit seinen Beratern und den Konsorten versuchen, eine optimale Konvergenz mit seinen Zielen zu erreichen. Mit der geplanten Veränderung der Strukturen der Wachstumsbörsen in Europa und den USA könnte allerdings eine deutliche Vereinfachung einher gehen, die einen einheitlichen Handelsplatz zum Ziel haben könnte.

10 Proaktives Investor Relations Management

10.1 Von der Pflicht zur Kür – Ein Best Practice-Ansatz

10.1.1 Zielgruppen

In der Praxis wird häufig der Fehler begangen, dass nach Abschluss der Börseneinführung die Finanzmarktkommunikation beim Unternehmen nahezu vollständig zum Erliegen kommt.[146] Erfolgreiches Investor Relations Management kann sich jedoch nicht auf die Erfüllung der gesetzlichen Veröffentlichungspflichten (siehe auch unter 10.1.2) beschränken. Da Investitionen in eine Aktie immer Investitionen in eine ungewisse Zukunft sind, ist diese Form der Kapitalanlage für den Anleger nur attraktiv, wenn ihm die Unsicherheit genommen werden kann. Gerade die Verlässlichkeit und Glaubwürdigkeit des Managements, die Überzeugungskraft seiner Unternehmensvision und -strategie sowie die Aussagefähigkeit seiner mittelfristigen Planung sind für den Investor entscheidend.[147] An diesen prinzipiellen Vorgaben muss sich die Kommunikation zwischen Unternehmen und Rezipient orientieren.

Entscheidend ist daher, dass die Informationsvermittlung

- glaubwürdig,
- zeitnah,
- verständlich und
- kontinuierlich

erfolgt. Gerade dem letztgenannten Punkt kommt dabei eine besondere Bedeutung zu. Eine kontinuierliche Informationspolitik gegenüber dem Kapitalmarkt steigert auch den Bekanntheitsgrad des Unternehmens und seiner Aktie. Die Tatsache, dass sich alleine am Neuen Markt der Frankfurter Börse die Zahl der notierten Aktiengesellschaften zwischen August 1999 und August 2000 von 113 auf 302

---

[146] Vgl. WIESELHUBER (1999).

[147] Vgl. PETERS (1995), S. 20.

fast verdreifacht hat, stellt insbesondere für Unternehmen mit konsumfernem Produktsortiment hinsichtlich der "Konkurrenz der Kommunikation" eine große Herausforderung dar. Die Vorteile eines erhöhten Bekanntheitsgrades sind evident:

- Ein potentieller Investor kann nur Interesse an einer Aktie zeigen, die ihm bekannt ist.
- Bekanntheit schafft Vertrauen: es kommt zu einer volatilitätssenkenden Informationsverarbeitung am Aktienmarkt.
- Bei einem dauerhaft hohen Aufmerksamkeitsgrad - bei gleichzeitig hohem Glaubwürdigkeitsgehalt der Informationen - werden negative Nachrichten sachlicher bewertet und Kursreaktionen abgefedert. Positive Nachrichten werden schneller aufgenommen und verarbeitet.[148]

Als Nebenvorteil können sich noch erhöhte Nachfragepotenziale nach den Leistungen des Unternehmens sowie Recruitingerleichterungen ergeben.

Die Zielgruppen von Investor Relations-Maßnahmen lassen sich in zwei große Gruppen mit jeweiligen Untergruppen unterteilen:

Anleger und potenzielle Anleger

- Privatanleger (sog. Retail-Bereich)
  Der Kreis der privaten Anleger läßt sich als große, heterogene, eher emotional handelnde Gruppe mit bezüglich der Informationsverarbeitung beschränkten zeitlichen Ressourcen umschreiben.

- Institutionelle Anleger
  Der Kreis der institutionellen Anleger setzt sich im wesentlichen aus Fonds, Banken und Versicherungen zusammen. Die Gruppe der institutionellen Anleger ist zahlenmäßig eher begrenzt, verfügt jedoch über ein großes Anlagevermögen. So hat sich das Gewicht der institutionellen Investoren auf dem

---

[148] Vgl. SCHULZ (1999), S. 99.

Neuen Markt in 1999 auf geschätzte 68% erhöht.[149] Institutionelle Anleger erwarten einen auf professionelle Anforderungen ausgerichteten Newsflow mit einem hohen Grad an Informationstiefe. Da institutionelle Anleger üblicherweise größere Aktienpakete erwerben, wirkt sich ein Ein- bzw. Ausstieg eines institutionellen Anlegers in aller Regel signifikant positiv bzw. negativ auf den Aktienkurs aus. Ist der Kreis der Privatanleger dem Unternehmen namentlich allenfalls teilweise bekannt - z. B. durch Ausübung der Stimmrechte auf der Hauptversammlung (Ausnahme: Ausgabe von Namensaktien) - so ist das Engagement z. B. von Aktienfonds aufgrund deren Veröffentlichungspflichten bekannt.

Zwar ist nach § 53a Aktiengesetz (AktG) grundsätzlich eine Gleichbehandlung der Aktionäre zu gewährleisten. Dennoch ist eine abgestufte Informationspolitik denkbar und auch sinnvoll. So können dem Privatanleger komprimierte Informationen übermittelt werden bei gleichzeitiger Ermöglichung des Zugangs zu weitergehenden Informationen, die zeitgleich den institutionellen Anlegern übermittelt wurden.

Meinungsbildner und Multiplikatoren

Zu dieser Zielgruppe von IR-Maßnahmen zählen drei Untergruppen:

- Wertpapieranalysten
- Wirtschafts- und Finanzjournalisten
- Wertpapier- und Anlageberater der Banken.

Der Wirtschafts- und Finanzpresse kommt neben den Analysten vor allem deshalb eine sehr große Bedeutung zu, weil sie einerseits die breitere Öffentlichkeit informiert und andererseits auf die wichtigsten Gruppen des Wirtschaftslebens meinungsbildend wirkt. Finanzmärkte haben die Eigenschaft, sehr sensibel auf Meldungen der Finanzpresse zu reagieren. Die Anzahl der "wichtigen" Analysten und Wirtschaftsjournalisten ist sehr viel geringer als die Anzahl der Wertpapierberater. Aus diesem Grunde ist diese Gruppe auch einfacher zu erfassen und anzuspre-

---

[149] Vgl. RUHKAMP (1999), S. 29

chen; eine dauerhafte Beziehung zwischen Unternehmen einerseits und Analysten und Wirtschaftsjournalisten andererseits ist stark individuell geprägt.

10.1.2 Gesetzliche Veröffentlichungspflichten

Durch das seit Januar 1986 geltende Bilanzrichtliniengesetz müssen die Aktiengesellschaften in Deutschland einen Jahresabschluss, bestehend aus Bilanz, Gewinn- und Verlustrechnung sowie einem Anhang und einem Lagebericht, erstellen. Der Lagebericht dient der Gesamtbeurteilung der künftigen Situation eines Unternehmens.[150]

§ 289 Abs.1 HGB verpflichtet die Unternehmen, im Lagebericht zumindest den Geschäftsverlauf und die Lage der Kapitalgesellschaft so darzustellen, dass ein den tatsächlichen Verhältnissen entsprechendes Bild vermittelt wird. Des weiteren sind gemäß § 44 BörsenG für amtlich notierte Gesellschaften im Rahmen der sog. Zulassungsfolgepflichten halbjährliche Zwischenberichte vorgeschrieben.

Generell zu beachten ist die Gleichbehandlung der Aktionäre: § 53a AktG legt fest, dass "Aktionäre unter gleichen Voraussetzungen gleich zu behandeln" sind. § 131 Abs. 4 AktG gewährleistet allen Aktionären das gleiche Recht auf Auskunft über Unternehmensinformationen.

Unter den Grundsatz der Gleichbehandlung ist auch die seit dem 1.1.1995 vorgeschriebene, in § 15 Wertpapierhandelsgesetz (WpHG) geregelte Ad-hoc-Publizität einzuordnen, welche die unverzügliche Bekanntmachung von kursrelevanten Tatsachen vorschreibt, um damit der Weitergabe von Insiderinformationen vorzubeugen.

§ 15 WpHG legt fest, dass alle börsennotierten Gesellschaften, deren Aktien zum Amtlichen Handel zugelassen sind, neu eingetroffene, noch nicht öffentlich bekannte Tatsachen unverzüglich veröffentlichen müssen, wenn diese wegen ihrer Auswirkung geeignet sind, den Börsenkurs erheblich zu beeinflussen. Generell sind kursbeeinflussende Tatsachen all jene Informationen, die für einen selbst oder

---

[150] Vgl. RUSS(1986), S. 14.

andere einen hinreichenden Grund darstellen können, einen Kauf oder Verkauf zu tätigen oder zu unterlassen. Aussagen werblichen Charakters haben ebenso wie allgemeine Kommentierungen zu unterbleiben. Der Umfang der Meldung soll 20 Zeilen nicht überschreiten und ist in deutscher und englischer Sprache zu publizieren.

Noch umfassendere Veröffentlichungspflichten sind im Regelwerk des Neuen Marktes enthalten. Neben dem gesetzlich geforderten o. g. Jahresabschluss, der Ad-hoc-Publizität und dem halbjährlichen Zwischenbericht sind von am Neuen Markt notierten Gesellschaften aufgrund privatrechtlicher Abmachungen noch folgende Veröffentlichungspflichten zu beachten:

- Die Rechnungslegung hat nach IAS oder US-GAAP zu erfolgen.
- Seitens des Unternehmens ist ein Unternehmenskalender wichtiger Termine zu erstellen und zu veröffentlichen.
- Einmal pro Jahr sind eine Bilanzpressekonferenz und eine DVFA-Analystenkonferenz abzuhalten.
- Zwischenberichte müssen für jedes Kalendervierteljahr erstellt und maximal 8 Wochen nach Quartalsende in deutscher und englischer Sprache publiziert werden. Diese Quartalsberichte müssen enthalten[151]: Gewinn- und Verlustrechnung, Jahresüberschuss/Fehlbetrag je Aktie (EPS), Mitarbeiterzahl und eine Kapitalflussrechnung.
- Alle Daten müssen den Vergleichsdaten des Vorjahreszeitraumes gegenübergestellt werden. Erläuterungen zur Geschäftsentwicklung und andere wichtige Unternehmensdaten sind ebenfalls zu publizieren.

Über die gesetzlichen Mindestbestandteile hinaus können der jährliche Geschäftsbericht und die Zwischenberichte auch als Medium für die weitergehende Information der Finanzmärkte genutzt werden.

---

[151] Vgl. Regelwerk Neuer Markt (1999), Ziffer 7.1.

10.1.3 IR ist mehr - Ziele der IR-Arbeit

Über die Ziele der IR-Arbeit gehen die Auffassungen und Definitionen recht weit auseinander. Sieht man als oberstes Ziel die sog. "faire Bewertung" an, so hat sich in jüngster Zeit aufgrund des zunehmenden Konkurrenzdrucks auf dem Kapitalmarkt durch ein Überangebot auf dem Primärmarkt einerseits und die wachsende Zahl der bereits etablierten Börsenunternehmen andererseits das sog. "Sharebranding" als Zwischenziel herausgebildet, um dieses Ziel zu erreichen. Es wird versucht, mit den Argumentationen und Instrumentarien des klassischen Marketings eine USP (Unique selling proposition) anzustreben, die die Aktie zum unverwechselbaren Markenartikel machen soll. Anleger kaufen die Aktie nicht allein wegen der Kurs- und Dividendenentwicklung, sondern weil sie an die Besonderheit dieser Aktie glauben. Einigen Auffassungen zufolge ist dadurch auch ein höherer Kurs erzielbar, als der, welcher der sog. "inhärenten Performance" entspricht. (Darunter versteht man den aufgrund des Unternehmenserfolges wie auch immer ermittelten Wert der Aktie).[152]

10.2 Investor Relations im Unternehmen – Strukturelle Überlegungen

10.2.1 Eigene Abteilung oder externe Agentur

Grundsätzlich sollte zunächst eine Entscheidung getroffen werden, ob das Investor Relations Management von einer externen Agentur oder inhouse wahrgenommen wird. Auch eine Mischform ist denkbar. Nach einer Umfrage des Deutschen Aktieninstitutes verfügen 95% der am Neuen Markt notierten Gesellschaften über eine eigene IR-Abteilung.[153] Letztere hat den Vorteil, naturgemäß über sehr kurze interne Informationswege verfügen zu können. Auch ist eine Konzentration auf die Wahrnehmung der Unternehmensinteressen wohl noch konsequenter gegeben als bei einer externen Agentur, die eine größere Zahl von Unternehmen unterschiedlicher Branchenzugehörigkeit betreut. Auch die Erörterung sensibler Fakten und Informationen unterliegt wohl einem tendenziell geringeren Sicherheitsrisiko.

---

[152] Vgl. HANSEN (2000), S.26.

[153] Vgl. ROSEN von (1999), S.18.

Zu beachten ist auch, dass das Investor Relations Management auch internen Zielgruppen (z. B. Vorstand) im Sinne kapitalmarktorientierten Denkens und Handelns die Erwartungen der externen Zielgruppen als wichtige Entscheidungsgrundlagen für die Unternehmensführung vermittelt.[154] Auch hier sind eine zeitliche und räumliche Nähe sowie der tägliche Kontakt zum operativen Business sicherlich von Vorteil.

10.2.2 Aufhängung im Unternehmen

Bezüglich der organisatorischen Eingliederung eines IR-Managers oder einer IR-Abteilung gibt es in der Praxis unterschiedliche Ansätze.[155] So wäre die Anbindung einer IR-Abteilung im Bereich Marketing denkbar. IR stellen aus exekutiver Sicht ein Marketinginstrument dar. Das Aktienmarketing hebt sich dabei vom Produktmarketing insbesondere dadurch ab, dass bei ersterem der akquisitorische Aspekt von strategischen und politischen Aussagen begleitet wird.[156]

Auch eine Ansiedlung im Bereich Finanzen ist denkbar. Da entsprechende Kenntnisse, Denkweisen und Argumentationen des Finanzfachmanns den Informationswünschen vor allem institutioneller Anleger, Analysten und Wirtschaftsjournalisten entsprechen, könnte eine solche Verbindung sinnvoll sein.[157]

Da die IR-Mitarbeiter sowohl über BWL-Kenntnisse als auch über Kommunikationserfahrung verfügen sollten, kommt alternativ die Einbindung - als finanzmarktbezogener Teil - in die PR-Abteilung in Frage, um im Instrumentalmix die Kommunikationsinhalte auf den Güter- und Finanzmärkten zu harmonisieren.

Wird - z. B. in kleineren Unternehmen - keine IR-Abteilung aufgebaut, sondern ein einzelner IR-Manager verpflichtet, so erscheint die Schaffung einer Stabsstelle mit Vorstandsanbindung am praktikabelsten.

---

[154] Vgl. MINDERMANN (2000), S. 26.
[155] Vgl. GAUL/STOFER (2000), S. B5.
[156] Vgl. PAUL (1993), S. 160.
[157] Diese Organisationsform ist bei ca. 60% der IR-aktiven deutschen Unternehmen anzutreffen; vgl. SERFAS (1998) S. B7.

10.2.3 Größe und Aufbau der IR-Abteilung

In einem eher kleineren Unternehmen wird die Installierung einer Stabsstelle Investor Relations für einen IR-Manager ausreichen. Diesem sollte aufgrund der Fülle der Aufgaben und der recht umfangreichen Reisetätigkeit eine Assistenz zur Seite gestellt werden, die mit allen Vorgängen im IR-Bereich vertraut und für das Back-Office- Management zuständig ist.

In größeren Unternehmen sollte eine IR-Abteilung geschaffen werden, deren personeller Umfang mit der Unternehmensgröße und damit mit dem Umfang der Aufgaben korrelieren wird. Um eine optimale Corporate Communication zu gewährleisten, sollte deren Leiter als einziger IR-Kommunikator des Unternehmens - neben dem Vorstand - nach außen in Erscheinung treten. Bezüglich der internen Aufgabenverteilung innerhalb der IR-Abteilung sind unterschiedliche Varianten denkbar. Praktikabel erscheint eine Aufteilung der Zuständigkeitsbereiche nach Kommunikationswegen, also die Benennung jeweils eines Verantwortlichen für Bereiche wie z. B. Internetkommunikation, Print (Geschäfts- und Zwischenberichte, Aktionärsbriefe, Unternehmensbroschüren), Events (Hauptversammlung, Presse- und Analystenkonferenzen, Unternehmensbesichtigungen, Roadshows, Finanzmessen) usw.

Beim Auswahlprozess der Mitarbeiter sind neben betriebswirtschaftlichem Fachwissen und Kommunikationsstärke auch sehr gute Kenntnisse der englischen Sprache ein wichtiges Selektionskriterium. Durch die zunehmende internationale Verflechtung der Kapitalmärkte findet die Kommunikation häufig in englischer Sprache statt. Auch eine gewisse Belastbarkeit der Probanden sollte gewährleistet sein. Nicht nur die Ausdehnung der Handelszeiten der Xetra-Plattform und die Reduzierung der Börsenfeiertage, sondern insbesondere die Service-Orientierung der Investoren bedingen eine Ausdehnung der Präsenz der Mitarbeiter der IR-Abteilung.[158] Im Falle einer Einstellung sollte eine sog. Compliance-Erklärung Bestandteil des Arbeitsvertrages sein. Als sog. Primär-Insider verpflichtet sich der Mitarbeiter darin zur Nichtweitergabe und Nichtnutzung seines Insiderwissens.

---

[158] Vgl. SCHMITT (2000), S. B4.

Empfehlenswert ist die Mitgliedschaft des Unternehmens oder mindestens eines Mitarbeiters der IR-Abteilung im Deutschen Investor Relations Kreis (DIRK). Hauptanliegen des DIRK ist nach eigener Darstellung "der Erfahrungsaustausch der Mitglieder untereinander mit dem Ziel, die Qualität der Beziehungen der einzelnen Unternehmen zu Investoren im In- und Ausland weiter zu verbessern".[159]

10.3 Investor Relations und Public Relations

In der wissenschaftlichen Interpretation und in der Einstufung von IR bestehen Unterschiede. Einerseits wird IR den PR zugeordnet, andererseits existiert die Einordnung des Begriffes innerhalb des Finanzmarketings.

Folgt man der Auffassung, dass IR als PR für die Teilöffentlichkeiten der aktuellen und potenziellen Investoren sowie der Multiplikatoren zu verstehen ist, mit dem Ziel, die Kapitalbeschaffungsmöglichkeiten zu möglichst günstigen Konditionen zu fördern und zu sichern[160], so kann IR als Teilbereich der PR angesehen werden. Dabei beinhalten IR im ursprünglichen Sinne lediglich den kapitalgeberbezogenen Teil der PR.[161]

Abseits aller Einordnungsfragen ist in der Praxis entscheidend, dass Inhalte und Instrumentarien der gesamten Unternehmenskommunikation aufeinander abgestimmt sind. Die Vermittlung einer Corporate Identity, also der ganzheitlichen Ausstrahlung einer Unternehmensphilosophie, muss in alle PR- und IR- Maßnahmen einfließen.

Widersprechen optischer Auftritt der PR/IR-Kommunikationsmittel oder deren Inhalt dem sonstigen Auftritt des Unternehmens, z. B. bei der Produktwerbung, so ist die Glaubwürdigkeit der Unternehmenskommunikation - oder gar des Unternehmens insgesamt - in Frage gestellt.

---

[159] Siehe www.dirk.org.
[160] Vgl. TÄUBERT (1999), S. 34.
[161] Vgl. LINK (1991), S. 9.

Darüber hinaus gehört gerade in Change-Situationen die Stimmigkeit des Kommunikationskonzeptes zu den "soft factors", die positiv in die Bewertung des Unternehmens eingehen; wird doch das Vertrauen des Investors in das Unternehmen durch eine einheitliche Informationspolitik ebenso gefestigt, wie das Vertrauen des die Unternehmensleistungen nachfragenden Kunden.

Die gemeinsame Erstellung eines Kommunikationskonzeptes durch PR- und IR-Abteilung mit der Festlegung zumindest der Eckpfeiler einer Corporate-Communications-Strategie als Bestandteil eines unternehmensweiten Corporate-Identity-Konzeptes ist daher in der Praxis unerlässlich.

10.3.1 Enge Koordination mit der PR-Arbeit

Aus dem zuvor dargestellten folgt, dass IR- und PR-Strategien aufeinander abgestimmt sein müssen. Das Ziel, kommunikativ ein einheitliches Unternehmensimage zu transportieren, kann sonst nicht erreicht werden.

Als Beispiel sei hier die Integration von Shareholder- und Stakeholder-Kommunikation genannt: Was den Aktionären versprochen wird, bedeutet unter Umständen Veränderungen im Unternehmen, auf die alle Mitarbeiter - als wichtigste Stakeholder - durch interne Kommunikation eingeschworen werden müssen. Gegenüber diesen beiden unterschiedlichen Zielgruppen mit unterschiedlichen Interessenlagen muss dieselbe Botschaft mit unterschiedlicher Zielsetzung kommuniziert werden. Davon ausgehend, dass sinnvollerweise die Shareholder-Kommunikation im IR-Bereich und die interne Kommunikation im PR-Bereich angesiedelt sein werden, zeigt dieses Beispiel die Notwendigkeit eines koordinierten Vorgehens.

Ein weiteres Praxisbeispiel könnte eine sog. Rückrufaktion eines Automobilherstellers sein: Hier müssen zum einen die Kunden des Unternehmens sensibel informiert werden, um im Zuge der Schadensbegrenzung das Vertrauen der Kunden in das Unternehmen nicht nachhaltig zu beschädigen. Zum anderen müssen die Aktionäre über die zu erwartenden Kosten dieser Aktion unterrichtet werden. Fällt ersteres in den Zuständigkeitsbereich der PR-Abteilung, wird letzteres durch die IR-Abteilung kommuniziert. Auch hier sind Zielkonflikte bei der Kommunikationspolitik (Kundenbegehren: Umfassende Fehlerbeseitigung ohne Rücksicht auf Kosten, Aktionärsbegehren: Möglichst geringe Auswirkungen auf Ertragskraft und Wert des Unternehmens) evident und können nur mittels enger Koordination aller Kommunikationsmaßnahmen zwischen IR- und PR-Bereich aufgelöst oder zumindest möglichst gering gehalten werden.

10.3.2 Möglichkeiten der Zusammenarbeit

Grundlage einer Zusammenarbeit zwischen PR- und IR-Abteilung sollte ein bereits oben erwähntes Kommunikationskonzept sein, das wiederum Teil des CI-Konzeptes des Unternehmens ist.

In der Praxis ist es sinnvoll, dass sich beide Abteilungen wechselseitig permanent über die laufenden und geplanten Projekte informieren und zu einem regelmäßigen Austausch zusammentreffen. Im Rahmen solcher Meetings können Aufgabenverteilungen und Abstimmungsprozesse festgelegt werden.

Gibt es neben dem Leiter der IR-Abteilung oder dem einzelnen IR-Manager einerseits mit dem Leiter der PR-Abteilung oder dem einzelnen Pressesprecher andererseits noch einen zweiten Kommunikator, der in persona an die Öffentlichkeit tritt und direkten Medienkontakt hat, so besteht insbesondere zwischen diesen beiden Kommunikatoren hoher Abstimmungsbedarf.

10.3.3 Ein Überblick über das Instrumentarium

Das Instrumentarium, das für IR-Maßnahmen zur Verfügung steht, ist vielfältig. Neben den oben bereits beschriebenen, gesetzlich vorgeschriebenen Instrumentarien bietet sich noch eine Vielzahl weiterer Kommunikationsmittel und -wege an. In welchem Umfange sie genutzt werden, ist sicherlich in erster Linie budgetabhängig. Die IR-Budgets deutscher Aktiengesellschaften liegen - je nach Unternehmensgröße - bei 300.000 bis 3 Mio. DM p. a.[162] Grundsätzlich sollten alle gewählten Instrumentarien zweisprachig (deutsch/englisch) konzipiert sein.

---

[162] Vgl. FAZ (Hrsg.) (1999), S. 32.

Eine Rangfolge der Wichtigkeit von IR-Maßnahmen zu erstellen, ist sicherlich schwierig, da die Prioritäten z. B. der Adressatengruppen je nach Unternehmen differieren können. In jedem Falle jedoch ist der Langzeitwirkung von IR-Maßnahmen eine hohe Bedeutung beizumessen. Wenn informationsaktive und gewinnorientierte Aktionäre die Entscheidung über eine Geldanlage treffen wollen, erinnern sie sich am ehesten an Informationen, die ihnen durch Geschäfts- und Quartalsberichte, Unternehmensbroschüren und die IR-Seiten des Internetauftritts des Unternehmens vermittelt wurden.

Im Rahmen einer repräsentativen Studie[163] zur Erinnerlichkeit von IR-Maßnahmen antworteten die Befragten auf die Frage, welche IR-Maßnahmen ihnen erinnerlich seien, wie folgt:

1. Geschäftsbericht 75%
2. Broschüre/Aktionärszeitschrift 56%
3. Quartalsberichte 47%
4. IR-Seiten im Internet 36%.

Zur Einteilung des umfangreichen Instrumentariums bietet sich eine Unterscheidung zwischen persönlichen (z. B. Pressebesuch, Hauptversammlung, Roadshow) und unpersönlichen Instrumenten (z. B. Ad-hoc-Mitteilung, Geschäftsbericht usw.) an.

10.4 Kurze Beschreibung der IR-Maßnahmen

10.4.1 Persönliche Maßnahmen

Hauptversammlung (HV)

Die jährliche Hauptversammlung bietet eine Gelegenheit zum direkten Kontakt mit den Aktionären. Es empfiehlt sich, eine umfangreiche Vorbereitung auf eventuelle Fragen, die aktionärsseitig auf der HV gestellt werden könnten. In aller Regel findet die HV am Sitz des Unternehmens statt. Die HV ist eine der kostenintensivsten IR-Maßnahmen. Sie verursacht auch bei kleineren und mittleren Un-

---

[163] Vgl. IRES (1999).

ternehmen Kosten in sechsstelliger Höhe. Die Aufzählung aller zu beachtenden, insbesondere juristischen Formalien würde den Rahmen dieses Kurzüberblickes sprengen. In jedem Falle ratsam ist die Übertragung der HV-Organisation auf eines der am Markt tätigen, spezialisierten Unternehmen. Insbesondere im Hinblick auf die einwandfreie Auswertung der Stimmabgabe ist bei der Auswahl ein erfahrenes Unternehmen mit Referenzen und hoher Kompetenz im EDV-Bereich zu präferieren.

Conference call / Direct call

Auf eine direkte Telefondurchwahl zur IR-Abteilung sollte in allen unternehmenseigenen IR-Materialien hingewiesen werden. Möglich ist auch die Ausrichtung eines Conference Call zu festgelegten Terminen, im Rahmen dessen Interessenten direkt mit dem Vorstand kommunizieren können. Eine Frequenz von vier Conference Calls pro Jahr dürfte ausreichend sein.

Internet chat

Nach dem selben Prinzip ist zusätzlich oder alternativ auch die Einrichtung eines gelegentlichen Internet-Chats mit dem Vorstand möglich. Alle "Mit-Chatter" können sämtliche Fragen und Antworten mitverfolgen. Auf der Website des Unternehmens, mittels Pressemitteilungen an Finanzmedien und in Form von Anzeigenwerbung in Printmedien bzw. Buttonwerbung in Internetmedien kann der Chat angekündigt werden.

Roadshow

Im Rahmen einer sog. Roadshow besucht das Unternehmen potenzielle Investoren, z. B. Aktienfonds. Vertreten wird das Unternehmen dabei in aller Regel durch die Vorstände. In einer kompakten, ca. 20- bis 40-minütigen Unternehmenspräsentation wird für ein Investment in das Unternehmen geworben.

Analystenkonferenz

Einmal pro Jahr müssen Neue Markt-Unternehmen eine DVFA–Analystenkonferenz abhalten. Die Vorbereitungen müssen die gewünschte hohe Informationstiefe des Adressatenkreises berücksichtigen. Als Veranstaltungsort bietet sich für deutsche Unternehmen Frankfurt a.M. an, da hier oder im regionalen Umfeld viele Finanzanalysten ansässig sind. Aufgrund der Vielzahl von Veranstaltungen dieser Art ist auf eine rechtzeitige Einladung zu achten.

Pressekonferenz

Pressekonferenzen bieten die Möglichkeit, mehrere Finanzjournalisten innerhalb einer einzigen Veranstaltung informieren zu können und sind daher recht effizient. Für die Auswahl des Veranstaltungsortes gilt das zuvor bereits erwähnte: Frankfurt a.M. als bedeutendster Finanzplatz Deutschlands bietet sich als Veranstaltungsort an, da nahezu alle Finanzmedien hier zumindest durch Korrespondenten vertreten sind.

Unternehmenspräsentationen bei Aktienforen, Finanzmessen u.ä.

Banken, Industrie- und Handelskammern, Wertpapierhandelshäuser und andere laden im Rahmen von sog. Aktien- oder Aktionärsforen Unternehmen ein, sich mit Präsentationen und/oder Infoständen zu beteiligen. Als eine der wenigen Gelegenheiten für das Unternehmen, in direkten Kontakt mit potenziellen Investoren zu treten, sind Beteiligungen an solchen Veranstaltungen sicherlich interessant. Neben der möglichen Gewinnung von neuen Aktionären und der Steigerung des Bekanntheitsgrades des Unternehmens können anhand der Fragestellungen vor Ort wichtige Kenntnisse für die IR-Kommunikation gewonnen werden.

Unternehmensbesichtigung

Solche "Tage der offenen Tür" sind nicht für alle Unternehmen sinnvoll. Zum einen spielen Sicherheitsbedenken eine Rolle. Zum anderen ist auch eine Störung des Betriebsablaufes oftmals nicht zu vermeiden. Häufig ist der Informationswert (z. B. bei nicht produktionsorientierten Unternehmen) für die Besucher eher gering.

Pressebesuche

Finanzjournalisten sind Multiplikatoren, deren Empfehlungen oft Auslöser für Erwerb oder Verkauf einer Aktie sind und die den Kurs des Papiers stark beeinflussen können.[164] Persönliche Kontakte im Rahmen von Redaktionsbesuchen sind

---

[164] Vgl. NUSSBAUM (2000), S. 12.

daher unerlässlich. Fraglich ist, wie weit der Kreis der zu besuchenden Finanzjournalisten gezogen wird und welche Besuchsfrequenz sich empfiehlt. Bei einer Konzentration auf ca. 20, vom IR-Verantwortlichen als maßgeblich klassifizierten Finanzjournalisten und einer Besuchsfrequenz von drei Treffen pro Jahr ergibt sich eine Zahl von rund fünf Redaktionsbesuchen pro Monat.

Pressereise

Sofern vom Anlass her sinnvoll, kann eine Pressereise zu einer Produktionsstätte oder zu einem interessanten Projekt das Verständnis zwischen Management und Presse besser fördern, als alle anderen Maßnahmen.

Da in der Regel nicht unerhebliche Kosten entstehen und auch der Zeitaufwand für Planung und Durchführung einer solchen Reise nicht zu unterschätzen ist, sollten recht strenge Auswahlkriterien hinsichtlich der einzuladenden Journalisten bzw. der von ihnen repräsentierten Medien angelegt werden. Reputation, Verbreitung und Zielgruppendurchdringung der betreffenden Medien sollten signifikant hoch sein.

10.4.2 Unpersönliche Maßnahmen

- **Geschäftsbericht**

Der Geschäftsbericht wird oft als "die Visitenkarte des Unternehmens"[165] bezeichnet. Er sollte informativ, flüssig zu lesen, anspruchsvoll gestaltet und inhaltlich verständlich sein. Die Kosten können einschließlich des Versandes leicht eine sechsstellige Größenordnung erreichen. Der Umfang dürfte - je nach Unternehmensgröße und Gewichtung dieses Instrumentariums - bei 40 bis 100 Seiten liegen. Aufgrund der zahlreichen zu beachtenden Formalien empfiehlt sich zur Vorbereitung auf die erstmalige Herausgabe eines Geschäftsberichts die Lektüre eines entsprechenden Fachbuches. Die Auswertung von Geschäftsberichten anderer Unternehmen - insbesondere prämierter Versionen - kann zusätzlich wichtige Anregungen für die Produktion geben.

---

[165] Vgl. Handelsblatt- IR Monitor (2000), S. 15.

- **Zwischenberichte**

  Die unterjährigen Publikationen sollten hinsichtlich Gestaltungsqualität und Informationsaufarbeitung den gleichen Anforderungen genügen wie der Geschäftsbericht. Allerdings beträgt ihr Umfang in aller Regel lediglich 4-10 Seiten.

- **Ad hoc Mitteilungen**

  Diese sind für das Unternehmen verpflichtend und unterliegen mittlerweile strengen Formalien bezüglich Inhalt und Umfang (siehe auch unter 10.1.2). Nach der verpflichtenden Veröffentlichung über die Deutsche Gesellschaft für Ad-hoc-Publizität (DGAP) via Internet sollten die Meldungen über den E-Mail-Verteiler des Unternehmens auch an die dort registrierten Aktionäre und Interessenten gesendet werden.

- **Aktionärsbrief /Aktionärszeitschrift**

  Beide bieten eine vergleichsweise kostengünstige und zeitnah zu realisierende Möglichkeit des Informationstransfers zu den Aktionären. Die kurze Form als Aktionärsbrief versteht sich als reine Informationsvermittlung und kann in gestalterisch einfacher, gedruckter Form und als E-Mail verschickt werden. Die Aktionärszeitschrift bietet als aufwendiger gestaltetes Printprodukt breitere Darstellungsmöglichkeiten.

- **Presseclipping**

  Für ein börsennotiertes Unternehmen ist es ein "muss", einen sog. Presseclippingservice (oder auch: Presseausschnittdienst) zu beauftragen, um einen vollständigen Überblick über die Medienberichterstattung zum Unternehmen zu bekommen. Es bietet sich an, zumindest halbjährlich einen Pressespiegel zu erstellen und diesen Interessenten zur Verfügung zu stellen. Gleichzeitig sollte jede Presseveröffentlichung zeitnah auf den IR-Seiten des Internetauftrittes des Unternehmens veröffentlicht werden. Von der Beobachtung mit abgedeckt sein sollten auch diejenigen Internet-Chatrooms, in denen das Unternehmen thematisiert wird. So gibt es unternehmensseitig eine gewisse Kontrolle über eventuelle, anonym verbreitete Gerüchte oder Unwahrheiten, die in ihren negativen Auswirkungen aufgrund der mittlerweile erreichten Zugriffszahlen mancher Boards nicht zu unterschätzen sind.

- **Unternehmensbroschüre/Imagebroschüre**
Neben dem Geschäftsbericht ist sie die zweite "Visitenkarte" des Unternehmens, angesichts der Kosten für den jährlichen Geschäftsbericht für kleinere Unternehmen allerdings verzichtbar. Sinnvoll ist eine solche Broschüre eher im Zuge des Börsengangs, wenn noch kein aufwendiger Geschäftsbericht zur Verfügung steht.

- **Factbook**
Im Factbook sind die "Story" des Unternehmens, die Strategie und das Planzahlengerüst enthalten. In Form einer Präsentation - z. B. als Beamerpräsentation und begleitend dazu als Handout-Hardcopyversion - dient es der Präsentation des Unternehmens bei Investoren, Analysten und Banken. Das Factbook wird laufend aktualisiert und der Unternehmensentwicklung angepaßt.

- **Pressemitteilungen**
Pressemitteilungen an die Finanzpresse lassen dem Unternehmen wesentlich mehr Freiraum als Ad-hoc-Mitteilungen. Da jede verbreitete Unternehmensmitteilung den Bekanntheitsgrad des Unternehmens erhöht, sind regelmäßige Pressemitteilungen über den einzurichtenden und zu pflegenden Presseverteiler ein ebenso effektives wie kostengünstiges IR-Instrument. Gute persönliche Kontakte zu den Empfängern erhöhen erfahrungsgemäß die Wahrscheinlichkeit des Abdrucks. Hinsichtlich der Quantität gilt : Kein Satz mehr als unbedingt nötig!

Je weniger sich der bearbeitende Journalist mit der Umgestaltung oder Kürzung der Pressemitteilung befassen muss, desto höher liegt die Wahrscheinlichkeit der Veröffentlichung.

- **Finanzanzeigen**
Neben den gesetzlich geforderten Finanzanzeigen (z. B. Einladung zur HV) in überregionalen Börsenpflichtblättern steht es dem Unternehmen frei, seine Aktie z. B. in Finanzzeitschriften oder auf Finanzseiten von Internetanbietern in Form von Anzeigen bzw. Internetbuttons zu bewerben.

Ob dies nach dem Börsengang noch sinnvoll ist, kann bezweifelt werden. In der Praxis wird die Werbung für eine Aktie eher als Beleg für mangelndes Interesse auf den Finanzmärkten gewertet. Gleiches gilt im übrigen für TV-Spots, die zudem hinsichtlich Produktion und Schaltung sehr kostenintensiv sind.

- **Internet**

  Die IR-Seiten im Rahmen des Internetauftrittes des Unternehmens sind bereits heute von enormer Bedeutung und werden mit der weiterhin raschen Verbreitung des Internets noch weiter an Bedeutung gewinnen.

Die IR-Seiten sollten enthalten:

- Durchwahl und E-Mail-Adresse der IR-Abteilung
- Information zu Aktienkurs und -verlauf
- Jahresabschluss und Zwischenberichte
- Unternehmens-News und Pressestimmen
- Analystenstudien zum Unternehmen
- Registrierungsmöglichkeit für den Informationsverteiler.

Weitere Instrumentarien, wie z. B. der Faxabruf von Informationen, haben im Zeitalter von Internet und E-mail stark an Bedeutung verloren.

Die Vielzahl der oben dargestellten IR-Maßnahmen gibt bereits einen Hinweis darauf, dass in der Praxis kontinuierlich ein hohes Maß an Kommunikationsarbeit geleistet werden muss. Entscheidend dabei ist jedoch nicht nur, möglichst viele der oben dargestellten, als sinnvoll erachteten Instrumente zu nutzen, sondern zudem eine optimale inhaltliche und gestalterische Vernetzung der Instrumentarien mit dem Ziel der Ausschöpfung der Synergiepotenziale zu erreichen.

Literaturverzeichnis

FAZ (Hrsg.) (1999): Handbuch Investor Relations, Frankfurt

GAUL, Richard/STOFER, Wolfgang (2000): Wo sollte IR organisatorisch verankert sein? in: Börsenzeitung Nr. 180/2000, S.B5

HANSEN, Jürgen Rolf (2000) Professionelles Investor Relations Management, Landsberg/Lech

IRES (Hrsg.) (1999): Anlage- und Informationsverhalten deutscher Aktionäre, Düsseldorf

LINK, Rainer (1991): Aktienmarketing in deutschen Publikumsgesellschaften, Wiesbaden

MINDERMANN, Hans Herrmann: Investor Relations- eine Definition: in D.I.R.K. (Hrsg.):Investor relations - Professionelle Kapitalmarktkommunikation, Wiesbaden

NUSSBAUM, Monika (2000): Zielgruppenbestimmung – das Fundament erfolgreicher IR-Arbeit, in: Investor Relations Forum 6/2000, S. 12

PAUL, Walter (1993) Umfang und Bedeutung der Investor Relations, in: Betriebswirtschaft in Forschung und Praxis, Heft 2/1993, S.133-162

PETERS, Jörg (1995): IR in der Turn-around-Phase, in: Börsenzeitung, Nr.174/1995, S. 20

ROSEN, Rüdiger von (Hrsg.) (1999): Erfahrungen von Neuemittenten am neuen Markt 1998, Studien des deutschen Aktieninstitutes, Heft Nr.8

RUHKAMP, Stefan (1999): Der Neue Markt schwänzt die Reifeprüfung, in: Börsenzeitung Nr. 253/1999, S. 29

RUSS, Wolfgang (1986): Der Anhang als Dritter Teil des Jahresabschlusses. Eine Analyse der bisherigen und der zukünftigen Erläuterungsvorschriften für die Aktiengesellschaft, Bergisch Gladbach und Köln

SCHMITT, Wolfram (2000): IR – von internationaler zu globaler Dimension, in: Börsenzeitung Nr. 180/2000, S. B4

SCHULZ, Michael (1999): Aktienmarketing - Eine empirische Studie zu den Informationsbedürfnisssen deutscher institutioneller Investoren und Analysten, Sternenfels

SERFAS, Alexander (1998): IR gewinnt zunehmend strategische Bedeutung, in: Börsenzeitung, v. 3.12.1998, S. B7, S. 233

TÄUBERT, Anne (1999): Unternehmenspublizität und IR, in: pr-magazin, Heft 9/1999, S. 34

WIESELHUBER, Norbert (1999): Kontinuierliche IR, in: FAZ v. 2.11.1999

11 Strategisches Investor Relations-Management

11.1 Strategische IR - Elemente eines jährlichen IR-Programms

Kernelement der erfolgreichen IR-Arbeit ist Glaubwürdigkeit in der Kommunikation. Glaubwürdigkeit wird vor allem durch Nachvollziehbarkeit und eine gewisse Kontinuität der Botschaften gefördert.

Damit wird deutlich, dass die IR-Arbeit über die in schnellem Rhythmus wiederkehrenden Ereignisse wie beispielsweise die Quartalsberichterstattung hinaus eine strategische Komponente enthalten muss. Die strategische IR-Arbeit spannt daher einen Bogen über diese Ereignisse hinaus und setzt Ziele und Maßnahmen fest, die sich an der Mittel- und Langfristplanung des Unternehmens orientieren. Auch wenn sich im Zeitalter des Internets vermehrt die Frage nach der Relevanz von Mittel- und Langfristplanung stellt, bleibt festzuhalten, dass die Positionierung und damit die strategische Ausrichtung des Unternehmens nicht über Nacht geändert werden kann. "Investors don't like surprises", eine alte Kapitalmarktweisheit, ist Ausdruck der Bedeutung der sorgfältigen Ausarbeitung und Planung von Kommunikationsprogrammen und Botschaften.

Was bedeutet das konkret für ein jährliches IR-Programm? Die Kommunikationsstrategie und die Kernbotschaften müssen verbindlich festgelegt werden, bevor man Einzelereignisse aufarbeitet. Das gibt die Sicherheit, auf ein Rahmenwerk von Aussagen zurückgreifen zu können, wenn die aktuelle Unternehmenslage kommentiert wird. Der eigentliche Planungsprozess für ein jährliches IR-Programm lehnt sich stark an die Unternehmensplanung an.

Idealerweise ist der IR-Manager Mitglied des Strategiestabs des Unternehmens und bringt Feedback vom Kapitalmarkt ein, wenn in Planungssitzungen die Meilensteine der Unternehmensentwicklung der nächsten Jahre diskutiert werden. Die Ergebnisse der Strategieplanung auf Unternehmensebene sind dann Ausgangspunkt für die Festschreibung der IR-Ziele und Maßnahmen für die nächsten Monate und Jahre. Die detaillierte Befragung von Analysten und Investoren liefert die Basis für die weitere Planung der Aktivitäten. Die relevanten Fragen sind u.a.:

- Wie wird die IR-Arbeit bewertet?
- Welche Verbesserungen sollten vorgenommen werden?
- Wo liegen die inhaltlichen Stärken und Schwächen in der Kommunikation?
- Inwieweit ist die Equity Story des Unternehmens schlüssig und akzeptiert?

Nachdem ein langfristig angelegtes Kommunikationskonzept entworfen wurde, wird mit Hilfe von zeitnahem Feedback - beispielsweise aus der letzten Roadshow oder einem Strategietag - ein Programm für das kommende Jahr entworfen. Auch im Verlauf des IR-Programms sollte regelmäßiges Feedback eingeholt werden, um eine Feinabstimmung und Anpassung der Aktivitäten vornehmen zu können.

Abb. 14: Jahresplanung für IR-Aktivitäten

Jahresplanung	Jan	Feb	März	Apr	Mai	Jun	Jul	Aug	Sep	Okt	Nov	Dez
Aufbau und Pflege Datenbanken (Analysten, Investoren, Finanzjournalisten)		—				—						
Informationsaussand		—										
Analystencoverage		—										
Analystenkonferenz				X								
IR-Webpage		—										—
Internet IR-Plattformen		—										
Bilanzpressekonferenz			X									
Hauptversammlung						X						
Pressegespräche						X			X		X	
Quartalsberichte						X			X		X	
Geschäftsbericht			X									
Conference Calls						X			X		X	
Sektorenkonferenzen/Fachmessen				?						?		
Roadshow					—						—	
Strategietag								X				

Quelle: eigene Darstellung

11.2 Targeting - Die Königsdisziplin

Targeting beschreibt die gezielte Definition, Auswahl und Ansprache von Zielgruppen eines Unternehmens. Im Folgenden wird Targeting als Shareholder Targeting verstanden. Ziel des Targetings ist der Aufbau einer stabilen Aktionärsbasis, die dem Unternehmen langfristig, auch in volatilen Zeiten, die Treue hält, und so die Kapitalkosten des Unternehmens minimiert.

Effektives Targeting gliedert sich im Wesentlichen in zwei Phasen: Ein Identifizierungsprogramm und ein Meeting-Programm, wobei diese jeweils nicht als abgeschlossene Einheiten, sondern vielmehr als Teile eines permanenten Prozesses zu verstehen sind.

11.2.1 Identifizierungsprogramm

Für die Identifizierung der bestehenden und potenziellen Investoren ist zunächst eine Analyse des Investorenportfolios erforderlich, bei der das Unternehmen folgende Fragen beantworten muss:

- Welcher Investorentyp investiert in das Unternehmen?
- Warum und wie lange investiert der jeweilige Investorentyp in das Unternehmen?
- Wer investiert nicht in das eigene, aber in vergleichbare Unternehmen derselben Branche?

In den USA hat das Targeting bereits eine lange Tradition und wird dort in der Regel von professionellen Targeting-Agenturen als Dienstleistung angeboten. In Europa wird diese Aufgabe häufig von Investmentbanken oder Finanzkommunikationsberatern übernommen.

Die Kenntnis der Investoren und die damit mögliche direkte Kontaktaufnahme ist im verschärften Wettbewerb um das Kapital der Investoren außerordentlich wichtig. Seit dem Sommer 1998 erlebt die Namensaktie daher ein Comeback in Deutschland. Zahlreiche Unternehmen haben die Notierung auf Namensaktien umgestellt, die durch die namentliche Zuordnung der Aktien zum Aktionär eine direkte Ansprache der Investoren ermöglichen.

Die Aufgabe der Targeting-Agentur besteht insbesondere in der Einschätzung und Bestimmung der Investitionsstrategien und Verhaltensmuster bestehender und potenzieller Investoren und dem Abgleich mit dem wechselnden Profil des Unternehmens. Ein Unternehmen mit moderatem Wachstum, stabilen Erträgen und einer ordentlichen Dividende ist für einen Investor, der nach überdurchschnittlichen Wachstumsraten sucht, nicht interessant, wahrscheinlich aber für jemanden, der auf eine Erhaltung seines Kapitals bei möglichst geringen Schwankungen des

Börsenkurses aus ist. Unterschieden werden können sechs Portfolio-Typen nach folgenden Kriterien[166]:

- Index: Portfolio zur Umgehung des unternehmensspezifischen Risikos
- Diversifikation: ähnlich dem Index-Portfolio, risikoavers mit geringen Umsätzen
- Sektor: Konzentration auf eine oder wenige Branchen
- Wachstum: Fokus auf hohe Wachstums- und Profitabilitätsraten, Investor akzeptiert höhere Kursvolatilität, in der Regel höhere Portfolioumsätze
- Wert: Fokus auf niedrig bewertete Unternehmen im Verhältnis zu Einnahmen und Vermögen
- Einkommen: Fokus auf laufende und zu erwartende Dividendenhöhe

11.2.2 Meeting-Programm

Sind die Investoren identifiziert, gilt es, den persönlichen Kontakt herzustellen und zu pflegen. Wichtigste Kommunikationsmaßnahmen sind in diesem Zusammenhang die Einzelgespräche, die sogenannten One-on-ones, mit der Unternehmensleitung, insbesondere dem Vorstandsvorsitzenden bzw. -sprecher oder dem Finanzvorstand. Hier kommt es nicht nur darauf an, die Equity Story auf direktem Wege zu vermitteln, sondern vor allem das Management des Unternehmens zu repräsentieren.

Die One-on-ones sind jedoch nicht die einzige Möglichkeit, sich den Investoren zu präsentieren. Neben der Deutschen Vereinigung für Finanzanalyse und Asset Management (DVFA) veranstalten auch Investmentbanken Konferenzen, auf denen Unternehmen die Möglichkeit haben, Investoren- und Analystenkontakte aufzubauen. Diese Veranstaltungen sind oft branchen- oder größengebunden, so dass auch hier eine hohe Erreichbarkeit der Zielgruppe gewährleistet ist.

---

[166] Beispiel einer Portfolioanalyse; vgl. LAFFERTY (2000),
http://www.iragent.com/IRagent/tour/shareholders.lasso?p=2

11.3 Erfolgskontrolle

Die Frage nach der Kontrolle von IR-Arbeit ist zunächst einmal die Frage nach den Zielen der IR-Arbeit. Während bis vor 20 Jahren noch die Gewinnung und Mehrung von Vertrauen als wichtigstes Ziel der Investor Relations galt, wird heute entweder eine angemessene Bewertung der Aktie oder ein langfristig maximaler Aktienkurs als oberste Maxime definiert.

Weicht der an der Börse ermittelte Marktwert des Unternehmens vom fairen Wert aus Sicht des Unternehmens ab, so besteht eine sogenannte Wahrnehmenslücke. Oberstes Ziel der Investor Relations ist, diese Lücke zu schließen, also eine faire Bewertung des Unternehmens zu erreichen. Diese ist dann gegeben, wenn die interne Sicht des Unternehmens mit der externen Sicht durch die Analysten übereinstimmt.

Aus diesem Hauptziel lassen sich folgende Unterziele für die Investor Relations-Arbeit ableiten:

- Alle für die Bewertung des Unternehmens relevanten Informationen müssen den Analysten zur Verfügung stehen.
- Die Informationen müssen vom Empfänger verstanden werden.

Je schwieriger es für den Analysten ist, aus den bereitgestellten Informationen verlässliche Prognosen abzuleiten, umso größer ist die Unsicherheit über die wirtschaftliche Leistungsfähigkeit eines Unternehmens. Mit der Unsicherheit steigen jedoch auch die von den Investoren verlangten Risikoprämien und damit die Kapitalkosten des Unternehmens.

Es gilt also, zunächst herauszufinden, wer über das Unternehmen berichtet und in welcher Form. Zur Erfolgskontrolle der Investor Relations-Arbeit ist daher die Überprüfung der Analysten-Coverage erforderlich, das heißt die Identifikation von Analysten, die das jeweilige Unternehmen beurteilen und bewerten. Durch eine regelrechte Flut an Neuemissionen, allein am Neuen Markt waren im Oktober 2000 324 Unternehmen notiert[167], sehen sich hier insbesondere kleine Unterneh-

---

[167] Vgl. www.neuermarkt.de/INTERNET/NM/home/index.htm

men einer enormen Herausforderung gegenüber. Da die Anzahl an Unternehmen zur Zeit durch die Analysten der Kreditinstitute nicht bewältigt werden kann, konzentrieren sich diese bei der Auswahl der Werte vor allem auf nachfragestarke Aktien, das heißt größere Unternehmen mit hoher Marktkapitalisierung und einem hohen handelbaren Aktienanteil.

Um die Erreichung des zweiten Zieles zu messen, besteht die Kontrollmöglichkeit in einer Marktanalyse durch die direkte Befragung der Analysten. Auf diese Weise kann kontrolliert werden, ob die bereitgestellten Informationen in der gewünschten Form verstanden wurden. Da insbesondere die Unternehmen des Neuen Marktes immer komplexere Technologien anbieten und immer mehr Nischen besetzen, gewinnt dieser Aspekt zunehmend an Bedeutung.

Bei den genannten Zielen handelt es sich um qualitative Maßstäbe. Für die tägliche Investor Relations-Arbeit ist neben diesen Zielen jedoch auch das Aufstellen quantitativer Zielgrößen erforderlich. Wird ein Unternehmen beispielsweise von fünf Analysten bewertet, lässt sich als quantitative Zielgröße formulieren, innerhalb der nächsten sechs Monate von fünf weiteren Analysten beurteilt zu werden.

Die Bewertung der Investor Relations-Arbeit an anderen quantitativen Größen wie beispielsweise dem Aktienkurs als Ausdruck der Bewertung oder dem daraus abgeleiteten KGV festzumachen, ist problematisch, da dieser einer Vielzahl von Einflussfaktoren unterliegt und ein direkter Wirkungszusammenhang nicht festzustellen ist.

11.4 Das Internet - eine neue Dimension

Mittlerweile sind weltweit schätzungsweise über 300 Millionen Menschen online - allein in Deutschland rund 16 Millionen Menschen.[168] Das Internet erhält eine steigende Bedeutung und die Nutzung geht über den reinen Informationsaustausch hinaus. 75 Prozent der potenziellen Investoren bekommen durch das Internet den ersten Kontakt zum Unternehmen. Nach Untersuchungen[169] haben heute nahezu

---

[168] Vgl. NUA INTERNET SURVEYS
www.nua.ie/surveys/how_many_online/index.html
[169] Vgl. SONNTAG/MINDERMANN (2000), S. 97

alle Finanzanalysten, institutionellen Investoren und vor allem Privatanleger Zugang zum Internet. In den USA nutzen 51 Prozent der Fondsmanager und sogar 64 Prozent aller Privatanleger das Internet als primäre Quelle für Unternehmensinformationen[170]. Von den deutschen Wirtschaftsjournalisten, die zu den Multiplikatoren am Kapitalmarkt gehören, nutzen 79 Prozent häufig das Internet für ihre Arbeit. Mehr als 90 Prozent aller Anleger wünschen sich laut einer Erhebung des Deutschen Aktieninstituts (DAI) im Netz finanzwirtschaftliche Kennzahlen, Informationen zu den Investitionsplänen, Angaben zur Dividende und Kursdaten der jeweiligen Unternehmen.

Ziel der IR ist die Sicherstellung einer angemessenen Bewertung der Aktie durch eine zeitnahe Versorgung der Investoren mit allen entscheidungsrelevanten Informationen. Neue IR-Instrumente (Internet, Call Center, Conference Calls) werden den Anforderungen dieser Informationsversorgung zum Teil besser gerecht als traditionelle Instrumente wie Roadshow oder Geschäftsbericht. Das Internet erlaubt einen zielgerichteten und vor allen Dingen interaktiven Informationsfluss. Weitere Vorteile sind:

- Schnelle, globale und kostengünstige Informationsverbreitung
- Effiziente Abwicklung der IR-Arbeit : Entlastung des IR-Personals
- Darstellung des Unternehmens in attraktiver und übersichtlicher Form
- Zeitlich und räumlich flexible Beschaffung und effiziente Verarbeitung der relevanten Informationen.

Etliche Unternehmen in Deutschland nutzen die Chance, die ihnen das Internet für die professionelle IR-Arbeit bietet, nicht aus. Eines der Hauptprobleme ist, dass das Internet aufgrund fehlender Standards für die Informationspräsentation eine geringe Transparenz besitzt. Beim Vergleich unterschiedlicher IR-Websites stellt man fest, dass es größtenteils noch keine einheitlichen Bezeichnungen für dieselben Inhalte bei verschiedenen Unternehmen gibt. Daher sollte man bei der Gestaltung der IR-Seite ausreichend Vergleiche heranziehen, um für den Nutzer die eigene Website klar verständlich zu machen. Weitere Anforderungen sind:

---

[170] Vgl. EDOS & MORGAN (2000)

- Übersichtlichkeit und Lesbarkeit durch klare Gliederung und verständliche Sprache
- Kein Information Overload
- Erfüllung der verschiedenen Anforderungen der unterschiedlichen Zielgruppen
- Orientierung bei der Gestaltung an den internen Vorgaben der Corporate Identity
- Andere Darstellung als in den klassischen Medien (Web-Versionen sollten leicht herunterzuladende Text- und Tabellenteile beinhalten und auf aufwendige Grafiken verzichten)
- Ständige Aktualisierung der Inhalte.

Um auf die Existenz neuer Nachrichten im Internet hinzuweisen und generell für die IR-Seite einen Marketingeffekt zu erzielen, ist es sinnvoll, in Pressemitteilungen und anderen Veröffentlichungen auf das Informationsangebot im Internet hinzuweisen.

Die Website von Microsoft wurde in den USA von Finanzanalysten, Portfoliomanagern und Privatanlegern in einer Umfrage des Investor Relations Magazines zur besten Website gewählt[171]. Microsofts Homepage weist eine hohe Informationsdichte auf und wird daher von den Befragten für sehr benutzerfreundlich gehalten. Die Websites deutscher Unternehmen sind im Vergleich zum amerikanischen Standard "informationsleerer" und werden dafür oftmals nach ästhetischen Gesichtspunkten gestaltet (z. B. Einstiegsseiten zur Wahl der Sprache etc.). Abzuwarten bleibt, ob sich dieser Trend aus den USA auch in Deutschland herausbilden wird, sobald die Nutzer erfahrener im Umgang mit dem Internet werden.

Bisher verhält sich das Internet zu den anderen IR-Instrumenten komplementär. Durch die zahlreichen Möglichkeiten wie die Übertragungen von Pressekonferenzen oder Hauptversammlungen, Live-Chats, die Verlinkung mit Zusatzinformationen oder den Einsatz sogenannter Mailinglisten hat das Internet das Potenzial, herkömmliche Instrumente abzulösen und eines der bedeutendsten Instrumente der

---

[171] Vgl. EDOS & MORGAN (2000)

IR zu werden. IR per Internet ist gerade für kleinere AGs ohne große IR-Abteilung eine Möglichkeit zur effizienten Kommunikation mit Anlegern und Analysten. Die Übertragung von Pressekonferenzen und Hauptversammlungen im Internet wird in den USA schon von vielen Unternehmen genutzt. Zudem gibt es dort Entwicklungen, die deutlich machen, wie die Zukunft der IR im Internet aussehen wird. So forderte die Security Exchange Commission (SEC) in den USA im Rahmen einer Regelung zur erhöhten Unternehmenstransparenz, der sogenannten "Regulation Full Disclosure", dazu auf, Telefonkonferenzen mit Analysten und Fondsmanagern für alle Interessenten zugänglich in die Internet-Seiten einzustellen.

Internetportale, auf denen der Benutzer auf zahlreiche Finanzinformationen in gesammelter und zielgerechter Aufbereitung zugreifen kann, generieren zusätzliches Interesse für die Internetseiten der dort präsenten Unternehmen. Der Auftritt in solchen Portalen sollte aber nur als Ergänzung zum eigenen Webauftritt im Bereich IR genutzt werden.

11.5 Investor Relations Management und externe Dienstleister

Die Investor Relations Arbeit in einem Unternehmen ist vielfältig und umfangreich. Nur 61 Prozent der deutschen börsennotierten Unternehmen verfügten 1998 über eine Investor Relations Abteilung.[172] Mangelndes Know-how oder mangelnde Kapazitäten erfordern oftmals den Einsatz von externen Dienstleistern.

Investor Relations sind in erster Linie Sache des Unternehmens, genauer gesagt der Unternehmensleitung. Die Zeit, die ein Vorstandsvorsitzender für die Investor Relations aufbringt, ist ein wichtiges Kriterium für Analysten bei der Bewertung des Unternehmens. Dennoch können externe Berater eine wichtige Hilfestellung leisten und je nach Bedarf ganz unterschiedliche Teile der Investor Relations-Arbeit übernehmen: Angefangen von dem Entwurf einer unternehmensspezifischen Strategie über die Positionierung des Unternehmens oder der Unternehmensleitung bis hin zur Kommunikation in Krisensituationen. Insbesondere bei strategischen Fragen ist die Sicht eines Außenstehenden besonders wichtig, da der

---

[172] Vgl. IRES (1998)

Blick aus Sicht des Unternehmens oftmals durch eine Art Betriebsblindheit getrübt ist. Daneben gehört auch die Abwicklung des Tagesgeschäftes zu den Aufgaben einer Unternehmensberatung für Finanzkommunikation. Hierunter fallen unter anderem Maßnahmen wie Geschäftsberichte, Hauptversammlungen, Präsentationen und Roadshows.

Es gibt wichtige Punkte in der Investor Relations-Arbeit, bei denen das Unternehmen in jedem Fall einen externen Berater hinzuziehen sollte. Dies ist zum einen das unerlässliche Coaching des Managements durch Mediatrainings und Rehearsals (Vor- und Nachbereitung von Interviews und Präsentationen) für den professionellen Umgang mit den Medien, aber auch die detaillierte Vorbereitung auf Gespräche mit Analysten und institutionellen Investoren. Gerade letztere können sehr unterschiedliche Ansätze verfolgen, denen man mit guter Vorbereitung besser gerecht werden kann. Die Unternehmensleitung ist den Umgang mit der Wirtschafts- und Finanzpresse sowie Fernsehjournalisten und Analysten in der Regel nicht gewöhnt. Die Interview- und Präsentationsvorbereitung spielt eine wichtige Rolle: Nicht nur für die Vermittlung der Geschichte, der sogenannten Equity Story, sondern vor allem auch zur erfolgreichen Selbstdarstellung des Managements, welchem gerade bei jungen Unternehmen eine enorme Bedeutung zukommt. Die Rolle des Trainers kann sinnvollerweise nur durch einen Externen besetzt werden.

Daneben kommen externe Berater dann zum Einsatz, wenn es um eine Marktanalyse zum Unternehmensimage geht, deren Objektivität bei einer Durchführung durch das Unternehmen selbst leiden würde.

Das Unternehmen sollte in jedem Fall genau prüfen, welche Aufgaben es durch externe Dienstleister wahrnehmen lässt. Obwohl deren Einsatz in vielen Fällen nicht nur sinnvoll, sondern auch notwendig ist, so gilt letztlich doch: Investor Relations ist Management-Aufgabe und sollte soweit wie möglich im Unternehmen gehalten werden.

11.6 Berufsbild Investor Relations

Nach einer Studie von Broadgate Consultants, New York, vom Juli 2000 sind 90 Prozent der amerikanischen Portfoliomanager der Meinung, dass die deutschen IR-Programme schlechter sind als die US-Konzepte. Im Vergleich zu der IR-Arbeit in Großbritannien schneiden die deutschen IR-Programme in der Einschätzung bei 80 Prozent der US-Portfoliomanager schlechter ab. Bisher war die deutsche Aktienkultur noch nicht so weit entwickelt wie die amerikanische Aktienkultur. Allerdings nimmt der Wettbewerb um die Investoren in Deutschland stark zu. Immer mehr Deutsche besitzen Aktien. Die Anzahl der Aktionäre in Deutschland wird auf über 11 Millionen geschätzt. Im August 2000 gab es mehr als 1100 inländische börsennotierte Unternehmen in Deutschland (Stand 1996: 681).[173]

Der Arbeitsmarkt für IR-Manager ist von einem drastischen Nachfrageüberhang geprägt. In Deutschland gibt es bisher kaum versierte IR-Spezialisten, zur Zeit fehlen mehr als 1000 IR-Manager[174]. Im Idealfall sollte ein IR-Manager in mehreren Gebieten Spezialist sein: Er sollte BWL oder VWL studiert haben, sich im Finanzmarkt auskennen, die Branche des Unternehmens kennen und zudem kommunikative Fähigkeiten besitzen. Bisher gibt es in Deutschland keine ausgeprägte Tradition von IR. Die Fachleute aus dem Gebiet orientieren sich bisher an den amerikanischen Standards und an den verwandten Disziplinen PR, Öffentlichkeitsarbeit oder Marketing. Die Aufgabe als solche beinhaltet unterschiedliche Elemente, für die es in Deutschland bisher noch keinen klassischen Ausbildungsweg gibt. Investor Relations kann man nicht studieren, auch Weiterbildungsmöglichkeiten werden nur selten angeboten. Potenzielle Kandidaten wie beispielsweise Wertpapierhändler, Analysten, Unternehmensberater oder Finanzjournalisten sind in ihren eigenen Berufen schon gefragte Leute. Oft werden von den Unternehmen Spezialisten aus den angelsächsischen Ländern gesucht. Manche Unternehmen bilden sich ihren Nachwuchs für diesen Bereich selbst heran. So bietet SAP zum Beispiel Wirtschaftsstudenten Praktika an, um sie in diesem Bereich auszubilden und auf die zukünftige Arbeit im IR-Bereich vorzubereiten. Das An-

---

[173] Vgl. DEUTSCHES AKTIENINSTITUT, http://www.dai.de.

[174] Vgl. KUTZSCHER (2000), S. 60.

gebot an Vorlesungen und Seminaren über IR an deutschen Hochschulen ist sehr gering. Zur Zeit gibt es nur wenige Veranstaltungen wie die der European Business School, Schloß Reichhartshausen, am Institut für Finanzmanagement. Im Hauptstudium werden dort eine Vorlesung Kapitalmarktkommunikation und ein Seminar Investor Relations in Zusammenarbeit mit dem Deutschen Investor Relations Kreis e.V. angeboten.

Es ist zu hoffen, dass die entstehende Aktienkultur in Deutschland auch im Ausbildungsangebot ihre Spuren hinterlässt. Schließlich suchen nicht nur Unternehmen händeringend nach qualifizierten IR-Managern. Auch Investmentbanken, Finanzberater und Unternehmensberatungen bauen im Bereich der Finanzkommunikation Expertise auf - in den USA ist der Kontakt mit der Finanzwelt schon seit langem eine mit hoher Priorität betriebene Aufgabe des Top-Managements.

Literaturverzeichnis

DEUTSCHES AKTIENINSTITUT e.V., http://www.dai.de

EDOS & MORGAN (2000): Perspectives on Investor Relations in the United States, in: Investor Relations Magazine, Ausgabe März, New York

HANDELSBLATT/IRES (1998): Investor Relations von Aktiengesellschaften - Bewertung und Erfahrung, Düsseldorf

J. M. LAFFERTY ASSOCIATES; INC. (2000): Who Owns XYZ Corp's Stock?, http://www.iragent.com/IRagent/tour/shareholders.lasso?p=2

KUTZSCHER, Matthias (2000): Investor Relations - Jobs, in: DM, Nr. 04, Düsseldorf, S. 60

NUA INTERNET SURVEYS;
http://www.nua.ie/surveys/how_many_online/index.html

SONNTAG, Claudia / MINDERMANN, Hans-Hermann (2000): Die neuen IR-Instrumente, in: Investor Relations - Professionelle Kapitalmarktkommunikation, Deutscher Investor Relations Kreis e.V. (Hrsg.), Wiesbaden, S. 97

12 Aktien als Akquisitionswährung

12.1 Entwicklungen und Trends bei Unternehmensübernahmen

Der Mergers & Acquisitions-Boom der vergangenen Jahre hält weiter an, wobei gerade Europa mittlerweile eine treibende Kraft im Markt für Unternehmenstransaktionen geworden ist. Allein in 1999 verdoppelte sich hier das Transaktionsvolumen auf 1.200 Milliarden US-Dollar.[175] Auch die Rekordfusion der Geschichte, die Übernahme von Mannesmann durch Vodafone, fand in Europa statt. Die Tatsache, dass Cross-Border Akquisitionen im Vergleich zu inländischen Transaktionen (minus 18%) in den letzten fünf Jahren stark gewachsen sind (Anzahl: plus 12%, Wert: plus 28%), belegt den Trend zum "global marketplace".[176]

Mergers & Acquisitions gehören mittlerweile zu allgemein akzeptierten strategischen Instrumentarien zur Umsetzung von Unternehmenszielen. Durch die Fokussierung eines Unternehmens auf bestimmte Kernkompetenzen und durch den Ausbau der Kernbereiche durch gezielten Zukauf von Unternehmen oder Unternehmensteilen kann, soweit die entsprechenden Projekte erfolgreich umgesetzt werden, erheblicher Mehrwert geschaffen werden.[177] Eine gezielte Erwerbsstrategie führt oft zu einer nachhaltig gesicherten Wettbewerbsposition, zu höheren Marktanteilen oder Zugang zu neuen Märkten oder Kunden. Im Idealfall verbessern Einsparungen und Effizienzsteigerungen zusätzlich die Kostenposition.

Auf der anderen Seite bedeutet ein Verzicht auf den Einsatz der strategischen M&A-Instrumentarien oft, dass das eigene Unternehmen trotz organischen Wachstums ins Visier der Wettbewerber gerät, oder aber aufgrund zunehmender Globalisierung der Märkte und damit einhergehender Zusammenschlüsse auf Unternehmensseite wesentliche Marktanteile verliert.

---

[175] Vgl. FOCKENBROCK (2000), S. B1.
[176] Vgl. GERCKEN (2000), S. B11.
[177] Vgl. SCHMITZ (1999), S. 313.

Die meisten Fusionen werden heute mit Größen-(Economies of Scale) und Verbundvorteilen (Economies of Scope) begründet. Eine Untersuchung der Universität Witten/Herdecke und der Unternehmensberatung Mercuri International, bei der 103 Unternehmenszusammenschlüsse zwischen 1994 und 1998 analysiert wurden, ergab folgendes: Zu den drei entscheidenden Zielen zählen für 70% der Befragten die Erhöhung der (globalen) Marktpräsenz, Kostensynergien im Bereich der Leistungserstellung (39%) und der Vermarktung (31%). Wachstumssynergien waren nur für 16% der analysierten Unternehmen das Hauptmotiv, der Erwerb von Know How nur für 7% und die Erhöhung der Innovationskraft gar nur für 4%.[178]

Das für Deutschland errechnete Transaktionsvolumen lag 1999 bei 389 Mrd. US-Dollar.[179] Die Anzahl der Transaktionen mit deutscher Beteiligung lag bei über 2000. Alleine durch den Mannesmann / Vodafone-Deal mit einem Transaktionsvolumen von 400 Mrd. DM wird das Transaktionsvolumen 2000 auf ein neues Rekordniveau steigen. Mehr als 50% der Transaktionen waren international geprägt. Es ist zu erwarten, dass dieser Trend weiter zunimmt, getrieben durch die am Neuen Markt gelisteten High-Tech-Unternehmen. Der Sektor IT & Telecom nahm 1999 bereits den ersten Rang ein. Zum einen suchen die Unternehmen der New Economy nach neuen Absatzkanälen, zum anderen ist das den Investoren versprochene Wachstum fast nur noch durch Akquisitionen zu bewerkstelligen. Aufgrund eingeschränkter Akquisitionsmöglichkeiten im Inland müssen sich viele Unternehmen zwangsläufig im Ausland umschauen. Aus Sicht der Aktionäre wäre es aber zumeist viel wichtiger, neue Produkte oder Geschäftsbereiche zu forcieren, da dies die Kursphantasie beflügeln kann.

Für die kommenden Jahre ist zu erwarten, dass die Zahl der Firmenzusammenschlüsse bzw. -übernahmen gerade in Europa weiter zunehmen wird. Diese Annahme wird durch zwei entscheidende Faktoren gestützt: Zum einen zeigt die bisherige Erfahrung, dass die am Neuen Markt gelisteten Technologie-, Medien- und Kommunikationsunternehmen der New Economy bereits in ihrer Aufbauphase Mergers and Acquisitions als strategisches Wachstumsinstrument einsetzen.

---

[178] Vgl. JANSEN/KÖRNER (2000), S. B2.

[179] Vgl. BURCKHARDT/ DILL (2000), S. B3.

Zum anderen zeigt der Trend der Globalisierung, dass es auch in der sogenannten Old Economy einen großen Restrukturierungsbedarf gibt. So stehen traditionelle Industrien unter wachsendem Druck, ihre Geschäftsaktivitäten neu auszurichten. Der Zukauf neuer, oder die Ergänzung bestehender Sparten sowie der Verkauf oder die Ausgliederung ganzer Geschäftsbereiche sind an der Tagesordnung. Viele große Industrieunternehmen befinden sich in völligem Umbruch.

Während der Konsolidierungs- und Internationalisierungsprozess bei den traditionellen Industrien oft sehr lange dauert, braucht er in der dynamisch wachsenden Branche der New Economy teilweise nur Monate.

Unternehmenszusammenschlüsse werden aber auch durch attraktive Rechnungslegungsvorschriften gefördert. So bestehen beispielsweise für Unternehmen, die am Neuen Markt notiert sind und nach US-GAAP bilanzieren, erhebliche Vorteile. Anders als nach deutschem HGB-Bilanzrecht führen nicht nur Asset-Deals, sondern auch Share-Deals nach US-GAAP (oder IAS) zu Goodwill-Abschreibungen, die das US-GAAP-(IAS)Ergebnis der Folgejahre belasten. Nach derzeit (noch) gültigen US-GAAP-Bestimmungen kann eine Goodwill-Abschreibung vermieden werden, wenn ein Unternehmen im Wege der Verschmelzung (oder auch im Wege der Sachkapitalerhöhung) erworben wird und die Voraussetzungen eines "Pooling of Interest" vorliegen. Zu den Voraussetzungen eines "Pooling of Interest" gehört neben dem Verbot barer Zuzahlungen ein zeitlich gestaffeltes Veräußerungsverbot von bis zu 12 Monaten für die Altgesellschafter der übertragenen Gesellschaft.

Eine "Akquisition" im Wege einer Verschmelzung bzw. Sachkapitalerhöhung ist also für viele Unternehmen eine sehr attraktive Alternative zum klassischen Unternehmenskauf. Auf diese Weise kann eine erhebliche Vergrößerung des Umsatzvolumens ohne Inanspruchnahme zusätzlicher Liquidität erreicht werden.

12.2 Mögliche Formen der Akquisitionswährung

Bei der Auswahl der geeigneten Transaktionswährung spielt eine Vielzahl von Faktoren eine Rolle. Grundsätzlich kann man zwei unterschiedliche Formen der Akquisitionswährung unterscheiden: Cash oder Equity.

Bei Barzahlungen übertragen die bisherigen Gesellschafter des gekauften Unternehmens ihre Aktien gegen Kaufpreiszahlung und scheiden als Aktionäre aus. Bei einem Erwerb durch Aktien mit dem Ziel der folgenden Alleinbeherrschung des Zielunternehmens werden den Aktionären der Zielgesellschaft Anteile an der Erwerbsgesellschaft angeboten. Die Aktionäre tauschen also Ihre Aktien gegen die Anteile der Erwerbs-AG im Rahmen eines vorher festgelegten Umtauschangebots. Diese Aktien können aus einer Kapitalerhöhung oder aber aus einem Aktienrückkauf-Programm stammen.

Natürlich besteht auch die Möglichkeit, einen Teil der Transaktion durch Aktientausch und den anderen Teil gegen Barzahlung durchzuführen.

Die Wahl der Akquisitionswährung hängt sowohl von der Verfügbarkeit als auch von der Attraktivität derselben ab. Um Aktien als Akquisitionswährung einsetzen zu können, ist die vorherige Schaffung der gesellschaftsrechtlichen Basis Voraussetzung; sei es durch Vorratsmaßnahmen, wie beispielsweise den Rückkauf eigener Aktien zur späteren Ausgabe an Verkäufer oder die bedingte Kapitalerhöhung zur Schaffung neuer Aktien oder sei es durch Sachkapitalerhöhung oder Verschmelzung im Zuge einer Transaktion.[180]

- **Cash als Akquisitionswährung**

  Die Verfügbarkeit der Akquisitionswährung Cash hängt in erster Linie von der bilanziellen Situation beziehungsweise Leistungsfähigkeit des Erwerbers ab.

  Im Gegensatz zu der Begebung von Aktien, die lediglich zur Erhöhung der Dividendenzahlung führt, verursacht die Zahlung eines Barkaufpreises sichtbare Kosten, d. h. Kosten, die sich in der Gewinn- und Verlustrechnung der Erwerbsgesellschaft wiederfinden.

---

[180] Vgl. SCHMITZ (1999), S. 315.

- **Aktien als Akquisitionswährung**

Bei Untersuchungen des Mergers & Acquisitions-Marktes der vergangenen Jahre ist als Trend festzustellen, dass bei steigendem Transaktionsvolumen zunehmend Aktien als Akquisitionswährung eingesetzt werden.

Bei den sogenannten Mega-Deals (siehe Abb. 15) spielen Aktien die größte Rolle.[181]

Abb. 15: M & A Transaktionen weltweit

Beteiligte Unternehmen	Branche	Volumen (Mrd. US-$)
Mobil Corp./Exxon Corp.	Öl	78,9
Citicorp/Travelers	Finanzen	72,6
Ameritech/SBC Comm	Telekom	62,6
Bank Amerika/Nations Bank	Bank	61,6
Airtouch/Vodafone	Telekom	60,3
Media One/Comcast	Medien	58,5
Tele-Communications/AT&T	Telekom	53,6
GTE Corp./Bell Atlantic	Telekom	53,4
Amoco/BP	Öl	48,2
MCI/WorldCom	Telekom	41,9
Daimler-Benz/Chrysler	Auto	40,5
Astra/Zeneca	Pharma	34,6
Wells Fargo/Norwest	Bank	34,4
Bank Tokyo/Mitsubishi	Bank	33,8
Banc One/First Chicago	Bank	29,6

Alle in der Abblidung genannten Transaktionen wurden durch Aktientausch durchgeführt.

12.3 Herkunft der Akquisitionswährung

Bestimmen in erster Linie rechtliche Erwägungen die Verfügbarkeit von Aktien als Akquisitionswährung, so wird die Verfügbarkeit von Mitteln für eine Bartransaktion vor allem durch bilanzielle Überlegungen bestimmt.

Vor einer geplanten Akquisition sollte die gegenwärtige und die Zielstruktur der Bilanz überprüft werden, da eine Akquisition fundamentale Auswirkungen auf die

---

[181] Vgl. SCHMITZ (1999), S. 319.

Bilanzrelationen des Käufers hat. Ziel des Unternehmens sollte es sein, die Kapitalkosten zu minimieren. Fremdkapital weist aufgrund des geringeren Risikos für den Investor eine geringere Verzinsung (also aus Sicht des Emittenten geringere Kosten) auf als Eigenkapital (höheres Risiko, also höhere Gewinnerwartung, daher höhere "Kosten" = Dividende plus Kursgewinn). Aufgrund dessen kann ein Unternehmen die durchschnittlichen gewichteten Kapitalkosten (Weighted Average Cost of Capital) durch Aufnahme von Fremdmitteln oder Reduzierung des Eigenkapitals senken.[182]

12.3.1 Barzahlung aus vorhandener Liquidität

Eine Barzahlung aus vorhandener Liquidität verringert den Zinsertrag des kaufenden Unternehmens. Aus bilanzieller Sicht bedeutet eine solche Transaktion einen Rückgang der liquiden Mittel, eine Zunahme der Aktiva durch die Aktiva des übernommenen Unternehmens sowie eine Zunahme der Rückstellungen und Verbindlichkeiten durch die Rückstellungen und Verbindlichkeiten des übernommenen Unternehmens.

Außerdem sind im Falle einer Bartransaktion die Abschreibungen auf den Firmenwert (Goodwill) nicht, wie im Falle einer Aktientransaktion, aufwandneutral (nach deutscher Rechnungslegung gem. HGB, beziehungsweise im Falle von US-GAAP bzw. IAS nur bei Anwendung der Pooling of Interest-Methode).

Der Gewinn pro Aktie berechnet sich im Falle der Bartransaktion wie folgt:

$$\frac{\text{Jahresüberschuss Käufer} + \text{Jahresüberschuss Zielgesellschaft} - \text{Zinskosten} - \text{Goodwill}}{\text{Anzahl Aktien Käufer}}$$

Bei der Aktientransaktion berechnet sich der Gewinn pro Aktie wie folgt:

$$\frac{(\text{Jahresüberschuss Käufer} + \text{Jahresüberschuss Zielgesellschaft})}{(\text{Anzahl Aktien Käufer (alt)} + \text{Anzahl neue Aktien})}$$

---

[182] Vgl. SCHMITZ (1999), S. 318.

Die Auswirkung der Barzahlung aus vorhandener Liquidität ist bei den Bilanzkennzahlen am signifikantesten: Während bei einer Aktientransaktion durch eine Begebung neuer Aktien (aus Kapitalerhöhung) ein höheres Eigenkapital entsteht, bleibt das Eigenkapital im Falle der Bartransaktion unverändert. Dementsprechend ergibt sich für das Unternehmen eine verringerte Eigenkapitalquote sowie ein höherer Verschuldungsgrad, während sich bei einem Kauf durch Aktien ein geringerer Verschuldungsgrad ergibt.

12.3.2 Barzahlung durch Aufnahme von Fremdmitteln

Die Aufnahme von Fremdmitteln verursacht Zinskosten, welche sich in der Bilanz durch eine Zunahme der Bankverbindlichkeiten beziehungsweise Anleihen niederschlagen. Dadurch verändern sich die Bilanzkennzahlen des Unternehmens genau wie beim Kauf aus vorhandener Liquidität.

Die unterschiedliche Berechnung des Gewinns pro Aktie (Pooling of Interest) nach einem Kauf durch Aktien bzw. Cash ist ein wesentliches Kriterium der zukünftigen Beurteilung des Unternehmens bzw. der Aktie und muss bei einer möglichen Wahl der Transaktionswährung und der sich daraus ergebenden Folgen besonders beachtet werden.

12.3.3 Aktien aus Kapitalerhöhung

Alternativ zu einem Kauf durch Barmittel bietet sich dem Erwerber die Möglichkeit, den Aktionären der Zielgesellschaft Anteile an der Erwerbsgesellschaft im Rahmen einer Kapitalerhöhung anzubieten.

Die Voraussetzung für eine solche Transaktion ist die Ermächtigung des Vorstandes für längstens fünf Jahre durch die Hauptversammlung, das Grundkapital bis zu einem bestimmten Nennbetrag, der die Hälfte des bisherigen Grundkapitals nicht überschreiten darf, ohne erneutes Befragen der Hauptversammlung, jedoch mit Zustimmung des Aufsichtsrates, zu erhöhen.

Das genehmigte Kapital gibt dem Vorstand die Möglichkeit, den Zeitpunkt der Kapitalerhöhung frei zu wählen und somit innerhalb der eingeräumten Frist die Flexibilität, einen geeigneten Zeitpunkt für eine Transaktion abzuwarten.

Um die Aktien den Aktionären eines zu übernehmenden Unternehmens anbieten zu können, ist ein materieller Ausschluss des Bezugsrechtes der Altaktionäre, ebenfalls durch Hauptversammlungsbeschluss, Voraussetzung.

12.3.4 Aktien aus Aktienrückkäufen

Seit Inkrafttreten des 3. Finanzmarktförderungsgesetzes Mitte 1998 kann die Hauptversammlung Vorstand und Aufsichtsrat für einen Zeitraum von bis zu 18 Monaten ermächtigen, eigene Aktien in Höhe von bis zu 10% des Grundkapitals auch außerhalb der bisherigen engen Zwecksetzungen zu erwerben. In der Ermächtigung muss dabei der höchste und der niedrigste Gegenwert für die zu erwerbenden Aktien angegeben werden. Voraussetzungen für den Erwerb eigener Aktien ist, dass die Gesellschaft die hierfür erforderliche Rücklage für eigene Aktien ohne Minderung des Grundkapitals und der gesetzlichen Rücklage bilden kann. So erworbene eigene Aktien können dann als Akquisitionswährung im Rahmen von Unternehmenskäufen eingesetzt werden.

Eine Untersuchung des Deutschen Aktieninstituts e.V. von 1999 ergab, dass von 337 befragten Aktiengesellschaften 77 Unternehmen über eine Ermächtigung der Hauptversammlung zum Erwerb eigener Aktien verfügten. In 67 Unternehmen war von der Ermächtigung zum Zeitpunkt der Untersuchung noch kein Gebrauch gemacht worden, während 10 Unternehmen bereits eigene Aktien erworben hatten. Bei 260 Unternehmen lag dagegen noch keine Ermächtigung zum Erwerb eigener Aktien vor.[183]

Die Entscheidung, sich von der Hauptversammlung zum Erwerb eigener Aktien ermächtigen zu lassen, beruhte dabei auf verschiedenen Motiven. Die am häufigsten genannten Gründe waren:

- Nutzung der eigenen Aktien als Akquisitionswährung (20 Unternehmen)
- Veränderung der Kapitalstruktur (12 Unternehmen)
- Ausschüttung überschüssiger Liquidität (10 Unternehmen)

---

[183] Vgl. DEUTSCHES AKTIENINSTITUT (1999), S. 5.

Die bevorzugte Methode für den Aktienrückkauf ist der Erwerb über die Börse. Der Preisrahmen für den Erwerb eigener Aktien ist von Unternehmen zu Unternehmen unterschiedlich. Allgemein läßt sich sagen, dass in der Regel der Rückkaufpreis so bestimmt wird, dass als Maßstab der Börsenkurs gewählt wird, von dem in bestimmten prozentualen Grenzen nach oben und unten abgewichen werden kann.[184] Als Börsenkurs wird dabei in der Regel der durchschnittliche Kurs einer gewissen Anzahl von Börsentagen vor Erwerb definiert. Die Spannweite der zulässigen Abweichung reicht von 5% bis 50%. In der Praxis kommen alle möglichen Kombinationen vor. Am häufigsten sehen die Ermächtigungen jedoch vor, dass der Erwerbskurs den Börsenkurs um 5% oder 10% überschreiten bzw. unterschreiten darf.

Aus den Untersuchungen des DAI können folgende Schlussfolgerungen gezogen werden:

- Aktienrückkäufe haben eine hohe Akzeptanz bei den Emittenten. Aufgrund der Untersuchungen geht das DAI davon aus, dass der Aktienrückkauf zu einem "gängigen Finanzierungsinstrument" der börsennotierten Gesellschaften wird und dies zu entsprechend positiven Impulsen für den deutschen Kapitalmarkt führt.

- Können die im Unternehmen vorhandenen liquiden Mittel anderweitig - etwa zur weiteren Expansion - genutzt werden, werden Aktienrückkäufe nicht in Erwägung gezogen. Somit wird deutlich, dass mit dem Erwerb eigener Aktien ganz konkrete Ziele verfolgt werden, etwa im Hinblick auf zukünftige Akquisitionen.

12.4 Vorteile der Aktie als Akquisitionswährung

Aufgrund des großen Wettbewerbs im M&A-Markt erlangt die Fähigkeit, Transaktionen durchführen zu können, entscheidende Bedeutung. Dementsprechend bedeutet vor allem die Verfügbarkeit einer attraktiven Akquisitionswährung sehr viel. Cash scheidet aus verschiedenen Gründen immer öfter aus, beispielsweise weil manche Transaktionen aufgrund ihrer Größe nicht oder nur mit hohem Risiko

---

[184] Vgl. DEUTSCHES AKTIENINSTITUT (1999), S. 7.

durchführbar wären, oder aber aufgrund der bereits geschilderten Problematik im Zusammenhang mit der Goodwill-Abschreibung.

Soweit eine Bartransaktion schon an der Verfügbarkeit der notwendigen Liquidität scheitert, erübrigt sich die Frage der Attraktivität. Aber auch in Bezug auf die Attraktivität hat die Aktie mehr zu bieten, als es auf den ersten Blick scheinen mag. In den Verhandlungen mit der Unternehmensleitung des Zielunternehmens hat eine Aktientransaktion durchaus Vorteile und mit Ausnahme von feindlichen Übernahmen gilt es, zuerst das Management des Zielunternehmens zu überzeugen, bevor die Transaktion überhaupt den Eigentümern vorgestellt wird.

Viele Transaktionen werden nur noch durch Einsatz von Aktien möglich, sei es, weil der Kaufpreis anders nicht aufgebracht werden könnte, oder aber, weil eine Einigung auf relative Bewertungen leichter fällt als auf absolute.

Werden zurückgekaufte Aktien als Akquisitionswährung eingesetzt, so ist für die übernehmende Gesellschaft ein weiterer Vorteil zu erwarten: Neben der Schonung der eigenen Liquidität sind die Eigentümer der verkaufenden Gesellschaft oft bereit, die steuerlichen Vorteile des Aktientauschs mit einzubeziehen. Eine vom Käufer vielleicht als zu teuer empfundene Kaufpreiserwartung des Verkäufers ist eher vertretbar, wenn der Kaufpreis in Aktien geleistet wird und die Anzahl der gegebenen Aktien dem relativen Beitrag des erworbenen Unternehmens zum neuen Konzern entspricht. Dementsprechend ist für den Käufer ein positiver Einfluss auf den Kaufpreis zu erwarten.[185]

Derzeit werden bereits bei über 80% der Unternehmenszusammenschlüsse mit Werten von mehr als DM 2 Mrd. eigene Aktien und damit die eigene Marktkapitalisierung als Transaktionsvehikel verwendet.[186] Aus dieser Betrachtung wird auch deutlich, warum eine hoch bewertete Aktie zunehmend eine strategische Schlüsselrolle einnimmt: Eine hohe Bewertung erlaubt es dem Käufer, einen attraktiven Kaufpreis zu bieten, ohne dass die Transaktion aus seiner Sicht zu teuer wird.

---

[185] Vgl. BÖHM (1999), S. 333.
[186] Vgl. PICOT (2000), S. B2.

Diese Faktoren begünstigen den Einsatz von Aktien nicht nur bei Großtransaktionen, sondern vor allem auch im Technologiesektor. Junge und schnell wachsende Unternehmen zeichnen sich typischerweise durch geringe Fähigkeit, Fremdmittel aufzunehmen, aber durch hohe Bewertungen aus. Beide Faktoren führen dazu, dass Aktien bei Akquisitionen im Technologiebereich eine wichtige Rolle spielen.

Ein Aktientausch, der nicht nur die Unternehmen, sondern auch die Aktionäre zusammenführt, kann noch weitere Vorteile haben: In Fällen, in denen der Veräußerer mit einem bar erzielten Veräußerungsgewinn steuerpflichtig wäre, kann eine solche Einbringung gegen Ausgabe neuer Gesellschaftsrechte einen Besteuerungsaufschub ermöglichen.

Wenn aufgrund der Größe der Ziel-AG die Finanzierungskraft der Erwerbergruppe überschritten wird, ist ein Umtauschangebot häufig die einzige Alternative zur Verwirklichung der Unternehmenskombination. Aus unternehmenspolitischen und gesellschaftsrechtlichen Gründen ist ein Merger of Equals vielfach die beste Möglichkeit, hohe Mehrheitsbeteiligungen an der Ziel-AG zu erlangen.[187]

Zur Reduzierung rechtlicher Risiken durch Anfechtungsklagen kann der Unternehmenszusammenschluss auch über eine neue Holding erfolgen, in die dann beide Gesellschaftergruppen ihre Beteiligungen gegen Ausgabe neuer Anteile einbringen.

Festzuhalten bleibt, dass der Einsatz von Equity als Transaktionswährung jedenfalls dann eine wertvolle Strukturierungsalternative sein kann, wenn Finanzierungsrestriktionen oder Steuerbarrieren in Form einer Veräußerungsgewinnbesteuerung des Aktionärs eine Barübernahme erschweren.

12.5 Motive für ein Aktiensplitting bzw. eine Kapitalerhöhung

Der Hauptgrund für börsennotierte Unternehmen, ein Aktiensplitting durchzuführen, liegt sicherlich darin, das subjektiv hoch erscheinende Kursniveau der eigenen Aktie auf ein angemesseneres Niveau zurückzuführen. Ein weiteres Argument für

---

[187] Vgl. ENDRES/ ECKSTEIN (1999), S. 309.

das Aktiensplitting kann die Verbesserung der Handelsliquidität sowie die Erweiterung des Anlegerkreises eines Unternehmens sein.

Die Spaltung der Aktien kann in zwei oder mehrere Teile erfolgen. Bei einem Aktiensplit von 1:1 erhalten die Aktionäre je eine Gratisaktie für jede Aktie, die sie besitzen. Die Aktionäre erhalten aber nicht wirklich eine Gratisaktie, da durch eine entsprechende Herabsetzung des Nennwertes der Gesamtwert gleich bleibt. Durch den Aktiensplit wird lediglich eine Erhöhung der Stückzahl der Aktien und ein für Anleger attraktiverer, niedrigerer Kurs erreicht. Bei nennwertlosen Aktien verringert sich der Anteil am Gesellschaftsvermögen und Ertrag der AG entsprechend dem Splitverhältnis.

Der große Unterschied zwischen dem Splitting und der Kapitalerhöhung ist demnach, dass beim Splitting weder eine Kapitalzufuhr noch sonst ein Finanzierungseffekt für das Unternehmen gegeben ist. Lediglich die Anzahl der Aktien wird erhöht.

Das Hauptargument für eine Kapitalerhöhung bereits börsennotierter Unternehmen liegt in der Erweiterung der Eigenkapitalbasis. Durch diese Erweiterung wird die Haftungsbasis des Unternehmens erhöht, was beispielsweise für die Kreditwürdigkeit der Gesellschaft von großer Bedeutung ist. Außerdem bedeutet die Kapitalerhöhung eine Verbesserung der Liquidität, da der Gesellschaft zusätzliche liquide Mittel zufließen. Des weiteren kann ein Unternehmen das zusätzliche Kapital zur Erreichung strategischer Ziele einsetzen, wie beispielsweise der Internationalisierung, oder aber dem Erwerb von Beteiligungen an anderen Unternehmen, der Fusion sowie dem Erwerb anderer Unternehmen. Wie beim Aktiensplitting kann ein Argument für eine Kapitalerhöhung aber auch in der Erhöhung der Liquidität und der Steigerung der Attraktivität der Aktie liegen.

Diejenigen Aktien aus Kapitalerhöhungen, die unter Ausschluss des Bezugsrechtes der Altaktionäre direkt bei Anlegern platziert werden, nennt man auch Secondary Offerings. Im Verhältnis zu IPO's stehen Secondary Offerings in der Gunst der Anleger meist an zweiter Stelle. Während bei IPO's der Effekt des "Neuen" grundsätzlich auch in seitwärts tendierenden Märkten eine gewisse Aufmerksamkeit hervorruft, benötigen Secondary Offerings gewöhnlich ein positives Marktumfeld.[188]

Bei Secondary Offerings müssen die zu platzierenden Aktien eine interessante Alternative zu Konkurrenzanlagen bieten, da die bislang an der Aktie interessierten Anleger meist schon investiert sind. Im Gegensatz zu IPO's können Anleger börsennotierte Aktien grundsätzlich direkt am Markt kaufen und sind nicht auf Secondary Offerings angewiesen. Dies gilt vor allem für Privatinvestoren, die kleine Ordermengen direkt an der Börse abwickeln können, ohne den Kurs zu beeinflussen. Bei institutionellen Anlegern stellt sich die Sachlage dagegen anders dar: Stärkeres Kaufinteresse der institutionellen Anleger sorgt regelmäßig für stärkere Kursausschläge bei der betreffenden Aktie. Ein Secondary Offering stellt dagegen für diese Anlegergruppe eine günstige Gelegenheit dar, zum aktuellen Börsenkurs eine größere Aktienanzahl zu kaufen. Andererseits erwarten Institutionals bei Secondary Offerings einen Preisabschlag von 3% bis 5% (bei wenig beachteten small caps bis zu 10%) vom jeweiligen Börsenkurs.

Die erfolgreiche Platzierung von Secondary Offerings hängt entscheidend davon ab, inwieweit es der begleitenden Bank gelingt, Marktwiderstände aufzuheben. Daher sind im Vorfeld einer Emission (analog zu IPO's) Aktivitäten durchzuführen, die in der Regel die Erstellung von Researchstudien, eine Roadshow sowie gezielte Finanzmarktkommunikation umfassen.

Durch eine Konzentration auf bestimmte Investoren kann auch die Aktionärsstruktur gezielt verändert werden, wenn beispielsweise eine umfangreiche Roadshow im Ausland durchgeführt wird, oder in erster Linie der Retail-Bereich angesprochen wird, um die breite Streuung der Aktien zu bewirken.

12.6 Formen der Kapitalerhöhung bei Aktiengesellschaften

Das deutsche Aktiengesetz unterscheidet verschiedene Formen der Kapitalerhöhung. Es gibt Kapitalerhöhungen, die zu einer Erweiterung der Eigenkapitalbasis führen und die somit eine Beteiligungsfinanzierung darstellen. Darunter fallen:

---

[188] Vgl. HENNE (1999), S. 12.

- Ordentliche Kapitalerhöhung, d.h. Kapitalerhöhung gegen Einlagen (§§ 182-191 Aktiengesetz)
- Bedingte Kapitalerhöhung (§§ 192-201 Aktiengesetz)
- Genehmigtes Kapital (§§ 202-206 Aktiengesetz).

Weiterhin gibt es Umschichtungen innerhalb des Eigenkapitals ohne Beteiligungsfinanzierungseffekt. Darunter fällt die Kapitalerhöhung aus Gesellschaftsmitteln (§§ 297-206 Aktiengesetz).

Kapitalerhöhungen bedürfen der Dreiviertel-Mehrheit des auf der Hauptversammlung vertretenen Grundkapitals. Sind verschiedene Aktiengattungen vorhanden (Stammaktien und Vorzugsaktien), so muss die Dreiviertel-Mehrheit bei jeder Aktiengattung getrennt erzielt werden.

12.6.1 Ordentliche Kapitalerhöhung

Eine ordentliche Kapitalerhöhung erfolgt durch Ausgabe neuer "junger Aktien". Die bisherigen Aktionäre besitzen dabei ein Bezugsrecht entsprechend ihrer Beteiligung. Das Bezugsrecht kann nur durch Beschluss der Hauptversammlung mit Dreiviertel-Mehrheit des vertretenen Aktienkapitals ausgeschlossen werden. Dabei wird zwischen einem rein formellen und einem materiellen Ausschluss des Bezugsrechts unterschieden. Der formelle Ausschluss dient der Erleichterung des Emissionsvorgangs. Von der Unternehmung werden die jungen Aktien an ein Bankenkonsortium gegeben, wobei sich die Banken verpflichten, den Altaktionären die jungen Aktien gemäß dem Bezugsrecht anzubieten. Bei materiellem Ausschluss werden die jungen Aktien den Altaktionären nicht angeboten. Ein solcher Ausschluss ist beispielsweise bei Fusionen oder bei der Ausgabe von Belegschaftsaktien erforderlich.

Das Bezugsrecht dient dem Schutz der Vermögensinteressen der Altaktionäre, da nach erfolgter Kapitalerhöhung ein Absinken des Kurses erwartet werden kann. Zum Vermögensverlust käme eine für die Altaktionäre unabwendbare Verschiebung der Stimmverhältnisse hinzu.

Der rechnerische Wert eines Bezugsrechts wird durch folgende Faktoren bestimmt: Bezugsrecht, Bezugskurs der jungen Aktien, Börsenkurs der alten Aktien.

Aus der Relation des bisherigen Grundkapitals zum Erhöhungskapital errechnet sich das Bezugsrecht. Es drückt aus, wie viele Altaktien erforderlich sind, um eine neue Aktie zu beziehen. Bei einer Erhöhung des Grundkapitals um beispielsweise 20% ergibt sich ein Bezugsverhältnis von 5:1, d.h. auf fünf alte Aktien kann eine neue Aktie bezogen werden.

Juristische Untergrenze für den Bezugskurs der jungen Aktien ist der Nominalwert. Als wirtschaftliche Untergrenze gilt der Nominalwert plus anteilige Emissionskosten. Da ein Anreiz vorhanden sein muss, junge Aktien zu kaufen, müssen diese billiger sein als die Altaktien, so dass die wirtschaftliche Obergrenze für den Ausgabekurs der jungen Aktien der Börsenkurs der alten Aktien ist. Die richtige Wahl der Höhe des Bezugskurses der jungen Aktien ist ein wichtiger Faktor für das Gelingen oder Scheitern einer Kapitalerhöhung.

Der rechnerische Wert des Bezugsrechts ergibt sich nach der Formel:

$$\frac{\text{Börsenkurs der alten Aktien - Bezugskurs der jungen Aktien}}{\text{Bezugsverhältnis} + 1}$$

Ein eventueller Dividendennachteil der jungen Aktien (z. B. nicht für das ganze Geschäftsjahr dividendenberechtigt) ist in der Formel zur Berechnung des Bezugsrechts in Form eines Zuschlags zum Ausgabekurs zu berücksichtigen.

Wäre eine junge Aktie beispielsweise nur für 10 Monate dividendenberechtigt, so würde dies bei einer erwarteten Dividende von z. B. DM 12 für die alte Aktie einen Nachteil von DM 2 pro junger Aktie bedeuten. Der rechnerische Wert des Bezugsrechts beträgt dann:

$$\frac{\text{Börsenkurs der alten Aktien - (Bezugskurs der jungen Aktie + Dividendennachteil)}}{\text{Bezugsverhältnis} + 1}$$

Bezugsrechte werden an der Börse gehandelt und auch selbständig notiert. Der tatsächliche Kurs des Bezugsrechtes kann mitunter erheblich vom rechnerischen Wert abweichen, da er von der Dividendenberechtigung der jungen Aktien, den Dividendenerwartungen sowie Erwartungen über die zukünftige Kursentwicklung beeinflusst wird. Die Wahl eines falschen Emissionszeitpunktes verringert nicht

Aktien als Akquisitionswährung 229

nur den Wert des Bezugsrechtes, sondern kann auch die Aufnahme der Aktien im Markt gefährden.

Wurde ein hoher Bezugskurs für die jungen Aktien gewählt, so ist auch der Finanzierungseffekt hoch. Ein hoher Bezugskurs kann jedoch dazu führen, dass viele Altaktionäre nicht bereit sind, die jungen Aktien zu übernehmen. Sie trennen sich demnach von ihren Bezugsrechten, wodurch ihre bisherige Beteiligungsquote verschlechtert wird.

Der Bezugskurs der jungen Aktien muss bereits vor dem börslichen Handel festgelegt werden. Zwischenzeitlich kann sich der Kurs der alten Aktien verändern. Ein zu hoher Bezugskurs der jungen Aktien birgt die Gefahr in sich, dass der Kurs der alten Aktien innerhalb der Bezugsfrist unter den Neuausgabekurs fällt. Die Emission kann dann nur gewährleistet werden, wenn massive Kursstützungskäufe erfolgen.

Niedrige Bezugskurse erleichtern dagegen in der Regel die Ausübung des Bezugsrechts, haben jedoch einen niedrigeren Finanzierungseffekt.

Für die Unterbringung beim Publikum stehen verschiedene Emissionsmethoden zur Verfügung: Subskription, Bezugsangebot, freihändiger Verkauf mit und ohne Börse. Bei der Subskription erfolgt eine öffentliche Auflegung zur Zeichnung der Papiere. Die Subskription ist nur bei Gründung oder Erstausgabe von Aktien üblich. Hierfür ist die Zulassung des Wertpapiers zum Handel an einer Börse notwendig. Für die Zulassung ist ein Börsenprospekt erforderlich, der die zur Beurteilung des Emittenten und der Emission erforderlichen Informationen enthält.

12.6.2 Bedingte Kapitalerhöhung

Bei der bedingten Kapitalerhöhung ist die effektive Erhöhung des Aktienkapitals von der Ausübung von Bezugs- und Umtauschrechten abhängig. Der Beschluss der Hauptversammlung zu einer bedingten Kapitalerhöhung muss Zweck, Bezugsberechtigte und Ausgabebetrag enthalten. Der Nominalbetrag der bedingten Kapitalerhöhung darf die Hälfte des im Zeitpunkt der Beschlussfassung vorhandenen Grundkapitals nicht übersteigen. Das bedingte Kapital ist als Bilanzvermerk auszuweisen. Bedingte Kapitalerhöhungen sollen nach § 192 Aktiengesetz nur zu folgenden Zwecken erfolgen:

- zur Abdeckung der Umtauschrechte in Aktien, die den Inhabern von Wandelschuldverschreibungen und wegen der sachlichen Parallelität auch von Optionsschuldverschreibungen zustehen;
- zur Vermeidung von Unternehmenszusammenschlüssen;
- zur Gewährung von Bezugsrechten an Arbeitnehmer im Rahmen einer Gewinnbeteiligung der Belegschaft.

12.6.3 Genehmigte Kapitalerhöhung

Beim genehmigten Kapital ermächtigt die Hauptversammlung den Vorstand der Aktiengesellschaft für längstens fünf Jahre, das Grundkapital bis zu einem bestimmten Nennbetrag, der die Hälfte des bisherigen Grundkapitals nicht überschreiten darf, ohne erneutes Befragen der Hauptversammlung, jedoch mit Zustimmung des Aufsichtsrates, zu erhöhen. Das genehmigte Kapital gestattet es dem Vorstand, den Zeitpunkt der Kapitalerhöhung frei zu wählen und damit eine günstige Lage auf dem Kapitalmarkt abzuwarten. Beschließt die Hauptversammlung den materiellen Ausschluss des gesetzlichen Bezugsrechtes der Aktionäre, so kann der Vorstand die Aktien der Belegschaft anbieten oder sie zum jeweiligen Tageswert an der Börse veräußern. Des weiteren können die Aktien zum Erwerb anderer Unternehmen beziehungsweise Unternehmensteilen eingesetzt werden.

12.6.4 Kapitalerhöhung aus Gesellschaftsmitteln

Bei der Kapitalerhöhung aus Gesellschaftsmitteln fließen der Unternehmung keine neuen Mittel zu. Es werden lediglich Teile der im Wege der Innenfinanzierung gebildeten offenen Rücklagen durch Ausgabe von Zusatzaktien in dividendenberechtigtes Grundkapital umgewandelt. Bilanzmäßig wirkt sich die Kapitalerhöhung aus Gesellschaftsmitteln als Passivtausch aus: Die offenen Rücklagen vermindern sich und das Grundkapital erhöht sich um den gleichen Betrag; die Aktivseite bleibt davon vollkommen unberührt. Die ausgegebenen Zusatzaktien werden vielfach auch fälschlich als Gratisaktien bezeichnet. Hierbei wird der Wertverlust der ursprünglichen Aktie nach erfolgter Kapitalumschichtung nicht berücksichtigt. Die Zusatzaktien stehen den bisherigen Aktionären im Verhältnis ihrer Anteile am bisherigen Grundkapital zu. Der Aktionär stellt sich vermögensmäßig vor und nach der Kapitalerhöhung gleich, ebenso wie sich das Realvermögen der Unternehmung nicht ändert. Die Kapitalumschichtung erfolgt häufig, um den Kurswert der Aktie zu ermäßigen und damit ihre Attraktivität zu erhöhen, teilweise aber auch, um hohe Dividendensätze, die gegenüber der Öffentlichkeit als ungünstig angesehen werden, zu senken.

Literaturverzeichnis

BÖHM, Klaus-Jürgen (1999): Der Rückkauf eigener Aktien und Übernahmetransaktionen, in: Rosen, von/Seifert (Hrsg.): Die Übernahme börsennotierter Unternehmen, Frankfurt, S. 327-340

BURCKHARDT, Arno / DILL, Christoph (2000): Der deutsche M&A-Markt hat deutlich aufgeholt, Handelsblatt vom 27.04.2000, S. B3

DEUTSCHES AKTIENINSTITUT E.V. (DAI) (2000): Der Erwerb eigener Aktien in Deutschland, Juni 1999

ENDRES, Dieter / ECKSTEIN, Hans-Martin (1999): Die steuerliche Gestaltung von Übernahmen, in: Rosen, von/Seifert (Hrsg.): Die Übernahme börsennotierter Unternehmen, Frankfurt, S. 289-312

FOCKENBROCK, Dieter (2000): Der Boom im Markt für Unternehmenstransaktionen hält an, in: Handelsblatt vom 27.4.2000, S. B1

GERCKEN, Harald (2000): Asiatische Märkte bieten jetzt gute Einstiegschancen, in: Handelsblatt vom 27.04.2000, S. B11

HENNE, Friedrich (1999): Zweitplatzierungen brauchen gutes Marktumfeld, in: Börsenzeitung vom 22.05.1999

JANSEN, Stephan A. / KÖRNER, Klaus (2000): Erfahrung schützt nicht vor Mißerfolgen, in: Handelsblatt vom 27.04.2000, S. B2

PICOT, Gerhard (2000): Das Börsengewicht entscheidet über die Schlachtordnung, in: Handelsblatt vom 27.04.2000, S. B2

SCHMITZ, Daniel (1999): Aktien als Akquisitionswährung, in: Rosen, von/Seifert (Hrsg.): Die Übernahme Börsennotierter Unternehmen, Frankfurt, S. 313-326

Autorenverzeichnis

Olaf Arlinghaus	Chief Operating Officer, Mitglied des Vorstands, Vectron Systems AG, Münster oarlinghaus@web.de
Dr. Ulrich Balz	Professor, European Business Programme der Fachhochschule Münster balz@fh-muenster.de
Dr. Jochen Berninghaus	Rechtsanwalt, Wirtschaftsprüfer, Steuerberater Partner, Rinsche & Speckmann, Hamm anwaelte@rinsche.hamm.de
Lutz Deyerling	Assistant Director, Bankgesellschaft Berlin AG lutz_deyerling@aol.com
Jochen Fischer	Inhaber, Fischer & Partner Unternehmenskommunikation, Münster jcfischer@web.de
Christoph Haarbeck	Chief Financial Officer, Mitglied des Vorstands, Vectron Systems AG, Münster chaarbeck@web.de
Steven Murray	Mitglied der Geschäftsleitung, Berlin Capital Fund GmbH murray@berlin-capitalfund.de
Sven Riedel	Prokurist, BDO Corporate Finance Service GmbH, Berlin sven.riedel@bdo.de
Lutz Weiler	Mitglied des Vorstands, Equinet AG, Frankfurt Lutz.Weiler@equinet-ag.de
Christian Weyand	Managing Director, Gavin Anderson & Co. Worldwide GmbH, Frankfurt cweyand@gavinanderson.de

Stichwortverzeichnis

A

Ad-hoc-Publizität 184, 196
Adjusted-Present-Value 73
adjustierte KGV 69
ADR 179
Agio 7
Akquisitionswährung 216
Aktienmarketing 186
Aktienoptionen 138
Aktienoptionspläne 99, 138, 178
Aktienplatzierung 23
Aktienrückkäufe 222
Aktiensplitting 225
Aktientausch 216, 224
Aktionärsbrief 196
Aktionärszeitschrift 196
Alleinstellungsmerkmale 24
Als-Ob Abschlüsse 101
Altgesellschafter 5, 13, 17
American depository receipts 179
amtlicher Handel 35, 43
Analysten 183
Analysten-Coverage 204
Analystenkonferenz 46, 201
Anlageberater 182
Arbeitsrecht 141
atypische stille Beteiligung 7
Aufsichtsrat 18, 59
Auktionsverfahren 159, 162, 164, 168, 171
Ausübungsfenster 142, 146

B

Bankenexposé 24, 124
Bargründung 47
Basispreis 138, 143, 149
Beauty-Contest 25, 31, 127, 155
bedingte Kapitalerhöhung 142, 227, 230
Beteiligung von Mitarbeitern 137
Beteiligungsgesellschaften 1, 4, 17, 20
Beteiligungskriterien 9
Betriebsrundgang 93
Bewertungsverfahren 63
Bezugsrecht 221, 227
Bilanz 102
Bindungswirkung 150
Blockperiods 146
Bonus-Malus-Klausel 16
Bookbuilding 64, 128, 157, 158, 162, 164, 166, 169, 170
Bookrunner 158, 165, 167
Börsenreife 155

Börsenwert 30
Börsenzulassungsverfahren 127
Buchwert 51, 52, 81
Business Plan 91, 92, 105
Business-Angels 111

C

Capital Asset Pricing Model (CAPM) 79, 83
Cashflow 53, 75, 76
Cashflow Rechnung 102
Checkliste 115
Chief Financial Officer 129
Coaching 209
Co-Lead-Manager 23, 29
Compliance-Erklärung 188
Compliance-Regeln 132
Conference Call 192, 201
Corporate Identity 189
culpa in contrahendo 16, 88

D

Data-Room 14
DCF-Methode 73, 81, 161
Deal-Breaker 13, 14
Designated Sponsor 40
Detailprognoseperiode 74, 76, 83
DGAP 196
direkte Beteiligung 7
Diskontierungsfaktor 77
Doppellisting 177
Due Diligence 11, 14, 24, 43, 64, 87
DVFA/SG 68, 83, 161, 163
DVFA–Analystenkonferenz 193

E

Earn-out-Regelungen 6
EBIT 71
EBITDA 71
Eigenkapitalquote 220
Eigenplatzierung 173
Emissionsbank 28
Emissionsberater 24, 26, 124, 177
Emissionskonzept 23
Emissionskosten 23
Emissionspreis 164
Emissionspreisfindung 63, 156, 168
Emissionsprospekt 42, 87, 101, 113
Emissionsvolumen 61, 158, 163
Entity-Methode 73, 74, 77, 78
Entwicklungsaufwendung 100

Equity Story 2, 91, 130, 162, 169, 203, 209
Equity-Methode 73
Erfolgsfaktoren für den Börsengang 125
Erfolgsziele 142, 143, 145, 149
ertragsorientierter Ansatz 2
Ertragswertverfahren 82, 161
Erwerb eigener Aktien 142, 221
Exit-Möglichkeit 2, 10, 35

F

Factbook 197
Festpreisverfahren 156, 157
Finanzanzeigen 198
Finanzierungsrunden 21
Finanzjournalisten 182
Finanzmarktförderungsgesetz 2
Firmenübernahmen 214
Firmenwert 41, 51
formwechselnde Umwandlung 49, 51, 54
Forschung und Entwicklung 118
Fortführungswert 75
free retention 164
freier Cashflow 75
Freiverkehr 36
Fremdemission 155
Fundamentalverfahren 65

G

ganzheitliche Unternehmensanalyse 123
genehmigte Kapitalerhöhung 230
genehmigtes Kapital 227
Genussrechte 136
geregelter Markt 35, 44
Geschäftsbericht 185, 191, 195, 206
gesetzliche Veröffentlichungspflichten 183
Gewerbeertragssteuer 80
Gewinn pro Aktie 219
Gewinn- und Verlustrechnung 102
Glaubwürdigkeit des Managements 180
Gleichbehandlung 183
Gleichbehandlungsgrundsatz 141
Gratisaktie 225
Greenshoe 165, 171
Grunderwerbssteuer 55

H

Hauptversammlung 59, 61, 192, 221

I

IAS 40, 46, 98, 122, 184, 215, 219

Identifizierung 202
Imagebroschüre 197
Indexierung 149
Informationsvermittlung 180
Initial Public Offering (IPO) 9, 23, 25, 126, 156
institutionelle Investoren 28, 97, 127, 155, 160, 162, 164, 167, 178, 181
Internet 192, 198, 205
Internetemissionshäuser 160
Internet-IPO 172, 174
Investmentfonds 163
Investor Relation 113, 131
Investor Relation Agentur 24
Investorenportfolio 202
Investorenstruktur 164
IPO-Approach 67
IPO-Berater 155
IR-Instrumente 206
IR-Manager 129, 180, 186, 187, 200

J

Jahresabschluss 46

K

Kapitalbeteiligungsgesellschaften 34
Kapitalerhöhung 220, 225
Kapitalerhöhung aus Gesellschaftsmitteln 231
Kapitalkosten 81
Kapitalmarkt 98
Kapitalmarktfähigkeit 2
Kommunikationsstrategie 25, 200
Konsortialbank 23, 28, 126, 127, 156, 157
Konsortialführer 167
Konsortialquote 159
Konsortialvertrag 31
KonTraG 61, 95, 113, 139, 142
Kosten eines Börsengangs 27
Kostensynergien 214
Kurs-Cash-Flow-Verhältnis 70
Kurs-Gewinn-Verhältnis 67, 82, 205
Kurs-Umsatz-Verhältnis 70

L

Lagebericht 183
Langfristplanung 200
Lead Manager 23, 29, 155, 165, 177
Lead-Management 32
Lead-Mandat 29
Letter of Engagement 31
Liquidation 8
Liquidität 148

Stichwortverzeichnis 237

Liquiditätsabfluss 143
Liquiditätsbedarf 4
Liquiditätsschonung 135
Lohnsteuerpflicht 146
Losverfahren 176

M

Management 5, 110, 116
Management Buy-in 5
Management Buy-out 5
Managementkapazitäten 129
Marktanalyse 95, 103, 119, 205
Marktkapitalisierung pro Kunde 70
Meinungsbildner 182
Mergers & Acquisitions 213
Mindestkapital 39
Mindestvolumen 39
Mitarbeiter 93, 97, 104, 120, 122, 132, 134, 145, 170
Mitarbeiterbeteiligung 135
Mitarbeiterbeteiligungsprogramm 132, 170
Mitarbeiterbindung 178
Mitarbeiterdarlehen 136
Mitarbeitergewinnung 178
Mitarbeiterkapitalbeteiligung 134
Modified Bookbuilding 169
Motivation des Managements 96
Motivationsinstrument 135
Motivationswirkung 150
Multiplikatoren 182
Multiplikatorverfahren 65, 71, 84

N

Nachahmungsschutz 118
Namensaktie 38, 62, 202
Nasdaq 177
Neuer Markt 2, 33, 36, 44, 177

O

One-on-ones 163, 166, 203
Opportunitätskosten 77
ordentliche Kapitalerhöhung 142, 227
Orderbuch 158
Organisationsstruktur 122

P

Peer-Group 66, 71
Performanceklausel 16
Personalakquisition 148
Personalkosten 104, 134, 149
Personal-Kostenbasis 137
Planung 123

Planungsmodell 102
Planungsrechnung 94, 102, 105
Planungsunterlagen 113
Platzierungsimage 24, 29, 64
Platzierungskraft 23, 28
Platzierungsstrategie 23
Platzierungsverfahren 156
Pooling of Interest-Methode 215, 219
Poolvertrag 62
Pre-Marketing 64, 128, 157, 158, 162
Presseclippingservice 196
Pressekonferenz 193
Pressemitteilungen 197
Pressereise 194
Price-Earnings to Growth Ratio 69
Price-Earnings-Ratio (PER) 67
Pricing 23, 64
Privatanleger 155, 167, 168, 171, 181
Private Placement 178
Prognoseunsicherheiten 95
Prospekthaftung 43
Prozessmanagement eines IPO 124

Q

Qualifikationen des Managements 122
Qualität des Managements 94, 106, 120
Quartalsbericht 45, 191
Quartalsberichterstattung 200

R

Ratingklasse 80
Rechnungslegung 40, 46
Rechnungswesen 95, 104
Rechtsanwälte 124
Rechtsformwahl 20
Rechtsformwandelung 19
Rechtsformwechsel 4
Regelwerk 33
Repartierung 164
Research Report 64, 84, 159, 161, 162, 226
Research-Phase 161
Residualperiode 75, 76, 81, 83
Residualwert 75, 81
Retail-Kunden 28
Risiken 118
Risikoprämie 79, 204
Risikoprofil 11
Roadshow 91, 163, 166, 193, 201, 206, 226

S

Sachgründung 48, 51, 54, 58
Sachkapitalerhöhung 216

Sanierungsbeteiligungsgesellschaften 4
Schenkungs- und Erbschaftssteuer 56
Secondary Offerings 226
Secondary Purchasing 8
Securities and Exchange Commission 87
Security Exchange Commission 178, 208
Seed-Phase 110
Segmentberichterstattung 99
Sektorenkonferenz 201
Sekundärmarkt 158, 167, 173
Selbstemission 155, 173
Sensitivität 105
Sensitivitätsanalyse 82
Sharebranding 185
Shareholder Value 134
Shareholder-Kommunikation 190
Sozialversicherungspflicht 146
Spaltung 49, 52, 54, 58
Sperrfrist 149
Stakeholder-Kommunikation 190
Stammaktien 38
Stärken-Schwächen-Chancen-Risiken Analyse 161
Start-up-Phase 110
Start-ups 173
Stichtagsprinzip 105
stille Beteiligung 7
stille Gesellschaft 136
Stock-Option-Programm 138
strategische IR-Arbeit 200
strategische Planung 11, 74
Sweat-Equity 5
SWOT-Analyse 161
Syndikat 155
Szenariorechnung 102

T

Targeting 201, 202
technische Due Diligence 112
technologieorientierter Ansatz 116
Terminal Value 75
Trade-sale 8, 10
Transparenz 45
Trius AG 159
typische stille Beteiligung 7

Ü

Übernahmecodex 42
Übernahmekonsortium 157
übernehmende Gesellschaft 223
Überzeichnungen 176

U

Umwandlung 47, 50, 56
Umwandlungsbericht 57
Unternehmensakquisition 90
Unternehmensbesichtigung 194
Unternehmensbewertung 11, 14, 63, 106, 137, 156, 159, 162
Unternehmensbroschüre 197
Unternehmensgründer 96
Unternehmensimage 189
Unternehmenskalender 46
Unternehmenskultur 135
Unternehmensplanung 3, 15, 125, 130, 131
Unternehmensstrategie 24
Unternehmenswert 14, 31, 91, 102, 135, 148
Unternehmensziele 134, 139, 213
US-GAAP 40, 46, 98, 147, 184, 215, 219

V

Venture Capital 3, 173
Venture-Capital-Gesellschaften 111
Vergleichsunternehmen 66, 81
Verkaufsprospekt 23
Verkehrswert 51, 52
Verlustvortrag 50, 53
Verschmelzung 52, 54, 55, 215, 216
virtuelle Option 152
Vorstand 59
Vorzugsaktie 38, 61

W

Wachstumsfinanzierung 15, 33
Wachstumsmanagement 106
Wachstumsmärkte 95
Wachstumsphasen 110
Wachstumspotenzial 91
Wachstumsrate 77, 81
Wachstumssynergien 214
Wagniskapital 111
Wahrnehmenslücke 204
Wartezeit 149
Weighted Average Cost of Capital (WACC) 77, 219
Wertpapieranalysten 182
Wertpapierberater 182
Wettbewerbspräsentation 125
Windhundverfahren 160
Wirtschaftsjournalisten 182
Wirtschaftsprüfer 124

Z

Zielunternehmen 223
Zielvereinbarungen 141
Zulassungsantrag 42
Zulassungsstelle 42, 43
Zulassungsvoraussetzungen 37, 44
Zuteilungsquoten 162
Zuteilungsverfahren 176
Zweitmarktbetreuung 128
Zwischenbericht 196